킹덤 비즈니스

- 하나님 나라 기업가정신과 BAM -

킹덤 비즈니스 - 하나님 나라 기업가정신과 BAM -

초판 발행 2026년 4월 20일

글쓴이 · 한정화 외
발행인 · 이낙규
발행처 · ㈜샘앤북스
　　　　신고 제2013-000086호
　　　　서울시 영등포구 양평로 22길 21, 선유도코오롱디지털타워 310호
　　　　Tel. 02-323-6763 / Fax. 02-323-6764
　　　　E-mail. wisdom6763@hanmail.net
ISBN 979-11-5626-600-6　03230

킹덤 비즈니스

하나님 나라 기업가정신과

BAM

Bussiness As Mission

크리스천에게 있어서 기업은 생육하고 번성하라는 창조명령과 땅끝까지 복음을 전하라는 선교명령을 수행하는 장이며, 자신의 믿음을 실현하는 기회이기도 하다. 그러나 오늘날 기업현장에서 일하는 수많은 사람들은 자신의 존재가치에 대해 회의적 태도를 가지고 있다. 이는 기업의 가치, 일과 직장의 의미에 대해 올바른 가치관이 정립되어 있지 않기 때문이다. 기업에 대한 자긍심과 사명의식이 결여된 상태에서는 진정한 삶의 의미와 행복을 찾기 어렵다.

이번에 기독경영연구원에서 발간하는 〈킹덤 비즈니스〉는 기업을 통해 하나님 나라 기업가 정신을 실천하면서 복음을 전하고자 하는 기업인들의 현장 이야기가 담겨 있다. 일터에서 사명자로서의 살기 위해 분투하는 이들의 이야기는 큰 도전과 울림을 주고 있다. 믿음으로 기업을 한다는 것이 무엇인가, 성경적 세계관을 기업 현장에서 어떻게 구현할 것인가에 대한 많은 시사점을 주고 있다. 기업세계 위에 하나님 나라가 임하기를 기도하는 크리스천 기업가들과 믿음을 가지고 창업과 선교를 꿈꾸는 청년들에게도 좋은 길잡이가 될 것이다.

이병구 (기독경영연구원 이사장, 네패스 회장)

이 책은 비즈니스와 우리의 일터가 단순한 경제 활동의 영역이 아니라 하나님의 통치와 사명이 이루어져야 할 중요한 공간임을 새롭게 깨닫게 한다. 무엇보다 이 책은 하나님 나라의 관점에서 기업 활동과 일터의 의미를 성경적 토대 위에서 성찰하도록 이끌며, 신앙과 경영, 영성과 전문성이 어떻게 통합될 수 있는지를 설득력 있게 보여준다. 특히 '하나님 나라 기업가정신과 BAM(Business as Mission)'의 비전을 통해 기업과 일터가 복음의 가치와 선교적 책임을 실천하는 장이 될 수 있음을 구체적으로 제시하고 있다는 점이 돋보인다. 이 책은 이론적 논의에 머물지 않고 실제 비즈니스 현장 속에서 하나님의 가치가 구현될 수 있는 방향과 가능성을 균형 있게 제안한다.

오늘날 많은 그리스도인들이 신앙과 일, 교회와 직업의 관계를 어떻게 이해해야 할 것인가를 고민하고 있다. 이러한 시대적 질문 앞에서 이 책은 비즈니스를 통해 하나님 나라의 가치와 선교적 사명을 실천하고자 하는 크리스천 기업가와 직장인들에게 분명한 통찰과 방향을 제공한다. 현실적이면서도 성경적인 기업가정신을 제시하는 〈킹덤 비즈니스〉는 하나님 나라의 관점에서 비즈니스와 일터를 이해하고자 하는 모든 이들에게 유익한 안내서가 될 것이다. 특별히 기업 현장에서 신앙의 가치를 실천하며 하나님의 선교에 동참하고자 하는 그리스도인들에게 귀한 길잡이가 될 것을 확신하며 기쁜 마음으로 추천한다.

임성빈 (한국리더십학교장, 전 장신대 총장)

〈킹덤 비즈니스〉는 비즈니스가 선교의 도구가 아니라 비즈니스 그 자체가 선교라는 기치를 내걸고 있다. 이 책은 선교와 비즈니스는 결합되기 어려운 두 영역이지만 하나님을 향한 믿음과 창의성을 가지고 하나님 나라의 가치 실현을 경영의 중심에 두게 될 때 충분히 세상에 선한 영향력을 미칠 수 있는 비즈니스가 가능하다는 것을 잘 보여준다. 아울러 킹덤 비즈니스의 신학적인 배경뿐만 아니라 구체적인 성공과 실패의 사례를 두루 다루고 있어서 한국과 선교지에서 킹덤 비즈니스의 비전을 가진 분들에게 좋은 지침과 아이디어를 주고 있다. 이 책을 통해서 킹덤 비즈니스의 꿈을 가진 이들이 각처에서 일어나길 기대해 본다.

조상우 (서울영동교회 담임목사)

이 책 〈킹덤 비즈니스—하나님 나라 기업가정신과 BAM〉은 우리가 너무 오래 분리해 두었던 두 세계, 곧 '신앙'과 '일터'를 다시 하나로 이어 붙이는 깊은 신학적 성찰의 산물이다. 성경이 증언하듯 하나님은 처음부터 '일하시는 하나님'이셨고, 인간 역시 그 형상을 따라 '일하는 존재'로 창조되었다는 사실을 이 책은 설득력 있게 상기시킨다.

오늘 우리는 인공지능과 초연결의 시대를 살아가며, 인간의 노동과 존재 의미가 근본적으로 재정의되는 전환점에 서 있다. 이때야말로 단순한 생산성과 효율을 넘어, '왜 일하는가'라는 질문에 대한 신학적이고 영성적 답변이 요청된다. 이 책은 바로 그 질문에 대해 하나님 나라의 관점에서 응답한다. 일은 생존의 수단이 아니라, 창조의 연장선이며, 선교의 자리이며, 하나님 나라가 이 땅에 스며드는 통로임을 힘 있게 증언한다.

한국 개신교의 시작을 돌아보면, 조선 땅에 처음 발을 디딘 선교사들 역시 설교만이 아니라 교육과 의료, 그리고 다양한 형태의 사회적·경제적 활동을 통해 복음을 구현했던 '비즈니스 선교사'들이었다. 그들의 사역은 단순한 자선이 아니라, 하나님 나라의 질서를 이 땅에 심는 통전적 선교였다. 그런 의미에서 이 책이 말하는 BAM(Business As Mission)은 낯선 개념이 아니라, 오히려 우리의 신앙 전통 속에 깊이 흐르고 있던 본류를 다시 회복하는 작업이라 할 수 있다.

무엇보다 이 책은 '일터'를 단순한 생업의 공간이 아니라 영성이 구현되는 예배의 자리로 재해석한다. 하나님을 향한 사랑과 이웃을 향한 책임이 시장과 기업, 그리고 우리의 일상 속에서 어떻게 살아 움직일 수 있는지를 구체적으로 보여준다. 이는 단지 기업가나 선교사만을 위한 메시지가 아니라, 자신의 자리에서 살아가는 모든 그리스도인을 향한 부르심이다.

이 책은 묻는다. 당신의 일은 단순한 직업인가, 아니면 하나님 나라를 세우는 사명인가. 그리고 조용하지만 단호하게 대답한다. 우리가 서 있는 바로 그 자리, 그 일이 곧 하나님의 선교가 시작되는 자리라고. 일터 영성을 꿈꾸는 모든 하나님의 사람들에게 일독을 강력하게 추천한다.

권수영 (연세대 연합신학대학원 교수, CBS 기독교방송 이사)

하나님께서는 천지를 창조하시고 아담에게 땅을 정복하고 모든 생물을 다스리라는 문화명령을 하셨습니다. 하나님께 창조하신 지구를 관찰하면, 어느 지역은 땅이 비옥하여 농사가 잘되고 어느 지역은 석유나 지하자원이 많습니다. 그러므로 이 문화명령은 통상과 무역, 즉 비즈니스를 요구합니다. 비즈니스에는 경쟁 요소를 인정해야 하고 경쟁력을 높이기 위해서 학문과 연구가 필요합니다.

또한 하나님께서는 모든 민족에게 복음을 전하라는 선교명령을 하셨습니다. 이 선교명령은 다양한 지역과 민족 그리고 문화와 종교를 수용하는 큰 마음과, 하나님을 대적하여 세워지는 바벨탑을 혁파하는 야성이 공존해야 하기 때문에 가장 큰 하나님을 체험하는 영적전쟁의 치열한 운동입니다.

문화명령과 선교명령을 동시에 순종하는 것이 바로 비즈니스 선교입니다. 〈킹덤 비즈니스〉는 이러한 비즈니스 선교의 이론과 함께 생생한 현장의 체험을 담아내고 있습니다. 비즈니스 선교사님들이 들려주는 역경과 고뇌 그리고 희망과 감동을 느낄 수 있습니다. 이는 예수님의 밟으셨던 길을 걸어가고 예수님이 겪으셨던 고난에 동참하는 현장이기 때문입니다. 비즈니스 선교는 예수님이 걸어가셨던 동선, 십자가의 고난에서 부활의 영광을 재현하는 것입니다. 비즈니스 선교에 임재하시는 예수 그리스도를 만나고자 하는 모든 분들에게 본서를 추천합니다.

박성진 (한동대 총장)

Ⅰ. 결코 멈출수 없는 BAM 운동

Ⅱ. 살아 숨쉬는 BAM 운동의 사례

1

일터, 하나님의 디자인: 성경적 노동과 사명

송동호

“태초에 하나님이 천지를 창조하시니라”(창1:1). 성경을 열면 우리는 일하시는 하나님을 만난다. 하나님은 제일 먼저 당신을 일하시는 하나님이심으로 계시하신다. 하나님은 전능하신 창조주이시다. 아무것도 없는 무에서 온 세상을 만드셨다. 성경의 첫 두 장에서 성실하게 당신의 세상을 만드시고 당신의 형상을 주시고 당신을 대신하여 당신이 만드신 세상을 위하여 인간을 만드셨다. 하나님은 당신이 만드신 만물을 보시고 흡족해하시며 “보시기에 심히 좋았더라”(창1:31) 하셨다. 우리는 당신의 최고 걸작품인 인간을 향한 말할 수 없는 하나님의 기쁨을 발견한다. 창조주 하나님은 인간에게 언약을 주시고, 복과 사명을 더하셨다.

성경의 첫 세 장인 창세기 1-3장을 읽고 묵상하면서, 하나님의 창조 디자인과 우리 삶의 원형을 발견하고, 오늘 우리 시대의 선교적 소명을 다시 확인해 보자.

“하나님이 이르시되 우리의 형상을 따라 우리의 모양대로 우리가 사람을 만들고 그들로 바다의 물고기와 하늘의 새와 가축과 온 땅과 땅에 기는 모든 것을 다스리게 하자 하시고 하나님이 그들에게 복을 주시며 하나님이 그들에게 이르시되 생육하고 번성하여 땅에 충만하라, 땅을 정복하라, 바다의 물고기와 하늘의 새와 땅에 움직이는 모든 생물을 다스리라 하시니라”(창1:26~28).

Ⅰ. 창조언약과 노동

1. 인간창조의 목적(창1:26)

하나님은 만물을 만드신 후에 그 만물을 다스릴 존재로서 일하는 인간을 지으셨다. 인간창조 이전에 인간을 '땅을 갈 사람'(창2:5), 즉 '일하는 존재'라고 하셨다. 하나님의 소유인 만물을 맡아서 관리하며 다스리는 것이 인간의 일이다. 여기에 인간의 청지기적 삶(Stewardship)이 있다. 하나님은 사람에게 당신의 형상을 주심으로 하나님을 닮은 인격적 존재로 지으셨다. 창조주께서 피조물이며 청지기인 사람에게 당신의 형상을 주시고 사귐을 누릴 수 있게 하심은 창조주의 은총이며, 신비였다(사43:21). 인간은 하나님과의 사귐을 통해 새 힘과 넘치는 생명 에너지를 얻게 되고, 그 사귐을 통해 그의 책무인 만물을 온전히 다스리며, 궁극적으로 하나님께 기쁨과 영광을 돌리게 하셨다.

2. 인간창조의 방법(창1:27, 2:4~25)

인간창조는 두 번 반복하여 언급되고 있는데, 첫 번째 언급(창1:27)은 인간 창조계획의 요약이며, 두 번째 언급(창2:4~25)은 그 창조과정의 설명이다. 하나님은 손으로 인간을 빚으시고 그 코에 당신의 생명을 불어 넣으심으로 창조주의 형상을 가진 생명, 인간을 창조하신 것이다. 하나님께서 인간에게 주신 당신의 생명과 형상은 하나님과 교제하기 위해서임은 물론이요, 무엇보다 하나님의 목적을 수행할 수 있는 존재로서 지으신 것이다. 인간은 하나님의 형상(Imago

Dei)이다. 일하시는 하나님은 당신의 형상을 따라 일하는 존재인 사람을 창조하셨다.

3. 창조언약: 축복과 명령(창1:28~2:3)

창조언약은 이렇게 시작한다. "하나님이 그들에게 복을 주시며, 하나님이 그들에게 이르시되…"(창1:28). 창조언약은 하나님께서 인간과 맺으신 첫 언약이며 그 내용은 결혼, 노동, 안식에 대한 축복과 명령이다.

1) 결혼명령

"생육하고 번성하여 땅에 충만하라"(창1:28, 2:18~25). 이것은 결혼명령이다. 결혼은 한 남자와 한 여자의 만남을 통해 하나님의 창조명령 수행을 지속하는 방법이다. 하나님은 아담에게 부여된 사명을 돕기 위해 돕는 배필 하와를 주셨다. 우리는 하나님이 제정하신 결혼을 통해 하나님의 창조언약 가운데 주신 축복을 누리며, 창조명령을 성취할 수 있다.

2) 노동명령

"땅을 정복하라, 모든 생물을 다스리라"(창1:28, 2:15). 이것은 노동명령이다. 노동은 하나님의 인간창조 목적을 실현하는 방법이다. 우리는 우리의 노동, 즉 땅을 정복하고 모든 생물을 다스리는 일을 통해 하나님의 계획과 목적을 실현한다. 하나님의 대리 통치자로서 모든 피조세계를 정복하고 다스리는 것이다. 그러므로 우리의 '정복'과 '통치'는 하나님의 성품과 주권을 투영하고 반영하는 인간의 '거룩한 사명(Holy Mission)'이다. 우리의 노동은 창조주의 축복이며, 준엄한 하나님의 '창조명령'이다. 그러므로 일은 인간의 존재적 사명(Work as Mission)이다. 노동명령은 아담이 에덴동산에서 행해야 하는 일이다. "여호와 하나님이 그 사람을 이끌어 에덴 동산에 두어 그것을 경작하며 지키게 하시고"(창2:15). 그의 일은 하나님이 주신 동산을 지키고 경작하는 것이었다. 여기 '경작하다(Cultivate)'는 말은 후에 '문화(Culture)'라는 말의 어원이 된다. 노동명령은 우리를 향한 하나님의 거룩한 문화명령(Cultural Mandate)이었다.

3) 안식명령

"안식하라"(창2:2~3, 출20:8~11). 이것은 안식명령이다. 하나님께서 일곱째 날에 이르러 창조를 완성하시고, 그날을 복되고 거룩하게 하신 후 안식하셨다. 하나님께서 안식하심으로 우리의 모범이 되신다. 아브라함 죠슈아 허셸은 그의 책 『안식』에서 "안식일은 삶의 막간이 아니라 삶의 절정이다"라고 하나님의 안식을 설명한다. 창조주 하나님께서 6일의 시간을 지나 7일(שבת 샤밧)에 이르러 안식하신 것은 당신의 창조사역의 진정한 마침에 이른 것이다. 7일은 다른 날들을 위한 단순한 막간의 시간이 아니라, 창조의 절정이었다. 하나님의 안식은 결혼과 노동으로 하나님의 창조언약과 명령을 성취해 가는 우리 삶의 모델(Model)이다. 결혼과 노동의 과정에서 우리는 하나님께서 주신 안식의 법을 잊지 말아야 한다. 그가 복 주신 안식의 신비 가운데로 들어가는 법을 배워야 한다. 우리가 쉬는 것은 죄가 아니다. 하나님께서 주신 창조언약이며, 창조명령이며, 인간을 위한 최고의 축복이다.

Ⅱ. 창조와 일터문화(창2:8~14)

성경에 등장하는 첫 일터는 에덴이다. 하나님은 우리를 일 하는 사람으로 지으시고 사람에게 에덴이라는 꿈의 일터를 주셨다(창2:8). 그리고 그곳에서 일하라 명하셨다. 하나님께서 주신 우리의 원형적 첫 일터 에덴의 문화를 4가지 요소로 정리해 본다. 일터의 4가지 요소는 일하는 사람, 일하는 내용, 일하는 목적, 일하는 환경이다.

1) 일하는 사람

일하는 사람은 아담이다. 에덴에서 최초의 남자 아담과 그의 돕는 배필로 지어진 여자는 하나님이 주신 최초의 일꾼들이다. 아담은 그의 이름처럼 흙에서 태어났다. 땅의 흙으로 지어진 존재로서 일터인 땅과 호흡하고, 땅으로 부터 난 피조세계를 가장 잘 이해하며 돌볼 수 있도록 지어졌다(창2:9). 하나님은 그의 코에 생기를 불어 넣어, 하나님의 호흡을 가진자로서 그의 주인의 뜻을 헤아리며, 교제하며 일하도록 부족함이 없이 창조되었다. 사람은 온 세상을 지으신 창조주의 모습을 닮아 지혜롭고 자유롭고 창의적이었고, 온 우주의 통치자의 모습을 닮아 공의롭고 자비하며 온유했으며, 성실함과 진실함을 가졌고 완전했다. 하나님의 일터에서 바로 그 사람,

아담이면 충분했다. 후에 그에게 또 다른 한 사람 하와를 지으사 그의 파트너가 되게 하셨다.

2) 일하는 내용

일하는 내용은 에덴을 다스리는 일이다. 하나님께서 '다스리라' 하신 피조세계를 돌보며 사랑하는 일이다. "경작하며 지키게 하시고"(창2:15). 하나님은 에덴의 생태계를 보존하며 관리하는 일과 경작하며 생산하는 일을 맡겼다. 하나님은 '무에서부터(Ex Nihilo)' 만유를 만드셨다. 하나님을 닮은 사람도 하나님이 주신 충만하고 다양한 원재료(Nature, Raw Materials)를 이용하지만, 하나님이 주신 창의성을 사용하여 존재하지 않는 많은 것들을 만들어 낸다. 자신의 일터와 삶터에 하나님의 부요하심으로 가득 채우고, 누리며, 지속 가능한 행복한 삶을 만들어 가는 일이었다. 우리는 이 일을 하나님의 '문화명령(Cultural Mandate)'이라 부른다. 이것은 일의 핵심이다.

3) 일하는 목적

일하는 목적은 복된 에덴을 유지하고, 더욱 부요하게 하며, 궁극적으로 하나님께 영광을 드리는 것이다. 사람이 하나님의 일하라 하신 명령의 순종을 통해 온 땅에 사람들과 피조세계가 하나님의 축복하신 생태계를 유지하며, 생육하며, 번성하며 땅에 충만하게 될 것이다. 사람은 그에게 일터 에덴을 주시고, 삶의 의미인 일을 주신 하나님을 기뻐하며, 그 일과 결과를 통해 그분께 기쁨을 드리는 삶

1. 일터, 하나님의 디자인: 성경적 노동과 사명

을 살아야 한다. 먹든지 마시든지 무엇을 하든지 사람은 하나님의 영광을 위하여 살도록 지어졌다(고전10:30). 최초의 일꾼들은 그의 주인을 사랑하며 경외한다. 그런 주인의 기쁨과 영광을 위한 그들의 일은 일의 과정에서 남다른 집중과 몰입으로 재창조를 극대화 하였을 것이다. 일의 목적이 분명할 때에 우리가 무엇을 하든지 그 열정은 달라진다.

4) 일하는 환경

일하는 환경은 에덴이다. 하나님이 사람을 위해 만드신 동산(Garden)이다. "여호와 하나님이 그 땅에서 보기에 아름답고 먹기에 좋은 나무가 나게 하시니 동산 가운데에는 생명나무와 선악을 알게 하는 나무도 있더라. 강이 에덴에서 흘러나와 동산을 적시고 거기서부터 갈라져 네 근원이 되었으니…"(창2:8~14). 아름답고 먹기에 좋은 식재료가 자라는 기름진 땅, 그 땅에 풍요의 근원인 샘과 온 땅을 적시는 네 줄기의 강이 흐르고 있었다. 하나님이 지으신 동산, 그 에덴에 무엇이 부족 했으랴. 이렇게 원형적인 우리의 일터는 아름답고 풍요로웠고 완전했으며, 온 세상을 부요하게 하는 우리 삶의 원천이었다.

1. 인간의 타락과 깨어진 일터

"내가 네게 먹지 말라 한 나무의 열매를 먹었은즉 땅은 너로 말미암아 저주를 받고 너는 네 평생에 수고하여야 그 소산을 먹으리라.

땅이 네게 가시덤불과 엉겅퀴를 낼 것이라. 네가 먹을 것은 밭의 채소인즉 네가 흙으로 돌아갈 때까지 얼굴에 땀을 흘려야 먹을 것을 먹으리니 네가 그것에서 취함을 입었음이라. 너는 흙이니 흙으로 돌아갈 것이니라"(창3:17~19).

우리의 일터의 완전함은 깨어졌다. 인간의 불순종의 결과로 땅은 저주를 받았다. 그 결과 우리가 일하는 모든 환경에 균형은 깨어지고, 부정적 변화들이 일어났다. 인간의 일의 과정에 수고와 고통이 더하여졌다. 인간의 일터에는 가시덤불과 엉겅퀴가 나고, 우리의 일하는 환경에 첫 일터의 꿈같은 환경은 사라지고, 수고와 고통만 남았다. 다만 우리의 생존은 보장되었다. 그러나 고통스러운 일을 통해 인간은 생존할 것이다. 일하는 사람에게 죽음이 찾아왔고, 일터인 흙에서 일하며 살다 끝내 흙으로 돌아갈 것이다. 모두 우리가 범죄한 결과이며 징계였다.

오늘 우리의 일터의 모습, 신음하는 세상이 바로 그것이다. 세계 곳곳 그 어느 일터인들 온전한 현장이 있을리 만무하다. 이 땅의 일터는 깨어진 현장이며 하나님의 슬픔이다. 일하는 사람도, 일하는 내용도, 일하는 목적도, 일하는 환경도 모두 원형을 잃었고 인류가 고통하는 이유다. 모두 회복되어야 한다. 이것이 하나님의 선교의 내용이다. 다시 에덴의 아름다움과 그 회복을 구하며 그곳에 하나님의 나라가 임하길 기도해야 할 것이다. "나라가 임하옵시며!!"

1. 일터, 하나님의 디자인: 성경적 노동과 사명

Ⅲ. 창조와 일터영성(창2:15~25)

1. 일터영성의 원리

하나님은 당신이 지으신 사람에게 최고의 아름답고 복된 일터인 에덴을 주셨다. 또한 그곳에서 일하라 명하신다. 그리고 어떻게 일할 것인지 가르치신다. 우리는 어떻게 일해야 하는가? 우리는 다음과 같은 3가지 우리의 일터영성의 원리를 배운다.

1) 주되심(Lordship)

하나님은 사람을 만드시고 에덴이라는 일터에 그를 두셨다. 그리고 일터에서 지켜야 할 중요한 기본을 세우셨다. 그것은 바로 에덴의 법이었다. "선악을 알게 하는 나무의 열매를 먹지말라"(창2:17) 하신 것이다. 그것은 에덴의 유일한 하나의 법이다. 사람은 이 법을 지킬때에 그가 누구인지 분명해진다. 그 법을 제정하신 분은 온 우주의 대주재이신 하나님이시며, 그 법을 지키는 이는 바로 그의 피조물이며 백성이다. 우리는 일터에서 이 주재권을 분명하게 해야 한다. 이는 일터영성의 가장 중요한 기초이다. 우리는 하나님의 통치 아래 순복하는 자로서 일하도록 부름받았다. 우리는 오늘도 우리 하나님의 세계에서 그를 위해 일한다.

2) 관리함(Stewardship)

하나님은 사람에게 당신이 만드신 모든 피조물을 다스리라 하셨다. 뿐만 아니라 선악과를 제외하고 모든 것을 '임의로(freely)' 먹으라고 하셨다(창2:16). 하나님은 우리에게 피조세계를 '임의로' 자유롭게 활용하고, '임의로' 마음껏 누리도록 우리에게 맡기셨다. 우리는 하나님이 주신 모든 세상을 힘껏 누리며 즐거워할 것이다. 또한 우리는 하나님이 부여하신 자유를 사용하여 하나님이 주신 일터에서 '임의로' 마음껏 일할 것이다. 우리가 청지기로서, 가진 소유와 자유를 기억하며 '임의로' 일하는 것은 일터영성의 핵심이다.

3) 동역함(Partnership)

하나님은 우리에게 동역자를 주셨다. 우리는 혼자 일하도록 창조되지 않았다. 돕는 베필(Partner, Helper)로서 여자를 주셨다. 남자에게 필적할 만한 능력과 지혜와 지식과 아름다움을 가진 돕는 자다. 여자는 남자와 비교하여 결코 열등하지 않으며, 다만 남자와 역할이 다를 뿐이다. 우리는 일터에서 하나님이 주신 이들과 함께 일한다. 우리는 일터에서 하나님께 순종하며, 우리와 함께 일하는 자들(Partner)과 힘을 모아 일하는 법을 배워야 한다. 우리가 하나님이 명하신 일을 수종드는 동안 우리의 동역은 일터영성의 실제이다.

일터영성에 있어서 가장 근본이 되는 것은 하나님의 '주되심'을 기억하는 삶이다. 그리고 하나님과 맺은 관계 안에서 인간은 청지기로서 그분을 경외하며, 깊이 사랑하며, 일하는 법을 배우는 것에서 시작해야 한다. 나아가 우리의 주께서 맡기신 책무를 기억하며 하나님이 주신 사람들과 함께 그의 목적에 반응하며 일하며 살아야 한다. 이것이 우리를 지으신 창조주의 디자인이었다.

이는 전문성의 실패가 아니다. 오히려 영성을 관리하는 일에 실패했다. 하나님께서 디자인하신 에덴에서 살며 일하는 법을 가볍게 여겼다. 창조주께서 정하신 에덴의 규범과 말씀을 어겼다. 첫 사람 아담과 하와는 자신들을 위해 하나님께서 만드신 복된 원리들을 잘 이해하지 못했다. 우리는 첫 일터의 실패를 곰곰이 되새겨 보아야 한다.

1) 일터의 주인은 망각되었다

아담은 일터에서 하나님을 망각했다. 일터에서 하나님의 주되심을 기억하는 것은 삶의 근본이었다. 그러나 일하는 사람의 창조주에 대한 망각으로 예배가 사라지고, 불순종과 배반으로 이어졌다.

2) 일터의 권세는 남용되었다

관리하라고 주신 권세를 바로 사용하는 일에 실패했다. 잘 관리하라고 부여하신 지혜와 권세와 자유의지를 자신들의 야망을 위하여 잘못 사용함으로 하나님을 반역했다. '욕심은 죄를 낳고, 죄는 사망을 낳느니라'고 하셨다. 그들은 자신과 자신에게 주어진 자유와 권리를 잘못 사용했다.

3) 일터의 동역은 반역이었다

하나님께서 아담이 홀로 독처하는 것을 좋지 않게 여기시고, 돕는 베필을 지어 주셨다. 일터에서 함께 동역하여 일하며 하나님을 기쁘시게 하라고 하셨다. 그러나 아담에게 주신 하와는 도리어 남편을 돕는 게 아니라 망하게 하였다. 하나님께서 만드신 에덴의 디자인을 의심했다. 아담을 유혹하여 하나님께서 정하신 법과 그 의도를 의심하며 그의 존재와 관계를 부인하게 했고, 끝내 함께 넘어졌다.

IV. 타락: 창조언약의 파괴(창3:1~24)

우리는 창세기 3장에서 성경의 가장 슬픈 사건을 읽는다. 창조주 하나님이 인간에게 주신 언약과 완전한 보장과 영광스런 지위에도 불구하고, 인간은 헛된 유혹에 빠져 하나님의 계획을 깨트렸다. 그의 사역의 부족이나 무능 때문이 아니라 하나님과의 관계가 단절되면서 그의 다스리는 능력도 잃어버렸다. 여기서 인류의 죽음의 원인과 결과를 발견한다. 인간은 하나님의 언약을 파괴하고 하나님의 통치를 떠남으로 죽은 자가 된 것이다. 타락의 결과로 우리의 노동도, 결혼도, 안식도 온전함을 잃고 모두 깨어졌다. 인간은 가장 중요한 하나님과의 사귐을 잃었고 그리고 정복과 통치라는 하나님의 창조명령의 실현도 불가능하게 되었다. 현재 인간은 사망 가운데서 온전함을 잃어버린 상태로, 타락한 세계관과 가치기준으로 만물을 다스리고 있다. 피조세계는 이러한 인간의 타락과 함께 끊임없는 파괴의 악순환 속에서 고통하며 신음하며 구속의 날을 기다리고 있

1. 일터, 하나님의 디자인: 성경적 노동과 사명

다(롬8:19~22). 그러므로 무엇보다 타락한 인류는 먼저 하나님과 깨어진 관계가 회복되어야 한다. 그때에 모든 피조세계들이 다시 하나님의 의로운 통치와 질서 속에서 새롭게 회복될 것이다.

우리는 이 땅에 인간타락으로 말미암아 파괴된 결혼명령의 결과를 본다. 성의 가치전도로 인한 동성애, 수음, 혼외 불륜과 혼전 성교, 급격하게 높아진 이혼율, 파괴된 가정과 자녀들의 탈선과 범죄 등 수많은 파괴된 현상을 이 세상에서 목격한다. 오늘날 인류를 파괴하고 있는 성의 상품화, 동물적인 성적 쾌락 추구를 보라. 왜곡된 성의 목적은 인간의 모든 문화와 예술과 패션을 통해 선명히 드러난다. 깨어진 결혼, 파괴된 가정은 속히 회복되어야 한다. 깨어진 '결혼영역'에도 선교적 동기는 강조된다.

노동의 영역도 동일하다. 인간의 범죄로 인하여 남자에게 주어진 노동에 따른 고통과 수고는 하나님께서 내린 죄의 형벌이었다. 인간은 노동을 고통과 저주라고 생각하게 되었다. 인간의 고통은 자연과 노동 환경의 파괴로 인하여 더욱 심화되었다. 인간의 노동은 지나친 탐욕에 의한 환경파괴, 무분별한 난개발로 이어지고 이로 인해 피조세계는 더욱 신음하고 있으며 나아가 인류의 생존은 위협받고 있다. 고대로부터 권력과 부를 가진 이들은 사람을 노동의 도구로 삼아 자신에게 임한 노동의 형벌을 회피하여 왔다. 이것이 노예제도다. 그리고 현대에도 자신의 부를 위해 인간을 노동의 도구로 전락시키려는 악한 고용주들을 볼 수 있다. 노동력 착취, 부당한 임금제도, 구조적인 고용의 모순, 과중한 업무로 인한 스트레스, 일중독 등은 노동의 타락을 여실히 보여 준다. 오늘날 나라마다 점점 심해지는 빈부의 격차는 이 악한 경제와 노동의 타락에서 왔다. 여전히 '노동'의 회복은 필연적으로 요청된다.

안식의 영역도 마찬가지다. 인간은 참된 쉼을 잃은 지 참으로 오래다. 인류는 고대로부터 쉼 없는 노동을 자의와 타의에 의해 강요당하고 있다. 인간은 생존을 위해 쉼없이 일해야 했고, 부의 축적을 위해 휴식도 거절하며 노동에 집착해 왔다. 인류에게 있는 쉼의 문화를 살펴보라. 고대와 마찬가지로 오늘날의 쉼의 문화는 노동으로부터의 쉼이란 명분과 함께 어떤 쾌락 추구와 방종도 묵인된 채, 오로지 서로의 욕구를 해소하고, 서로의 만족을 위해 존재하고 있음을 본다. 인간의 오락과 유흥은 참된 가치를 잃었다. 참된 도를 잃은 타락한 춤과 노래와 술과 마약과 성의 문화가 지배하고 있다. 하나님은 안식을 거룩하게 하셨지만 거룩한 쉼은 사라진 지가 오래다. 기독교인들 마저도 참된 안식을 알지 못하고, 맛보지 못한 이들이 많다. 기독교적 가치를 담은 놀이문화 하나가 없다 할 정도로, 기독교적 쉼의 문화가 요구된다. 이미 이렇게 참담하게 무너진 정황이 드러난 일임에도 우리 삶의 심각한 문제로 의식되지 않는 듯하다. 참된 안식이 없어 개인이 무너지고, 가정이 깨어지고, 사회가 고통하고 있다. 그동안 사회의식의 발전과 함께 많은 변화들이 생겨났다고 하지만, 여전히 회복이 필요한 영역이다. '안식'도 반드시 구속 되어야만 한다.

인간의 타락으로 말미암은 창조명령의 파괴와 가치전도는 오늘 이 세상의 모습이다. 필연적으로 복음이 필요한 깨어진 세상과 구원 얻기에 전적으로 무능한 인류를 본다. 이 땅은 그리스도의 복음이 필요한 세상임을 깨닫는다. 인간의 타락과 창조 언약의 파괴는 온 우주의 구속과 회복을 요청한다. 이는 하나님의 선교의 동기다.

Ⅴ. 구속: 창조명령의 회복(창3:15)

1) 회복자 예수, 여자의 후손

창세기 3장에서 우리는 그 진노 가운데서도 잊지 않으시는 하나님의 긍휼과 인간에 대한 사랑의 마음을 읽는다. 창세기 3장은 '인간타락'의 장(Chapter)이며 하나님의 '구속시작'의 장이다. 창조주는 당신의 소유를 잃어버리는 그 순간 즉시 회복을 계획하시며, 선교를 시작하신 것이다. 온 세상의 구속을 위한 메시아, 구속자인 '여인의 후손'은 계시되고 약속되었다. 처녀의 몸에서 나신 예수께서 바로 인류와 온 피조세계의 구속자시다. 스텐리 엘리슨(Stanley A. Ellisen)이 말한 '원시복음(Proto-Gospel)'은 실로 하나님의 선교(Missio Dei)의 '마스터 플랜(Master Plan)'이며, 완전한 계획이다(창3:15).

언약의 하나님은 약속하신 예수 그리스도를 보내심으로 인류에게 구원의 길을 열어 주셨다. 이 세상에 회복의 길은 오직 예수 그리스도를 통해서 가능하다. 하나님께서는 예수 그리스도 외에는 우리에게 구원을 얻을 만한 다른 이름을 주시지 않았다(요14:6, 행4:12). 만약 하나님의 독생자 예수 외에 구원 얻을 만한 다른 길이 있었다면 하나님께서 아들의 피로 값비싼 대가를 치르며 우리를 구원하시지 않았을 것이다.

2) 구속, 하나님의 관심과 명령(마28:19~20)

구속은 하나님의 관심이며 하나님께서 하시는 일이다. 성경은 하나님의 피조세계의 완전한 회복의 의지와 더불어 온 세상 모든 민족을 향한 하나님의 관심을 우리에게 선명하게 보여주고 있다. 하나님의 궁극적 목적은 인류의 회복과 더불어 하나님께서 창조하신 모든 피조세계의 회복이다. 하나님은 피조세계의 청지기인 인간의 구속과 회복을 위해 일하고 계신다. 하나님은 창조하신 피조세계를 향한 당신의 관심과 사랑을 포기할 수가 없으신 것이다. 하나님의 회복된 백성, 교회로 하여금 하나님의 관심과 목적에 동참하라고 명령하신다.

하나님의 창조명령은 회복되었다. 그리스도안에서 결혼명령이 회복된다. 우리는 그리스도 안에서 거룩한 가정과 새로운 가족을 발견한다. 우리는 거룩한 세대를 계승하며, 그리스도께서 다시 오시는 날까지 생육, 번성하고, 온 세상에 편만하고, 충만해야 할 이유를 깨닫는다. 그리스도 안에서 회복된 노동과 안식의 축복을 발견한다. 노동의 새로운 가치와 의미를 되찾는다. 우리에게 복 주시며 맡기시고 명하신 하나님의 성품을 투영하고 반영하며 온 세상을 정복하고 다스리는 법을 배운다. 타락한 이후 노동은 우리에게 고통이 되었지만(창3:17~19), 노동은 이제 당신의 역사로 초대하시는 모든 인간을 향한 하나님의 소명이고 축복이며 영광이다. 그리스도안에서 온 땅을 다스리고 정복하라는 창조명령은 문화명령(Cultural Mandate, 창2:15)과 대 위임령(the Great Mandate, 마28:19~20)과 함께 새롭게 갱신되었다.

1. 일터, 하나님의 디자인: 성경적 노동과 사명

VI. **성경적 노동관과 일터사명**

일은 모든 믿는 자들의 사명이다. 성경적 노동관을 가진 모든 이들은 일과 일터에 존재하는 우리의 사명을 깨닫게 된다. 하나님께서 그의 백성들을 어둠에서 빛으로 부르시고(벧전2:9) 구원하여, 일터와 일상에서 그분의 나라와 의를 구하며 사는 하나님의 목적의 도구들이 되게 하신다(마6:31~33). 주님은 우리를 세상의 빛과 소금이 되도록 일터현장으로 보내신다(마5:13~16).

일터는 그 사명을 수행하는 자리다. 그리스도인이 갖는 직업에는 죄를 범하는 것이 아니라면 세속적인 직업이 있을 수 없다. 모든 직업은 하나님의 소명이며, 주신 은사를 통해 이루어 가는 일생의 사명이기 때문이다. 모든 그리스도인은 언제든지, 무엇을 하든지, 어디에 있든지 그리스도를 섬기는 일로 보내심을 받았다. 우리는 주 그리스도를 섬기는 자들이다(골3:22~24). 그러므로 진정한 우리 인생의 성공이란, 내가 선 일터에서 하나님이 나를 보내신 뜻을 이루며, 당신의 나라와 그 의를 구하며 영광스러운 사명을 성취하는 삶이다.

윌리엄 틴데일(William Tyndale)은 "접시를 닦는 일과 설교를 하는 일은 하나님을 기쁘시게 한다는 점에서 동일하다"고 하였고, 패트릭 모레이(Patrick Morley)는 "일은 사역이다"라고 하였다. 그러므로 각자 자신을 보내신 곳에서 소명을 따라 주님을 섬긴다는 의미에서는 교회 관련 전임사역과 일반직업의 차이와 구분은 불가능하다. 우리 하나님은 거룩하시고, 우리를 세상과 일터로 보내신 목적이 거룩하다. 그러므로 우리가 보내심을 받은 자리(聖所)에서 그분의 뜻을 수종들며 섬기는 모든 일은 거룩한 일(聖役)이며, 주를 섬기는 우리의 모든 직업은 성직(聖職)이다. 성직이라 부르는 목사직도 세속적인 목적과 방법으로 일할 수 있고, 세속 직업이라 여기는 일반 직업도 거룩한 태도와 방법으로 일할 수 있다. 그러므로 직업은 그 자체로 거룩하거나 세속적이지 않다. 그 직업과 일을 수행하는 자의 목적과 태도와 방법에 의해서 거룩하거나 세속적인 것으로 구분해야 할 것이다.

하나님은 우리를 세상 모든 곳, 모든 영역으로 보내셨다. 그러므로 우리의 일과 직업은 하나님의 부르심과 보내심에 사람이 응답하는 거룩한 수단이다. 그러므로 우리가 선 곳에서 아버지의 뜻이 하늘에서 이루어진 것처럼 땅에서도 이루어지도록 일하며 기도해야 한다(마6:10). 또한 모든 신자들은 자신의 일터에서 그리스도의 증인으로서 소명을 다해야 할 것이다. 모든 신자들은 자신의 일과 직업에 대해 자긍심과 사명의식을 가져야 한다. 일과 일터를 통해 삶의 보람과 성취를 맛보며, 존재가치와 의미를 재발견해야 한다. 그때 우리의 일과 직업은 하나님의 나라를 세우는 사역이 된다. 모든 민족과 모든 영역에서 그분의 이름이 높임을 받으시도록, 하늘 뜻이 땅에서 이루어지도록, 우리는 일생 그 일을 목숨을 다하여 이루며 살아야 한다. 그것이 바로 일터사명이다. 그러므로 우리의 직업과 일터와 노동(Business)은 거룩하고 영원한 하나님 나라의 일로써 우리의 사명(Mission)이다.

1. 일터, 하나님의 디자인: 성경적 노동과 사명

우리는 지금도 온 세상 모든 일터에서 하나님께서 하시는 일을 발견하고, 우리가 가진 사명을 발견한다. 일터 사명자는 일터의 구속과 회복을 구해야 한다. 일터 사명자는 7가지의 모습으로 내 삶의 현장을 이해할 수 있다.

1) 비전의 현장

일터는 비전의 현장이다. 자신이 일하는 일터를 오늘보다 내일이 더 복된 일터로 만들려고 하는 뚜렷한 비전과 소명이 있어야 한다. 나의 일터는 하나님께서 다만 우리로 먹고 살라고 보내신 현장이 아니라, 그 일터의 변화를 위해 나를 보내신 곳이다. 만약 자신이 일하는 일터에 대한 꿈이 없고, 내일에 대한 기대와 소망이 없다면 슬픈 일이다. 자신의 일터에서 성실할 이유도, 정 직할 이유도, 최선을 다할 이유도 없다는 말이다. 우리 모두는 자신의 일터에서 일터의 변화와 함께 자신의 내일을 꿈꾸며 살아야 한다.

2) 재창조의 현장

일터는 재창조의 현장이다. 우리는 일터에서 하나님께서 내게 주신 지식과 지혜와 경험을 다하고, 내 모든 수고와 노력을 다하여 일해야 한다. 하나님께서 아담에게 에덴을 경작하라 하셨던 것과 같다. 아담의 경작은 하나님께서 주신 모든 재능을 다해야 하는 재창조의 과정이었다. 창조주 하나님은 우리를 당신의 형상으로 지으시며 우리에게 당신을 닮은 창의성을 주셨다. 사명자는 자신의 일터에서 하나님이 주신 지식과 지혜와 창의성을 사용하여 일하며, 일터를 더 복되고 풍요로운 것들로 가득하게 하는 자가 되어야 한다.

3) 순명의 현장

일터는 순명의 현장이다. 우리는 일터에서 우리를 부르신 이의 뜻을 이루기위한 순종과 충성을다해야 한다. 순명이란 하나님이 주신 소명을 위해 우리의 순종을 드리는 삶을 말한다. 우리의 인생에서 '얼마나 오래(How Long)' 보다 더 중요한 것은 '얼마나 가치있게 (How Valuable)'일 것이다. 하루를 살아도 가치있는 하루여야 한다. 가장 성공적인 삶은 부르심을 이루는 순명이다. 순명의 사람만 후회 없는 인생을 살 수 있다.

4) 섬김의 현장

일터는 섬김의 현장이다. 예수님은 우리들 가운데 섬기는 자로 계신다고 하셨다. "내가 너희에게 행한 것 같이 너희도 행하게 하려 하여 본을 보였노라"(요13:15). 예수님은 우리가 섬기는 자로 일터에 서기를 기대하신다. 바울은 "내가 그리스도를 본받는 자가 된 것 같이 너희는 나를 본받는 자가 되라"(고전11:1)했다. 우리는 일터에서 섬김을 받으려 함이 아니라 섬기려 하는 태도를 가져야 한다.

1. 일터, 하나님의 디자인: 성경적 노동과 사명

5) 보람의 현장

일터는 보람의 현장이다. 하나님은 우리의 수고에 대한 마땅한 보상을 주시는 분이시다. 하나님은 농부들의 삶을 비유하며 당신의 보상을 약속하셨다. 땀과 눈물을 흘리는 만큼 그 수고에 따른 기쁨을 거두고 곡식단을 거두게 하신다. 우리는 일터에서 우리의 수고에 대한 보상과 열매로써 급여를 받는다. 이 땅의 삶을 영위하기 위해 필요한 재정공급은 물론이고, 수고에 따른 상으로써 지위와 명예를 얻게 하신다. 우리는 일터에서 자기성취의 기회를 얻을 뿐만 아니라, 장차 우리의 모든 수고를 아시는 아버지로부터 반드시 하늘상급을 얻게 될 것이다. 그러므로 낙심하지 말고 열심히 일하며, 자신 일과 삶을 즐거워하는 사람이어야 한다.

6) 선교의 현장

일터는 선교의 현장이다. 일터는 하나님께서 우리를 보내신 곳이다. 우리가 보냄을 받은 곳은 완전한 세상이 아니다. 하나님의 창조의 원형과 그 영광을 잃어버린 깨어진 세상이다. 우리는 그 일터로 보내신 하나님의 뜻을 기억해야 한다. 나는 어떻게 내 삶을 통해 하나님의 뜻을 이루어 드리며, 그의 나라의 확장에 참여할 것인가를 질문하며 살아야 한다. 먼저 내가 그리스도 안에서 변화된 새사람으로서 세상과 다른 세계관과 가치를 가진 삶을 살아야 한다. 하나님을 사랑하며, 이웃을 사랑하고, 하나님의 피조세계를 돌보며 사는 사람이어야 한다. 그때 우리는 일터에서 내가 그리스도 안에서 얻고 누리는 복된 삶과 복된 소식을 나누는 자가 될 것이다.

7) 예배의 현장

성경의 창조기사 속에서 우리는 예배에 관한 기록을 읽을 수 없다. 그것은 예배가 중요하지 않다는 말이 아니다. 우리는 하나님의 영광을 위해 창조된 자들이라 했다. 그렇다면 왜 예배에 대한 언급이 없는 것일까? 원형적 예배는 우리의 일상과 일터의 삶과 분리되지 않았기 때문이다. 하나님의 창조언약 안에서 순종하며 살아가는 우리의 삶이 바로 예배였다. 일은 하나님께서 인간을 지으신 목적이며, 인간의 존재적 소명이다. 하나님의 형상을 따라 지음받은 사람은 일하시는 하나님을 닮은 삶, 즉 일하는 사람이어야 한다. 사람은 일하는 예배자이다. 우리는 무엇을 하든지 평생 일하며 사는 자들이다. 오늘도 우리는 일상과 일터에서 일하며 예배한다.

성경적 노동관을 가지고, 주께서 보내신 일상과 일터에서 자신의 은사와 적성에 맞는 일과 직업을 선택하고, 소명을 따라 열심히 일해야 한다. 그것이 하나님을 향한 예배가 된다. 우리의 일과 직업은 하나님의 나라를 세우는 사역이다. 자신의 일과 직업에 대해 소명의식과 자긍심을 가져야 한다. 그 일과 일터를 통해 삶의 보람과 성취를 맛보며, 자신의 존재가치와 삶의 의미를 재발견해야 한다. 우리의 일은 거룩하고 영원한 하나님의 나라를 세우는 우리의 사명이다. 우리의 일이 하나님을 기쁘시게 하는 예배가 될 때에 바로 그때, 그곳에 하나님의 선교는 시작된다.

1. 일터, 하나님의 디자인: 성경적 노동과 사명

2

Business As Mission의
이론 · 실제 · 열매

이다니엘

한국교회 BAM 운동은 국제 로잔운동을 통해 본격화된 글로벌 BAM 운동을 모태로 시작되었다. 로잔운동은 글로벌 비즈니스선교 현장의 흐름을 보며 Business As Mission을 주제로 주요한 모임들을 열었고 이 과정에서 BAM의 공식 정의와 핵심 가치가 정리된다. 그리고 2007년, 한국교회 BAM 운동이 시작되던 현장에는 로잔운동의 일터선교론에 영향을 받은 한국교회 목회자, 선교단체 대표, 비즈니스 리더들이 함께하였고 이러한 교회, 선교단체, 기업의 구성은 20년이 된 지금도 한국교회 BAM 운동을 이끄는 축으로 작동하고 있다.

Ⅰ. Business As Mission의 토대

국제 로잔운동은 1974년 스위스 로잔에서 열린 제1차 로잔대회, 1989년 필리핀 마닐라에서 열린 제2차 로잔대회, 그리고 2010년 남아공 케이프타운에서 열린 제3차 로잔대회에 이르기까지 대회를 거듭하며, 로잔 언약, 마닐라 선언, 케이프타운 서약 같은 대회 선언문을 포함하여 LOP(Lausanne Occasional Paper)와 같은 다양한 형태의 문서들을 남긴다. 로잔운동은 제1차, 제2차, 제3차 로잔대회를 치르는 가운데, 각각의 선언문 안에는 일과 선교에 관한 문장/단락들이 그 자리를 점점 넓히는 모습을 확인할 수 있다. 매번의 대회는 복음 전도와 사회적 책임이 발생시키는 팽팽한 긴장 속에 진행되었고, 대회가 계속되면서 총체적 선교의 면모도 확연히 드러난다.

총체적 선교에 관하여, 케이프타운 서약 1부 7항에서는 다음과

킹덤 비즈니스_ 하나님 나라 기업가정신과 BAM

같이 정의한다. "총체적 선교란, 복음이 예수 그리스도의 십자가와 부활을 통해 성취된 하나님의 구원의 좋은 소식이며, 그 구원은 개인과 사회와 창조세계를 위한 것이라는 성경적 진리를 분별하고 선포하고 살아내는 것이다. 개인과 사회와 창조세계는 모두 죄로 인해 깨어지고 고통당하고 있으며, 또한 하나님의 구속적 사랑과 선교에 포함되므로, 이 셋은 모두 하나님 백성의 포괄적인 선교의 대상이 되어야만 한다." 즉, 성도 개인의 구원뿐 아니라 우리가 살아가는 사회와 창조세계 전체를 선교의 대상으로 정의하며 성도들은 세상 속에서 하나님의 백성으로 살아가며 하나님의 선교를 실천하는 주체가 되어야 함을 강조한다. 바로 이 토대 위에 동일한 일터 선교론에 기초로 하는 로잔운동의 일터 사역, BAM, 텐트메이킹 등 다양한 이슈 그룹들이 자리를 잡는다.

Ⅱ. 로잔 문서들에 담긴 일터 선교론

로잔운동의 공식문서인 로잔 언약을 보면 제5항 "우리가 주장하는 구원은 우리로 하여금 개인적 책임과 사회적 책임을 총체적으로 수행하도록 우리를 변화시켜야 함"과 제6항 "교회의 울타리를 헐고 비그리스도인 사회에 스며 들어가야 함" 같은 짧은 문장들이 눈에 띈다. 마닐라 선언에는 본격적으로 일터, 직업, 노동에 관한 언급들이 이전보다 구체적으로 등장한다. 제2부 6항을 보면 "평신도 전도를 위한 또 하나의 상황은 일터다. 대부분의 그리스도인들이 깨어 있는 시간의 절반을 일터에서 보내기 때문이며, 또한 직업이란 하

2. Business As Mission의 이론 · 실제 · 열매

나님의 소명이기 때문"이라고 강조하고 11항은 "(텐트메이커들은) 직업을 가지고 여행하며, 가능한 모든 기회를 이용해 예수 그리스도를 전할 수 있다. … 그리스도인들은 그들이 어디에 있든지, 그리스도인의 삶의 모습 그 자체로써 증거가 되기 때문에 전도가 자연스럽게 이루어진다"고 강조한다. 마닐라 선언은 로잔 언약에 비해 일반 성도들의 일터 현장을 한층 뚜렷하고 실제적으로 다루는 모습이다.

케이프타운 서약은 세상에 만연한 빈곤, 기아, 질병, 전쟁, 생태 위기 등을 언급하며 이를 선교의 영역으로 지칭한다. 크리스천의 사회적 책임이 미치는 곳을 개인과 사회와 창조세계로 구분하며, 크리스천의 선교는 죄와 고통과 불의와 창조 질서의 왜곡으로 가득한 세상이요 가난한 자들이 있는 곳, 정의와 평화가 없는 곳에 이르러야 함을 강조한다. 한편, 케이프타운 서약은 일터를 "성인 그리스도인들이 비그리스도인들과 대부분의 관계를 맺고 살아가는 곳으로서 복음 전도와 변혁을 위한 거대한 기회를 제공하는 곳"으로 소개하며, 모든 신자에게 "하나님이 일하도록 부르신 곳이면 어디든 그곳이 바로 일상의 사역과 선교를 수행하는 장소임을 받아들이며 확신하라"고 권면한다. 특히, 크리스천들은 그들의 일과 기술을 통해 전통 목회자와 선교사들이 갈 수 없는 곳에 들어갈 수 있음도 강조한다. 케이프타운 서약은 성도들의 일터와 노동의 중요성, 성속 이원론에 대한 배격, 일반 성도들에 대한 직업을 통한 선교 도전 등을 이전 두 대회보다 구체적으로 언급한다.

요컨대, 역대 로잔대회와 선언문들은 복음 전도와 사회적 책임 모두를 선교 영역으로 선언하는 가운데, 자연스럽게 비즈니스 역시

선교 실천의 한 영역으로 확장시켰다. 그리고 그 과정에서, 일터가 선교 실천의 중요한 현장으로 인정받게 되었다. 비즈니스 활동의 주체인 일반 성도들 역시 기존의 목사 중심, 일요일 중심, 교회 건물 중심 신앙생활의 틀에서 벗어나 지금 이 시대 진정한 선교 실천의 주체로서 역할을 감당할 수 있는 선교론적 근거가 생긴다.

III. BAM의 정의

2004년 9월, 태국 파타야에서는 로잔 세계복음화 포럼(이하 파타야 포럼)이 열린다. 로잔운동은 당시 31개 이슈 그룹 중 하나로 BAM 그룹을 지정하였고, 포럼 이슈그룹의 결과 보고서가 바로 LOP 59 "Business As Mission"이다. 시간적으로 볼 때, BAM 이슈 그룹과 LOP 59의 출현은 제2차 로잔대회와 제3차 로잔대회 사이이지만, 로잔운동이 정의하는 BAM 안에는 이미 역대 로잔대회에서 명시한 '복음 전도와 사회적 책임' 그리고 '총체적 선교'의 개념이 모두 포함되어 있다. 실제로, LOP 59는 BAM의 토대로서 (1) BAM은 총체적 선교의 원칙을 기초로 한다, (2) BAM에는 하나님 나라의 관점인 킹덤 비즈니스가 있다고 명시한다.

BAM의 핵심 개념은 파타야포럼의 BAM 선언문인 'BAM Manifesto'에 잘 담겨 있다. BAM Manifesto의 1항부터 4항까지 내용을 요약하면 다음과 같다. 하나님께서 인간에게 "비즈니스를 포함하여 좋은 것들을 창조할 수 있는 능력을 주셨음"과, 예수께서 사람들의 영적, 육적 필요를 채워주심으로 하나님의 사랑과 하나님 나라의 통치를 드러내셨듯이 우리 또한 비즈니스를 통해서 하나님의 부름을 받고 준비되고 있음을 선언한다. 5항과 6항에서는 "복음이 개인과 공동체와 사회를 변화시킬 수 있는 힘을 갖고 있음"과, "빈곤과 실업이 만연한 복음을 알지 못하는 지역"에서 "비즈니스를 통한 총체적 변혁의 한 부분을 담당하여야"함을 강조한다. 나아가, 7항, 8항 9항에는 BAM에 관한 핵심 선언이 담겨 있다.

> (7항) BUSINESS AS MISSION은 하나님 나라의 관점과 목적과 영향력을 가진 비즈니스를 의미한다. (8항) 우리는 영적, 경제적, 사회적 및 환경적 변혁이라는 네 가지 기본적 목표를 위해 일자리를 창출하는 비즈니스의 증가가 전 세계적으로 필요함을 인정한다. (9항) 우리는 교회가 비즈니스 자체와 결과를 통해서 전 세계의 필요들을 채워주고 시장 경제 가운데 하나님의 영광을 가져올 크리스천 사업가 커뮤니티라는 거대하고 그동안 충분히 활용되지 못했던 자원을 갖고 있다는 사실에 주목한다.

요약하자면, BAM Manifesto에는 로잔운동이 총체적 선교 개념을 통해 추구해 온 사회적 책임과 실제적 변혁의 관점이 포함되어 있다. 이는, 복음이 단순히 한 개인의 영혼을 변화시킴을 넘어 지역사회와 공동체를 총체적으로 변혁시킬 힘을 갖고 있음을 선언한다. 비즈니스 영역의 크리스천들은 일터 상황을 통해 사회, 경제, 환경 등 실제적 변혁의 한 부분을 담당하라고 촉구한다. 마지막으로, 권면 부분은 비즈니스 상황 속에 살아가는 일반 성도들에 대한 격려요 교회 지도자들이 이들을 일깨우고 훈련시켜 파송하라는 호소로 이루어져 있다.

킹덤 비즈니스_ 하나님 나라 기업가정신과 BAM

이러한 흐름 속에, 파타야포럼 당시에 LOP 59의 공동저자로 참여했고 현재 글로벌 BAM 운동 전면에 서 있는 마츠 튜넥(Mats Tunehag)은 BAM을 다음과 같이 정의한다. "BAM 기업은 상대적으로 복음의 영향력이 낮은 곳에서 복음을 전하려는 의도를 가진 리더십에 의하여 운영되는 재정적 유지가능한 비즈니스로서, 하나님 나라의 가치에 근거하여 개인과 지역사회에서 영적, 경제적, 사회적, 환경적인 총체적 변혁을 가져오는데 그 목적이 있다."

IV. 제4차 로잔대회 속 일터 선교론

2024년 9월, 인천 송도에서 열린 제4차 로잔대회에서도 이러한 흐름은 계속된다. 제4차 로잔대회 다섯째 날 오전 전체 집회(plenary hall)는 일터 선교를 주제로 열렸다. 당시 성경 강해의 제목은 "일터 속 그리스도의 증인들(Christian Witness in the Workplace)"이었다. 발표자 줄리아 가샤겐(Julia Garschagen)은 성경 강해를 통해 "초대교회 당시 예수 그리스도의 복음은 일터 현장 속 크리스천들을 통해 퍼져 나갔다. 장인들이 제품을 생산하는 도중에 그리고 상인들이 물건을 파는 과정 속에서 복음이 전해졌다. 일터 속에서 증인으로 살아감은 초대교회 선교의 DNA였다"고 나눴다. 초대교회 선교의 주체는 일반 성도들이요, 복음은 일터 현장 속 크리스천들을 통해 퍼져나갔다.

한편, 대회 기간 월요일부터 목요일까지 매일 오후에 일터 트랙(Workplace Track)이 열렸다. 전체 참가자 5,394명 중 1,450명이 일터

2. Business As Mission의 이론 · 실제 · 열매

트랙에 함께 했고, 나흘 동안 총 40명 발표자들이 무대에 서서 자신의 일터 선교 이야기를 나눴다. 40명 발표자의 대부분이 비즈니스 현장가였는데, 이들은 지난 50년 동안 로잔운동이 차곡차곡 발전시켜 온 로잔의 일터선교론을 '시장 언어', '기업 감성'으로 바꿔서 전달했다. 이들은 청중 앞에서 (1) 일터와 노동에 대한 성경적 관점 (2) 일터 현장의 크리스천, 그 신분과 사역의 기회 (3) 청지기로서의 기업 경영 (4) 크리스천의 사명 – 건강한 부의 창출과 분배 (5) 복음의 불모지에서의 남다른 리더십 그리고 (6) 위기 상황 속 비즈니스를 통한 총체적 변혁 등을 나눴다.

이렇듯, 글로벌 비즈니스 리더들이 제4차 로잔대회 무대의 주체가 되어 직접 그들의 일터와 노동을 통해 맺은 복음 전도와 실제적 변혁에 관한 열매 이야기를 나눔은 로잔운동이 그동안 발전시켜 온 일터 선교론이 이제 비즈니스 리더들을 통해 계속되고 또한 확장되었다는 점에서 큰 의미를 갖는다.

V. 한국교회 BAM 운동과 글로벌 선교 현장

로잔운동으로부터 본격화된 글로벌 BAM 운동이 한국교회와 선교계 안에 본격적으로 확산된 것은 2007년이다. 한국교회 BAM 운동은 2007년 상하이 한인 비즈니스 포럼(Shanghai Korean Business Forum, 이하 SKBF)을 통해 시작됐다. 로잔운동의 BAM 이론에 큰 도전을 받은 상하이한인연합교회 엄기영 담임목사를 비롯하여 조 샘, 송동호, 박민부 등 초창기 BAM 운동가들은 모두 지역교회 목회자, 선교단체 대표와 현장선교사, 그리고 비즈니스 현장가들이다. 이들은 매해 꾸준히 상하이에서 모여 BAM 이론과 한국교회 목회와 선교에의 적용을 고민한다.

SKBF는 2013년 서울로 들어와, IBA(International BAM Alliance)라는 BAM 선교운동체의 모습으로 한국 땅에 자리 잡게 된다. IBA는 이후 매해 한국교회 목회자와 성도들, 선교계 리더들을 대상으로 BAM과 관련된 각종 컨퍼런스와 포럼, 영역별 네트워킹 모임, 교육-훈련 등을 진행해 왔다. IBA 동역단체들은 BAM 현장가들을 양성하여 꾸준히 세상 곳곳 선교지 현장으로 파송해 왔다. 한국교회로부터 파송 받은 비즈니스 선교사들은 중국, 요르단, 인도, 네팔, 키르기즈스탄 등 여러 나라들에 나아가 BAM 이론에서 파생된 비즈니스선교 현장을 만들어 왔다.

VI. 예수의 복음, 하나님 나라를 중심으로

IBA에는 한국교회 BAM 운동과 현장에 관한 다양한 논문들이 소장되어 있다. 역대 자료집들에 실린 논문들을 보면, 한국교회 BAM 운동을 이끌어 온 크리스천 기업인, 목회자, 선교단체 대표 등은 로잔운동의 BAM 이론을 발전시켜 자기 나름의 학술적 성찰을 엿볼 수 있다. 먼저, 황성수는 "하나님의 나라 복음을 전하여야 하리니"를 통해 예수의 복음과 하나님 나라의 현재성 사이의 연속성을 조명한다. 그는 마가복음 1장 15절에 나오는 "때가 찼고 하나님의 나라가 가까이 왔으니 회개하고 복음을 믿으라"를 통해, 예수가 선포

2. Business As Mission의 이론 · 실제 · 열매

한 복음의 본질은 하나님 나라이고, 예수를 통해 이 땅에 임한 하나님의 통치는 이미 이 땅에 임하여 확장되고 있음을 강조한다. 이른바 하나님 나라의 현재성이다.

황성수가 강조하는 것은 다음과 같다. 지금 우리 안에 있는 하나님 나라(눅 17:21)는 이미 시작되어 우리들 가운데 임하여 있으며, 언젠가 완성될 것이다. 그리고 예수의 복음과 하나님의 현재적 통치로 드러나는 역사는 총체적이다. 마태복음 11장 5절이 보여주듯, 하나님 나라의 현현은 우리 삶의 전 영역에 드러난다. 사도행전 2장 44~45절에 나오는 성령 받은 제자들의 사회-경제적 일상이 새로운 차원으로 변화된 것 역시 그러한 맥락이다. 황성수는 "교회의 역사는 그 시작부터 선교의 역사였고, 이 선교는 총체적 복음에 근거한 총체적 선교였다"고 기술하며, "하나님 나라가 이 땅에 임한다는 개념은 영혼의 구원만을 말할 수 없다"고 말한다.

서명구는 "비즈니스 세계 속 선교적 기업 활동"을 통해 하나님 나라에 관해 다음과 같이 부연한다. "하나님 나라는 장소적인 개념이 아니라 주권의 개념이며 또한 관계적 개념이다. 하나님 나라는 하나님의 다스림이 있는 곳이며, 그 다스림은 하나님을 향한 사랑(예배)과 이웃을 위한 사랑(섬김)으로 나타난다. 사람과 하나님과의 관계와 사람과 사람과의 관계가 회복되는 것이다." 그러면서 "거의 2000년이 지난 지금, 하나님 나라의 본질은 변치 않는다. 오늘날 우리 그리스도인들이 서야 할 땅은 어디인가? 그것은 바로 비즈니스 세계이다. 그 속에 있는 도시들이며, 우리가 몸담은 비즈니스 현장"이라 역설한다.

VII. BAM 기업의 BAM 기업 됨

서명구는 계속해서 비즈니스 세계 속 예수의 제자들의 삶을 강조하며 현대 기업들과 그 활동들이 악의 도구로 사용되고 있음을 지적한다. 현대 기업들 안에 난무하는 돈과 탐욕, 집착, 분주함, 착취, 속임과 거짓말, 불의, 불법, 이기주의, 경쟁과 적자생존, 자연파괴, 환경오염 등을 나열하며, 한편으로는 기업 활동을 통해 얻을 수 있는 선물에 대해 언급한다.

> "기업 활동 그 존재 자체는 '섬김의 원리'에 근거한다. 기업은 이윤을 내지 않으면 그 존재 가치를 상실하는데, 한 기업이 이윤을 남겼다는 말은 그 기업이 생산한 제품과 서비스가 다른 기업보다 잘 혹은 독특한 방법으로 섬겼다는 증거임과 동시에 그 제품-서비스를 생산하는 과정에서 투자한 자원보다 더 나은 가치를 창출했다는 증거가 된다. 한 기업이 이상적으로 운영될 때, 이 기업은 인류 공동체의 많은 필요를 섬기기 위해 젖과 꿀을 내는 하나님의 선물이요 귀한 '섬김의 장'이 될 수 있다."

> "우리는 이 비즈니스 세계에 보내심을 받아 그 땅을 차지할 뿐 아니라 그 땅을 지배하는 우상과 가나안의 원리를 제거해 내고, 사랑과 섬김을 기초로 하는 하나님 나라의 원리를 불어 넣어 '기업을 기업 되게' 할 사명이 있는 것이다. 그러므로 우리 그리스도인들에게 현대의 기업 활동은 '사랑과 섬김을 기초로 하는 하나님 나라의 원리'와 '탐욕과 착취를 기초로 하는 가나안의 원리'가 한판 승부를 벌이는 곳이다."

조 샘은 "Business As Mission에서 As란 무엇인가?"를 통해 자본주의의 어두운 면이 다스리는 시대상에 대응하는 선교적 삶에 대해 강조하고 있다. 자본주의는 이미 강력한 시대적 흐름으로 자리를 잡아, 국가와 민족과 문화를 초월하여 전 세계 모든 사람들의 삶 속에 깊이 들어와 있고, 세상은 자본주의의 어두운 면으로 인해 모든 관계가 물신화 되고 모든 이들이 힘과 경쟁력을 지향하는 모습이다. 그런 가운데 예수의 제자들은 비즈니스 문화 속에서 하나님 나라를 살아가며 세상의 문화를 변혁하는 자리에 서야 함을 주장한다. 그러면서 As는 복음의 증거를 의미하는 동시에 우리 문화와 라이프스타일 속에 있는 자본주의의 자기 중심성과 자기 숭배와의 영적 대결을 의미한다고 강조한다.

VIII. BAMer란 어떤 존재인가?

송동호 나우미션 대표는 "온전한 복음과 총체적 선교"를 통해 예수의 복음, 하나님 나라, 총체적 선교, 그리고 Business As Mission의 연속적 관계를 규명한다. 그런 가운데 다음과 같은 내용을 기술한다.

> "우리는 비즈니스 세계 안에서 선교적 삶을 살아가는 이들을 BAMer라 부른다. BAMer는 자신의 일과 직업을 창조주께서 주신 사명과 소명으로 여기며, 자신의 모든 일들 속에서 하나님의 영광을 목적하는 예배의 삶을 통해, 일터에 하나님의 나라를 세우는 선교적 삶을 사는 자들이다. 이들이 온전하고 통전적인 바

로 총체적 증인들이다. 이런 증인들에 의하여 증거되는 온전한
복음은 모든 이들의 삶의 총체적 기쁜 소식이 되고, 그 열매는
총체적 변혁일 것이다."

"선교는 결코 말로 하는 선포, 복음 전도만으로는 부족하다. 선
교는 삶으로 하는 증거가 필요하다. 오늘날 비즈니스 세계의 다
양한 일터에서 일하고 살아가는 모든 이들이 자신의 삶의 자리
한가운데서 그리스도의 제자로 살며, 그의 변혁적 삶을 통하여
그리스도와 그분의 나라와 그의 복음의 증인들이 되어야 한다.
총체적 증인은 이웃의 삶 깊숙이 스며들어가 그리스도께서 보여
주신 성육신적 삶을 살아가는 자들이다."

"반기독교적 정서가 팽배한 이 시대에는 더욱 십자가의 흔적을
가진 그 증인 공동체, 자신의 삶 속에 십자가의 흔적을 가진 증
인들이 절실하다. … 총체적 선교라는 말은 단지 말로 해석되는
것이 아니라 삶으로 해석되어야 하는 것이다."

요약하자면, 한국교회 BAM 운동은 로잔운동의 총체적 선교와
BAM을 이어받은 가운데, 한국교회 나름대로 예수의 복음, 하나님
나라, 총체적 선교, BAM을 차분히 정리해 왔다. 지금 이 시대가 도
시화 되고 자본화 되고 있는 추세라는 점을 주목하며 돈의 힘이 강
력해진 글로벌 자본주의 시대 속에 예수의 제자들이 살아내는 선교
적 삶을 강조해 왔다. 특히, 목사 중심의 신앙생활, 교회 건물 중심
의 신앙생활, 그리고 일요일 중심의 신앙생활을 넘어 이제 모든 성
도 모두가 비즈니스 세계의 일원이자 예수의 제자, 하나님 나라 백
성으로서 '일터 현장 속 성직'을 살아내는 것을 강조해 왔다.

IX. 총체적 혼돈, 총체적 위기

세상 만물이 엄청난 혼돈을 경험하는 때다. 위기의 시대다. 한편에서는 자본의 논리가 강력한 힘을 발휘하고 과학기술이 빠르게 발전하며 대중문화가 그 화려함을 자랑하는 가운데, 다른 한편에서는 사람과 사회-경제 그리고 창조세계가 아픔 속에 있음을 본다. 사람과 사람이 차별하고 반목하고, 나라와 나라 민족과 민족이 갈등하고 싸우고, 부익부 빈익빈으로 인해 경제 양극화가 심해지는 가운데 사회적 약자가 속출하며, 자연환경이 파괴되고 자원이 고갈되고 기후 변화로 지구촌 곳곳이 어려운 상황에 직면해 있다. 적잖은 젊은이들은 자기 주변에 우울증 약을 안 먹는 사람이 없다며 하소연하고 있다. TV 뉴스의 처음부터 끝까지 어느 하나 우리 가슴을 시원케 하는 뉴스 꼭지 하나를 찾기 어려운 때다.

두 가지 질문이 떠오른다. 과연 복음은 이러한 총체적 위기 상황 속에 우리 크리스천들에게 어떤 일상을 요구하고 있을까? 복음을 아는 사들은 혼돈과 위기의 때에 실제로 어떤 일상을 살고 있을까? 특히 자본, 기술, 문화의 압력이 가득한 비즈니스 세계에서 말이다. 망가지고 훼손된 세상 속에서 우리 크리스천의 일상은 '남다른 대안이요 소망이 되든지', '별 존재감 없이 그냥 묻어가든지' 아니면 '안 믿는 이들보다 못하든지' 셋 중 하나일 수 있다.

X. 급변하는 글로벌 환경 속 BAM 현장

IBA에는 Business As Mission 즉 '비즈니스 그 자체로서의 선교'를 지향하며 국내에서든 해외 선교지에서든 시장 한복판에서 선교적 임팩트를 만들어 온 비즈니스 리더들이 함께하고 있다. 이들 모두 지속가능한 기업 활동을 기초로 의사결정, 재정집행, 인간관계 등 여러 과정을 통해 안 믿는 이들 앞에서 그리고 깨어지고 훼손된 환경과 상황 속에서 선교적 삶을 살아오는 데에 집중해 왔다. 이러한 일터 현장에서의 남다른 라이프스타일은 복음 전도를 넘어 지역사회와 이웃 안에 실제적 변혁을 만드는 기반이 되었다. IBA는 매년 여러 모임을 주최하며, 국내뿐 아니라 무슬림권, 힌두권, 사회주의국가 등의 BAM 현장 사례들을 축적해 왔다.

필자는 최근 10년 동안 IBA와 연관된 글로벌 BAM 현장들의 사례들을 정리하며 이들 사례를 '사회적 가치 창출'을 중심으로 소개할 것이다. IBA와 함께 했던 선교지 현장 BAM 기업가들에 관한 각종 자료(주로 동영상 강의, 발표 자료, 논문 등)를 분석하여, 이들 가운데 기독 경영 영역에 소개할 수 있는 BAM 현장 사례 12개를 도출하였다. 기업들은 일부 업력이 5-10년 사이인 곳도 있으나, 대부분은 10년 이상이다. 기업가들은 비즈니스의 지속가능성은 물론이고, 일터 현장에서 영혼 구원과 복음 전도의 열매를 거두고 있었다.

BAM 기업들이 속한 현장 대부분이 창의적 접근지역 즉 무슬림권, 힌두권, 사회주의국가인 점을 고려하여 이들의 보안과 안전을 위해 기업 이름과 소속 국가(대신 권역으로 표기)를 모두 익명으로 표기하였다. 망가진 세상 깨어진 사람들 속에서 사람, 사회-경제, 창조세계 차원의 다양한 실제적인 문제를 해결하며 회복과 변혁의 가치를 창출해 온 BAM 기업들의 이야기들은 다음과 같다.

XI. 글로벌 BAM 현장의 면면들

기업 1은 동남아 사회주의국가에 있는 적정기술 전문가가 세운 친환경 농장이다. 농장 바로 옆에는 극빈층들이 모여 사는 마을이 있는데, 기업 대표는 이 마을에 사는 술, 마약, 도박 등에 중독된 이들 그리고 갖가지 장애가 있어서 도저히 사회생활이 어려운 이들을 농장 직원으로 받아들여 함께 일해왔다. 이들은 농장에서의 노동 활동을 통해 온갖 중독에서 자유로워졌고 이제는 스스로 알아서 적극적으로 자기 일상을 개척하고 있다. 기업 대표가 몽골과 캄보디아 등에서 적정기술을 기반으로 한 상품 생산을 해 왔기에, 이 농장을 통해 생산되는 여러 상품들 역시 창조세계 돌봄 차원에서 의미 있는 것들이다.

기업 2는 1990년대 내전으로 인해 100만 명가량이 인종학살로 희생된 아프리카 르완다에 들어가 그곳 상류층들이 주로 왕래하는 길목에 베이커리 카페를 세운다. 고가 고품질 전략을 바탕으로, 상류층들에게 질 높은 수준의 커피와 빵을 높은 가격에 판매하는데 이를 바탕으로 인종학살 사건의 피해자들 40명에게 바리스타, 제빵 교육-훈련을 실시하고 이들이 매장에서 일하게 했다. 이들은 매장에서 함께 일하며 신앙 교육은 물론, 정직과 성실, 경제관념, 기업가 정신 등을 교육받는다. 한편, 이 기업은 지역 안에 있는 가난하지만 역량 있는 미술가, 수공예 예술가들의 작품을 매장 한복판에 전시하고 판매하며, 판매 수익이 예술가들에게 돌아가도록 했다. 유통 구조에 거품이 많음을 고려하여, 건강한 현지 농가들과 직거래를 하여 이들 농가들에게 많은 이익을 안겨 주었다. 이는 '부의 선순환' 차원에서 의미 있는 일이다.

기업 3는 한국 땅에서 카페 비즈니스로 성공한 기업이 그 비즈니스 모델을 해외 사회주의국가 현장에 그대로 이식하여 현지 사회-경제 환경에 잘 자리 잡게 된 사례이다. 해당 도시 안에 있는 가난과 폭력에 시달리는 취약계층들을 기업 현장을 통해 품고 이들이 안정적으로 자립할 수 있도록 도와왔다. 특히, 원래 그 도시는 밤에는 여성과 아이들이 길거리를 다닐 수 없는 곳이었는데 이 기업의 건강한 비즈니스 활동을 통해 이제는 밤에도 여성과 아이들이 안전하게 움직일 수 있게 되었고, 동종의 카페 사업 및 요식업 경쟁업체들의 조직 문화 역시 건강해졌다.

기업 4는 동남아 캄보디아의 빈곤이 극심한 지역을 중심으로 염색 및 의류 가공 사업을 진행해 왔다. 지역사회 안에 취약계층들을 고용하여 지속적인 일자리를 통해 이들의 자립을 도왔고, 특히 일반 의류 공장들이 인체에 해를 끼치는 염색 방식을 사용하는 것에 반해 기업 대표와 직원들이 함께 인체에 무해하고 친환경 가치를 실천하는 캄보디아 전통 염색 방식을 개발하여 영리 비즈니스 안에서 창조 세계 돌봄의 가치를 구현하였다. 기업 대표는 현지인 직원들이 회사의 리더십이 되도록 오랜 시간 공동으로 회사를 운영하고 있다.

기업 5는 체제 전환 이후에 극심한 부익부 빈익빈을 겪고 있는 동구권 알바니아에서 지역사회에서 무시 받고 천대당하는 히피와 성매매 여성들을 대상으로 바리스타와 제빵사로 교육-훈련시키고 이들을 직접 매장에 고용하여 안전하고도 안정적인 일자리를 제공해 왔다. 이들은 BAM 기업에서의 활동을 발판으로 이후 경제적으로 자립하여 이후에 더 좋은 조건의 일자리를 얻기도 하고 직접 현지에서 유통회사를 창업하기도 했다.

기업 6은 회사는 사회주의국가 도심에 위치하면서도 인근 고산족 청년들을 꾸준히 고용하며 고산족 마을의 자립에 지속적으로 기여해 왔다. 전체 직원 가운데 고산족 청년들에 대한 고용 비율을 꾸준히 유지해 왔고, 고산족 청년들이 노동할 때 생긴 수익의 일부를 고산족 마을에 전달하여 그곳의 지역교회가 유지되게 하였고 산지 마을의 가정마다 송아지를 사줘서 이를 통해 50여 가정이 스스로 자급자족할 수 있는 토대를 만들어 주었다.

기업 7은 동남아 캄보디아에서 비즈니스를 통해 지역사회의 경제적 자립과 변화를 이끌고 부의 선순환 구조를 만들고 있다. 캄보디아 안에서도 사회-경제 환경이 가장 열악한 지역에 농장을 세워 지역 주민들을 고용하고, 이들과 함께 팜슈거, 망고 등을 재배, 가공, 유통, 판매하는 일을 해 왔다. 해당 지역 주민들은 자신이 노동한 것에 합당한 이익을 가져가 소득이 증대되었고, 특히 코로나 팬데믹 기간에는 내수 시장 상황이 좋지 않음에도 기업이 먼저 처음 농민들과 코로나 이전에 약속했던 대로 팜슈가를 전량 구매함으로서 기업과 주민들 간에 신뢰가 튼튼해졌다.

　기업 8은 아프리카는 물론 중남미, 동남아에 있는 개발도상국을 토대로 현지인 창업자들을 발굴하여 이들에게 창업 교육을 하고 창업에 필요한 최소한의 재정 지원을 해 왔다. 기업 대표는 창업 초기부터 지금까지 현지인들을 바라볼 때 복지의 수혜자가 아닌 잠재적 동반자요 사회혁신가로 바라보는 시각을 유지한 가운데, 실제로 현지인 창업자들이 맨바닥에서 일어나 이후에 어엿한 비즈니스 리더로 성장하기까지 모든 과정을 함께하고 있다. 성공한 현지인 창업가들은 현재 기업 5의 후원자가 되어, 해당 국가의 또 다른 창업가들의 자립과 성장을 지원하고 있다.

　기업 9는 북미 캐나다에서 원주민들과 함께 차가버섯을 재배하고 가공하여 판매하는 일을 하고 있다. 일터 현장을 만들어 술, 마약, 도박에 찌들어 살던 원주민들을 고용하여 이들이 건강한 노동을 통해 그 삶이 회복되도록 돕고 있고, 특히 기업 대표는 버섯 가격이 폭락할 때마다 지역 주민들이 폭락의 피해자가 되지 않도록 막아서는 가운데 지역사회가 안정적으로 자립하도록 부의 선순환 과정을 만들어 왔다. 기업 대표는 회사 주식을 원주민 직원들에게 공유함을 통해 직원들로 하여금 경영에 참여하고 회사 운영에 책임감을 갖게 하고 있다.

　기업 10은 동북아 사회주의국가 현장 속에서 20년 가까이 현지의 전통차를 중심으로 다양한 사업을 펼쳐왔다. 특히, 기업 대표는 지역사회와 이웃 그리고 현지인 직원들과의 관계를 잘 만들어 왔다. 처음 기업 활동을 시작할 땐 사회주의국가 특유의 감시와 통제가 극심했으나, 점차 시간이 지나면서 현지인 직원들은 물론 주변의

2. Business As Mission의 이론 · 실제 · 열매

이해관계자들이 기업의 편이 되었다. 코로나 팬데믹 속에서 다른 기업들은 재정 문제로 현지인 직원들을 해고했지만, 이 기업은 모든 직원의 고용을 유지하는 가운데 대신 모두 함께 급여 삭감에 동참하며 온몸으로 버틴 것으로 유명하다.

기업 11는 동북아 사회주의국가에서 10년 가까이 기업을 유지하면서, 이방인에 적대적이고 복음에 매우 적대적인 현지인들을 변화시켜왔다. 유물론과 무신론에 찌들어 있는 주민들을 매일 일터를 통해 만나서 함께 일하고 교제를 나누며, 그들 안에 기독교 신앙에 대한 호감을 불러 일으킴과 동시에, 그들이 건강한 노동을 통해 전인적 변화를 겪고 나아가 그들 스스로 경제적 자립을 이루도록 마이크로파이낸싱 같은 여러 방식을 통해 지역 주민들을 돕는다. 이 기업의 건강한 조직 문화와 사업방식은 현지인 직원들을 변화시킴을 넘어 동종업계의 다른 경쟁 기업들의 조직 문화와 사업방식마저 바꿔 놓았다.

기업 12는 필리핀 북부의 빈곤 지역에 위치하며 해당 지역사회가 경제적으로 자립하도록 돕고 취약계층들을 건강한 비즈니스 리더로 세우는 일을 해 왔다. 처음엔 마을 전체가 거대한 쓰레기 더미였고 그 위에 아이들이 뛰어놀던 곳이, 이제는 지역 주민들이 직접 노동하며 직접 운영하는 협동조합(현지인 여성들의 의류 비즈니스)과 사회적 기업(현지인 청년들의 식품 비즈니스)으로 인해 해당 지역 안에 사람과 공동체가 함께 세워지는 역사가 일어났다.

XII. 다양한 총체적 변혁의 가치들

이상의 선교지 현장 BAM 기업 12곳은 오랜 시간 지속가능한 비즈니스를 유지하며, 복음 전도는 물론 다양한 차원의 사회적, 경제적, 환경적 변혁을 만들어 왔다. 특히, 기업들이 위기의 시대 혼돈의 환경 속에서 만들어 온 실제적 변혁은 이하 다섯 가지로 요약될 수 있다.

1) 사회적 약자의 세움과 자립

선교지 현장 BAM 기업 대부분은 비즈니스를 통해 지역사회 내 사회적 약자들을 세우고 이들을 자립시키는 일에 집중했다. 이들이 스스로 일어서고 중장기적으로 자신의 삶을 적극적으로 꾸릴 수 있도록 각종 교육-훈련을 실시하고 창업 지원을 모습을 보였다.

2) 건강한 일자리 창출과 포용적 일터 공동체 형성

BAM 기업들이 몸 담고 있는 지역의 대부분은 빈곤한 곳들이고 그 중심에는 일할 의지가 없는 이들 혹은 일자리의 부재가 있다. BAM 기업가들은 이들 속에 들어가서 양질의 일자리를 창출하고 이들이 오랫동안 안정적으로 일할 수 있는 포용적 일터 환경을 조성해 왔다.

3) 지역사회와 이웃 속 사회-경제적 변혁

BAM 기업들은 지역사회 안에서 실제적 변혁을 일으켜왔다. 건강한 조직 문화와 사업수행 구조를 통해 기업 내 피고용인들은 물론 동종업계 다른 기업들의 체질을 변화시키기도 하고, 험악한 도시 분위기를 포용적인 분위기로 바꾸며, 사회-경제 양상 속에서 부의 선순환을 만들어내기도 했다.

4) 창조세계 돌봄

하나님이 만드신 창조세계를 돌보는 일에는 자연환경을 보호하고 자원을 아끼며 기후변화에 적극적으로 대처하는 다양한 일들이 포함된다. 기업 대표들은 창조세계 돌봄의 가치를 품은 가운데, 비즈니스의 운영 과정에서부터 창조세계 돌봄을 구현하는 모습이다.

5) 수평적 소통 및 현지인 리더십 양성

BAM 기업의 대표들은 최소 5년 이상 선교지 현장에서 현지인들과 동역하며 현지인들을 다양한 방식으로 현장 리더로 세웠다. 일자리 창출을 넘어 민주적-수평적 기업문화를 조성하여 현지인들이 비즈니스 리더로 설 수 있도록 하였고 실제로 몇몇 기업은 한국인 창업자의 뒤를 이어 현지인이 기업 대표로 세워지기도 하였다.

XIII. Social과 Sustainable의 시대

2010년대에 들어 한국 사회-경제 영역에는 '사회적'이란 접두어를 붙인 단어들이 다수 등장하게 되었다. 사회적기업, 마을기업, 협동조합 등을 아우르는 사회적 경제도 그렇고, 우리 주변에서 어렵지 않게 사회적 약자, 사회적 책임, 사회적 자본 등의 표현들을 접할 수 있다. 기업 경영에 있어서 역시, 2011년 크게 주목받은 CSV(Creating Shared Value: 공유가치 창출)은 기업들이 경제적 가치를 창출하는 동시에 사회-경제의 상황과 필요에 부응하여 사회적 가치도 함께 창조한다는 기업가치 창출 접근법이다. 최근에 많은 기업들이 경영지표로 내세우고 있는 ESG(Environmental, Social, Governance: 환경, 사회, 지배구조) 역시 사회적 가치와 경제적 가치의 양립에 관한 본질적인 이해와 적용에 한층 깊고 넓은 가치를 부여하고 있다.

한편, 2015년 UN에서 사회과제 해결을 목표로 설정한 SDGs(Sustainable Development Goals: 지속가능 발전 목표) 역시 기업 경영에 있어 매우 중요한 지표로 떠올랐다. 이는 개발도상국들은 물론 부유한 나라들까지 전 세계가 공통으로 직면하고 있는 과제들을 제시하는 가운데, 여기에는 빈곤과 기아, 건강, 교육, 깨끗한 에너지, 건강한 노동과 경제 성장, 포용적 도시 공동체, 기후 변화, 땅 위의 생물과 수중 생물, 평화와 정의, 제도와 파트너십 등이 포함된다.

이상의 단어-표현들은 전반적으로 우리가 살아가고 있는 국내 그리고 글로벌 환경이 얼마나 망가지고 파괴되었는지를 직간접적으로 보여주고 있다. 인간 사회의 발전적이고도 성장적인 사회-경제 맥락에서 나온 표현이 아닌, 자본주의의 어두운 면, 부정적인 측면에 대한 대안 차원에서 나온 것들이라 할 수 있다. 개인과 기업, 사회 그리고 공공이 모두 함께 달려들고 풀어야 할 도전 차원에서 나온 것들이다. 실제로, 청년 창업가들은 ESG든 SDGs든 이런 기준들을 가지고 다양한 창업 현장을 도모하고 있고 기업 현장에서는 이 과제를 어기는 것과 이 과제를 발전시키는 것을 경영 활동의 주요한 지표로 여기는 모습이다.

XIV. 격동하는 상황 속 변하지 않는 복음

위기의 시대 혼돈의 세상 속에서 우리 크리스천의 질문은 두 가지다. 과연 복음의 가치는 이러한 총체적 위기 상황 속에 우리에게 어떤 일상을 요구하고 있을까? 그리고 복음을 아는 자들은 혼돈과 공허와 흑암을 앞에 두고 어떤 일상을 살고 있을까? 필자는 소고를 통해 글로벌 선교 현장에서 지속가능한 기업 운영은 물론, 복음 전도와 실제적 변혁을 이뤄내고 있는 BAM 현장가들을 소개하였다. 매우 도전적인 현장들이다. 물론, 이들 외에 더 많은 BAM 현장가들이 여러 나라, 다양한 업종으로 복음의 불모지에서 수고하며 총체적 선교와 킹덤 비즈니스의 가치를 창출하고 있다.

우리 크리스천들에게 있어 여전히 직접적인 복음 전도, 교회 개척, 제자 양육도 여전히 중요하다. 하지만, 세상 곳곳이 혼돈, 공허, 위기 속에 처한 현실을 보며 우리는 총체적 선교의 가치 아래 영리 비즈니스를 통한 실제적 회복과 변혁의 사역에 집중해야 할 것이

다. 비즈니스 세계를 살아가는 기업 리더들은 더더욱 그렇다. 본 글
에 담긴 BAM 기업가들이 선교지 현장에서 영리 비즈니스 활동을
통해 펼쳐온 복음 전도사역 나아가 사회적, 경제적, 환경적 변혁을
일궈온 과정은 그러한 면에서 좋은 모델이 될 것이다.

3

킹덤 기업가정신과 비즈니스 미션

한정화

킹덤 기업가정신은 성경적 원리와 가치관을 기반으로 사업을 시작하고 이를 기업 경영 현장에 적용하면서 하나님 나라를 확장하고자 하는 태도와 행동을 의미한다. 이는 기독경영연구원의 설립 이념에 명시되어 있다. "기업 경영에 하나님의 뜻이 이루어져 하나님의 이름을 영화롭게 하옵시고 기업 세계 위에 하나님 나라가 임하게 하옵소서." 크리스천이 기업을 하는 것은 기업활동을 통해 하나님의 뜻이 세상에 나타나도록 하며, 결과적으로 하나님께 영광이 되도록 한다는 의미다. 하나님은 크리스천 기업가의 도전, 창조, 열정의 마음을 하나님 나라를 위하여 쓰기 원하신다. 즉, 킹덤 기업가정신이 발휘되기를 원하신다.

기업가정신이란 새로운 사업을 준비하고 만들어내는 태도와 행동을 의미한다. 기업가정신을 "불확실성에 대한 도전을 통하여 새로운 가치를 창조하는 활동", "자원이나 인력의 제약을 감수하면서 새로운 기회를 포착해 사업화하려는 행위 또는 과정"으로 정의하기도 한다. 피터 드러커는 기업가정신을 "변화에서 기회를 찾는 행동", 제프리 티몬스는 "아이디어를 기회로 바꾸는 것"이라고 했다.

사업은 불확실성(uncertainty)으로 인하여 성공의 가능성과 실패의 위험성이 동시에 존재하기 때문에 쉽게 도전하지 못한다. 그러나 역설적으로 킹덤 기업가정신은 불확실성의 은혜를 체험하는 기회이기도 하다. 오스왈드 챔버스는 "영적인 삶의 속성은 불확실성 속에서 확신을 누리는 것입니다.… 확실성은 상식적인 생활의 표지입니다. 은혜로운 불확실성은 영적인 삶의 표지입니다.… 하나님을 확신하는 것은 모든 면에서 불확실성을 인정하는 것입니다.… 우리가 하나님과 바른 관계를 갖게 되면 우리의 삶은 불확실한 미래로 인해 오히려 저절로 넘치는 기대와 기쁨으로 가득 차게 됩니다.”(주님은 나의 최고봉, 4/29).

하나님 나라는 불확실성에 대한 도전에서 시작된다. 하나님은 아브라함에게 “고향과 친척과 아비 집을 떠나 내가 네게 보여줄 땅으로 가라”(창 12장)라고 하셨다. 그 당시 세상은 친족이 없는 곳으로 간다는 것은 생명과 안전을 담보할 수 없는 상황으로 들어가는 것이다. 아브라함은 함께 하시는 하나님을 체험하면서 믿음의 조상이 되었고 이스라엘이라는 하나님 나라 공동체의 기초를 놓았다. 야곱도 형 에서와의 불화로 자기 집을 떠나게 되었고 불확실하고 고된 삶의 여정을 통하여 하나님의 사람으로 거듭나게 되었다. 히브리서 11장에 나오는 믿음의 조상들은 불확실한 상황에서 믿음의 여정을 걸었던 사람들이었다. 사업을 시작한다는 것은 불확실성에 도전하고 그 과정에서 발생하는 위험에 대응해야 하는 삶이다. 크리스천 기업가는 그 과정에서 공급하시는 하나님의 은혜를 체험하면서 믿음의 기업으로 성장하게 된다.

성경에는 불확실성의 위험부담 때문에 투자를 회피한 종에 대해 주인의 질책이 나와 있다. “한 달란트를 받은 자는 가서 땅을 파고 그 주인의 돈을 감추어 두었더니 오랜 후에 그 종들의 주인이 돌아와 그들과 결산할새.”(마 25:18, 19) 주인은 그 종을 “악하고 게으른 종”이라고 책망하며 바깥 어두운 데로 내쫓으라 명한다. 킹덤 기업

3. 킹덤 기업가정신과 비즈니스 미션

가정신은 하나님께서 맡겨 주신 달란트를 투자하여 주인에게 많은
수익이 돌아가게 한 "착하고 충성된 종"의 길을 선택하는 것이다.

Ⅱ. 성취욕과 킹덤 기업가정신

하나님은 창조 때부터 인간에게 성취욕(need for achievement)을 주셨
다. "생육하고 번성하여 땅에 충만하라"(창 1:28)라고 명하시며 인간
을 통하여 창조 목적을 성취하시기 원하신다. 인간의 성취욕은 자
유의지와 밀접하게 연관되어 있다. 하나님께서는 인간을 창조하시
고 자유의지를 주셨다. 자유의지가 발현될 수 있는 환경에서는 인
간의 성취욕이 높아지고 도전정신을 가지고 위험 감수 행동을 한
다. 그 결과 혁신과 창조가 이루어지면서 경제와 사회가 발전하게
된다. 이러한 성공 체험이 다시 기업가의 성취욕을 자극하여 선순
환을 이루는 것이 자유시장 경제의 발전모델이다.

성취욕과 경제성장에 관한 고전적인 연구는 맥클리란드의 '성취하
는 사회'(Achieving Society, 1961)가 잘 알려져 있다. 그는 이 책에서 사
회의 평균 성취동기 수준이 높을수록 경제성장이 빠르다고 주장했
다. 높은 성취동기를 가진 개인들이 기업가가 되어 혁신과 생산성
을 높여 경제발전을 이끌어 간다는 것이다. 그는 자본이나 기술보
다 인간의 내적 동기가 사회발전의 핵심요인임을 강조하면서 개발
도상국의 발전 전략으로 성취동기 훈련 프로그램을 만들어서 운영
하기도 했다.

역사를 통해서 볼 때, 사업을 통한 성취동기가 급속하게 발현된 계기는 시장 경제의 발전과 함께 종교개혁으로 인하여 "소명으로서의 사업"(Business as Calling)이 사회적 가치로서 보편화되면서부터였다. 루터는 "모든 직업은 하나님 앞에서 동등하며, 각자의 자리에서 봉사하는 것이 소명이다"라고 했다. 루터이 직업관은 이후 칼뱅과 개신교의 전통을 거치면서 근대 자본주의의 윤리적 기반을 형성했다. 이는 하나님께서 주신 창조명령(Creation Mandate)의 회복이라고 볼 수 있다. 노동과 직업을 통하여 하나님 나라를 위하여 일하도록 부르심을 받았다는 인식은 삶의 태도에 심대한 영향을 미치기 때문이다.

칼뱅은 "신앙인에게 주어진 일터는 하나님이 주신 부르심이며 그 자리에서 성실하게 일하는 것이 신앙의 표현이다"라고 했다. 그의 직업관은 서구의 비즈니스 문화를 크게 바꿨다. 특히 네덜란드, 스위스, 스코틀랜드 등 칼뱅주의 전통이 강한 나라에서 상업, 금융, 창업이 활발해진 배경이다. 자율, 절제, 책임의식은 재정관리 및 투명성에 영향을 주었으며, 검소와 근면은 자본을 축적하게 하여 기업 성장의 기반이 되었다. 칼뱅은 부정한 거래, 불공정 계약, 사기적 행위는 단순히 비윤리가 아니라 하나님의 질서 파괴로 보았다. 기업은 이윤만을 위해 존재하는 것이 아니라 공동체의 번영을 위한 것으로서 하나님 앞에서 최고의 결과를 내는 것은 당연한 책임이라고 했다.

3. 킹덤 기업가정신과 비즈니스 미션

막스 베버는 개신교 지역에서 근대 자본주의가 어떻게 먼저 발전했는지를 청교도 윤리와 연관해서 설명했다(프로테스탄트 윤리와 자본주의 정신). 개신교에서는 직업적 성공을 소명으로 보면서 금융, 회계, 조직운영의 합리성을 강조했다는 사실을 밝혔다. 근면하면서 절제된 삶은 과소비를 억제하고 저축을 통하여 자본을 형성하고 재투자하여 기업의 발전을 가능하게 했다고 보았다. 이러한 분석을 바탕으로 볼 때, 소명으로서의 직업관은 인간의 성취동기를 높여 자본주의적 발전의 계기를 만들었다고 볼 수 있다. 또한 성속을 구분하는 이원론적 사고의 틀을 깨는 전환점을 마련하여 오늘날 킹덤 기업가정신의 뿌리가 되었다고 볼 수 있다.

이러한 사상은 미국으로 건너온 청교도들에게 이어졌다. 노동은 하나님이 주신 소명이며, 성실 · 근면 · 절제는 신앙의 덕목이고, 시간 낭비는 죄이며, 지식과 교육은 하나님이 주신 선물이라고 보았다. 자기책임, 자율성, 혁신을 미덕으로 간주하면서 개인이 책임지는 것이 선이라는 전통에서 자유시장주의의 원칙이 발전했다. 대표적 롤모델이 벤자민 프랭클린이다. 그는 10대 가난한 인쇄공 견습생으로 시작해 스스로 신문, 출판, 광고, 유통업을 일으켰다. 공공도서관, 자원소방대, 병원설립 등을 시작하면서 경제와 사회변혁에 많은 영향력을 끼쳤다. 근대 기업가정신, 자기계발, 시민윤리, 프로테스탄트의 근면성, 실용주의의 원형을 만들어낸 인물이다. 이러한 사상과 사회문화가 미국이 전 세계에서 가장 탁월한 기업가정신을 발현할 수 있는 기반이 되었다.

III. 킹덤 기업가정신과 비즈니스 미션

비즈니스 미션(Business as Mission)은 기업을 통하여 복음을 전하는 선교명령(Missional Mandate)을 수행하는 것이다. 비즈니스 미션의 원조라고 할 수 있는 모라비안 선교회는 종교 박해를 피해 진젠도르프 백작의 영지내에 정착한 모라비안 형제단에 의해 시작되었다. 진젠도르프는 선교사가 후원금에 의존하지 않고 직업을 가지고 일하며 사역하도록 요구했다. 모라비안 형제단은 그의 요구에 따라 1732년 최초로 해외 선교사를 파송하여, 이후 북미, 남미, 아프리카, 아시아 등 전 세계로 확장했다. 모라비안 형제단은 강한 영적 연합을 통해 신용조합, 아마 재배와 방직업, 소금 유통업, 맥주 양조업 등의 사업활동을 했다. 많은 것을 주님을 위해 희생하고 자신을 위해서는 적은 것으로 만족하는 희생적 영성이 모라비안 선교사들이 이룩한 선교의 원동력이 되었다.

18세기 바젤은 경건주의 신앙운동의 중심지가 되었다. 바젤선교회는 1815년 스위스 바젤에서 개신교 지도자들이 모여 창립했다. 처음에는 선교사 양성기관으로 출발했으나 후에 직접적으로 여러 곳에 선교사를 파송했다. 바젤 선교회는 단순 전도 중심이 아니라 지역사회 개발과 경제자립을 선교의 핵심으로 삼았다. 바젤의 기능공 선교사들이 인도에서 사역을 시작하면서 급속히 성장했다. 바젤 공동체는 인도에서 회심자들에게 주거를 마련해주고 일상의 필요를 채울 수 있도록 일자리를 제공하며, 새로운 삶의 양식을 가르치기 시작했다. 출판, 목공일에서 시작해서 직조업과 타일 사업으로 큰 성공을 거두었다. 세계적으로 선풍을 일으킨 카키색의 옷감을 발명했으며, 고품질의 타일을 개발하여 사업을 통한 선교의 사명을 수행했다. 바젤선교회는 오늘날 비즈니스 미션에 강조하는 총체적 선교(holistic mission)의 모델이었다.

비즈니스 미션을 이윤을 추구하는 사업체를 매개로 해서 하나님 나라를 확장하면서 사회를 변혁하는 운동이라고 볼 때 오늘날 그 중요성이 커지고 있다. 리빙스턴 재단의 켄 엘드레드는 다음의 세 가지 목표를 추구해야 한다고 말한다: 1) 사업의 수익성과 안정성, 2) 현지인들을 위한 일자리와 부의 창출, 3) 현지 교회 부흥과 영적 자본 형성. 비즈니스 미션은 성공적인 사업경영, 일과 신앙의 연계와 통합, 경제 개발, 복음 전파, 나라와 국민들의 실질적인 변화를 통해 선교의 목적을 이루어 가는 것이다.

엘드레드는 비즈니스 미션의 성공을 위해서 영적 자본(spiritual capital) 형성의 중요성을 강조한다. 영적 자본이란 신용, 정직, 사랑, 봉사, 성실 등의 가치관이 법이나 제도가 아닌 신앙의 기초 위에 형성될 때 축적된다. 공동체내에 믿음으로 변화되어 이러한 가치관을 가지고 살고자 하는 사람들이 늘어나면 영적 자본이 증가하게 된다. 비즈니스 미션은 사업을 통해 일자리와 부의 창출을 이루면서 복음을 전하는 선교의 방식이지만, 이 과정에서 믿음으로 변화된 사람들을 얼마나 길러낼 수 있느냐가 사역의 열매이다. 기업은 사업을 하기 위해 모인 공동체이고, 그 공동체에 믿음으로 변화된 사람들이 많아지면 그만큼 하나님의 나라가 확장되는 것이라고 말할 수 있다.

Ⅳ. 킹덤 기업가정신의 핵심 원리

1. 부르심과 사명인식

킹덤 기업가정신은 하나님 나라를 위한 기업가로서의 부르심과 사명 인식에 기초한다. 하나님은 그의 나라와 의를 위하여 수많은 크리스천을 부르시고 사용하신다. 기업가는 사업활동을 통해 부르심의 소망을 이루어 가도록 하신다. 이를 위해서는 먼저 기업가 자신이 하나님 앞에서 어떠한 존재인가, 하나님과의 바른 관계와 정체성의 인식이 출발점이 된다. 여기에는 두 가지 유형이 있다. 첫 번째 유형은 사업을 시작할 때부터 성경적 가치관에 입각한 경영을 하겠다고 결단하고 시작하는 것이다. 두 번째 유형은 세상 사람들과 차별성이 없이 사업을 하다가 어느 순간에 하나님의 뜻을 깨닫고 돌이키는 경우이다.

첫 번째 유형에 해당하는 기업으로 국내 최초 크라우드 펀딩회사인 와디즈를 들 수 있다. 신혜성 대표는 세상과 다르게 사업을 하겠다는 생각을 하고 회사를 설립했다. "와디즈는 회사의 미션만큼 운영방식을 중요하게 정의하고 있다. 일하는 원칙 중 첫 번째 원칙이 '우리는 옳은 일은 한다'이다. 옳은 일에 대한 생각은 각기 다르다. 그렇기 때문에 회사가 선언한 옳은 일을 정의해 놓았다. 그 첫 번째가 사회를 어지럽히는 비즈니스를 하지 않겠다는 것이다. 아무리 이익이 되는 일이라고 해도 내 자녀들에게 제공하고 싶은 일이라면 하지 않겠다는 선언이었다."

조이벨즈의 이봉래 대표는 운영하던 회사의 지분을 모두 정리하고, 세상적 성공을 뒤로 한 채 제자의 삶을 살기로 결단한다. 2003년에 조이벨스를 창업하여 수익의 40%는 선교 후원에, 30%는 복지재단을 통해 어려운 이웃을 섬기는 일에 사용했다. 세상의 자본을 하나님 나라를 위해 흘려보내는 첫 실험이었다. 그는 캄보디아에 헤세드라는 기업을 설립하여 지역 공동체를 살리면서 비즈니스 미션을 수행하고 있다. 헤세드는 기독교적 가치관의 기반 위에 사람들의 삶 전체를 변화시키기 위한 영향력을 확대하는 것을 목표로 하고 있다.

주은교육의 홍혜숙 대표는 예술교육을 통해 하나님의 창조 질서와 가치를 실현해 왔다. 그녀는 "아이들의 예술적 잠재력을 하나님의 창조 원리 속에서 계발하고 싶다"는 열망으로 사업을 시작했으며, 단순한 사교육이 아닌 '예배와 선교의 장으로서의 교육'을 마음에 품고 사업을 시작하게 되었다. "모든 일은 하나님께서 하신다"는 믿음 아래 경영과 교육이 하나로 엮어, 사업은 곧 사명(Business as Mission)이라는 신념을 구체적으로 실천해 왔다. 오늘날 주은교육은 단순히 어린이 예능교육 기업이 아니라, 예술을 통한 선교적 교육 혁신으로 평가받는 기업으로 성장해가고 있다.

굿덕의 박이래 대표는 "기업의 모든 활동을 하나님의 말씀에 근거하여 기독교적 가치에 따라 수행한다"는 경영이념에 기반을 두고 창업했다. 그는 한국리더십학교와 ChEMBA에서 만난 멘토들과 동료들의 영향을 받아 비즈니스를 통해 사회에 선한 영향력을 끼치겠다는 다짐을 가지고 사업에 도전했다. 문화와 기술, 그리고 신앙적 가치를 결합한 독특한 사업 아이디어를 현실화했다. 박 대표는 처음부터 신앙과 사업이라는 두 세계를 통합하려는 비전을 품었다. 그는 "성속(聖俗)을 이분법적으로 구분하는 관점을 배격하고, 기업 세계에 적극적으로 선교를 시행하여 사업과 사역을 일치시켜야 한다"는 기독경영 철학을 가지고 있다.

두 번째 유형의 예로서 한국교세라정공의 전희인 대표를 들 수 있다. 그는 IMF 금융위기 당시 회사가 어려움에 처한 가운데 기도 중 하나님으로부터 새로운 사명을 받게 되었다. "하나님은 나에게 일터에서 하나님 나라의 확장을 원하셨다. 하나님의 영광이 드러나는 거룩한 현장이 되기를 기대하셨던 것이다." 그는 회사를 예배, 친교, 양육, 섬김을 중심에 놓고 종적으로는 생산, 영업, 기술, 기획에 킹덤 컴파니 철학을 구현하고, 횡적으로는 17개 사랑의 공동체를 만드는 일터 교회를 체제를 만드는 십자가 경영 모델을 만들어서 실천에 옮겼다.

이롬의 황성주 대표도 2007년 영적 체험을 통한 자기 혁신을 기반으로 회사의 변화를 시작했다. 철저한 회개와 거룩성을 회복하면서 킹덤 비즈니스로 전환하고 킹덤 비전을 선포했다. 그는 기업 경영을 "하나님의 경륜과 지혜와 주권에 근거함, 성령님의 인도하심을 따름, 직업 창출과 부의 선순환으로 국가경제에 기여, 영혼구원과 사회변혁의 도구, 비즈니스 선교의 확산" 등 9가지 핵심원리를 만들고 이를 실행에 옮겼다.

3. 킹덤 기업가정신과 비즈니스 미션

규장의 여진규 대표도 자신의 성령체험과 회개를 통하여 회사를 새롭게 변화시켰다. "무엇이든지 남에게 대접을 받고자 하는 대로 너희도 남을 대접하라"(마 7:12)는 말씀을 기반으로 7가지 경영원칙을 천명했다. "그리스도의 성품을 사모하는 크리스천이 원하고 필요로 하는 정보만을 취급한다. 성실과 정직을 생명으로 삼고 일한다. 긍정적이고 적극적인 신앙과 신행일치의 안내자의 사명을 다한다. 우리의 지상목표는 오직 인격적인 복음 선교에 있다." 등이다.

본죽은 "모두가 협력하여 선을 이룬다"라는 경영이념을 가지고 있다. 본죽의 경영이념은 "정성과 건강을 바탕으로 모두의 행복을 돕는 상생경영"을 실제 사업에서 일관성 있게 실천하는 기업이다. 최복이 대표는 "본죽은 훈련과 기도 가운데 만들어진 브랜드이며 하나님 나라의 도구입니다. 비즈니스 선교의 새 시대를 열고 선교의 연합과 연결을 위해 준비했습니다. 선교사님들의 자립선교를 돕고 청년들의 창업선교의 새로운 도전을 응원하고 지원합니다. 본죽은 성경적 비즈니스를 지향하며 하나님의 방법으로 하나님 나라를 목적으로 합니다."라고 말한다.

트리니티소프트의 김진수 대표는 2005년 회사 설립 직후 처음에는 수단과 방법을 가리지 않고 돈을 벌려고 노력한 적이 있었다고 한다. 창업 후 3년이라는 짧은 시간 동안 회사 누적 순이익이 20억으로 급성장하며 업계에서 강소기업으로 인정받기도 했다. 그렇게 승승장구하던 중 그는 반문하게 된다. "기업 활동을 하면서 하나님 말씀에 얼마나 순종했는가?" 그는 "하나님 말씀에 순종하는 것이 기업 성공의 기준이다"라는 믿음을 고백한다.

2. 정직과 투명성

킹덤 비즈니스는 거래관계의 정직성과 경영의 투명성의 원칙이 중요하다. V국 K선교사의 경우 사업초기 리베이트를 요구하는 거래선의 유혹을 뿌리친 경험이 있다. 기업의 생존을 좌우할 정도의 물량을 제공하는 기업의 부당한 요구를 거절했고, 상당한 손실을 보았지만 하나님께서는 다른 길을 열어 주셨다. 원칙을 가지고 공급자나 고객과 정직한 거래를 하고 있고, 오히려 이러한 방식이 기업 경쟁력의 원천이 되었다고 한다. 사장이 부정직한 방법으로 사업을 하면서 직원들에게 복음을 증거하고 제자훈련을 하려는 것은 앞뒤가 맞지 않는 모순된 일이라고 말한다.

T국의 S선교사도 회사 경비처리의 정직성을 실현하고자 노력했다. 그는 개인 비용과 회사 비용을 철저하게 구분하여 회계의 투명성을 확보했다. 현지 기업관행상 사장은 법인카드 사용에 있어서 개인 비용과 회사 비용을 구분하지 않는 것이 일반적이었다. 그러나 S선교사는 이를 온전하게 지킴으로써 처음에는 현지인들에게 좀 별난 사람이라는 평을 얻었으나, 나중에는 큰 도전을 주었고 그들이 복음에 관심을 가지게 하는 계기가 되었다고 한다.

F국의 배 대표는 부정부패로 인한 사업의 어려움을 경험했다. F국에서는 레스토랑의 점장들이 납품 업체들과 결탁해 뒷돈을 받고, 주방장들이 식자재를 선택하는 가운데 편법이 있기 마련인데, 한국의 기준으로 그때마다 일일이 이들을 해고한다면 결국은 주인이 혼자 모든 것을 다해야 하는 상황이 된다. 현지 상황에서 가장 바람

3. 킹덤 기업가정신과 비즈니스 미션

직한 것은 이들을 포용하되, 계속해서 그렇게 하지 않도록 권유하
고 설득하며 점점 줄여나가야 한다고 말한다.

3. 사람 세우기

사업성공을 위해서는 인적자원 개발이 중요하다. 성숙하고 헌신
적인 팀은 킹덤 비즈니스에 필수적인 요소다. 많은 킹덤 기업가들
이 사람 세우기에서 실패한 경험을 가지고 있다. 사람들의 기회주
의적 행동으로 인한 상처들도 있다. 그럼에도 불구하고 사람 세우
기는 모든 비즈니스의 핵심이다. 사람을 키우기 위해서는 성경적인
인간관이 확실해야 한다. 사람은 하나님이 형상대로 지음받은 존재
로서 창의성과 잠재력이 있음을 믿어야 한다. 당장은 부족해 보일
지라도 가르치고 섬기면 하나님께서 그 사람의 가능성을 나타내 보
이실 것을 기대해야 한다.

V국의 K선교사는 기술과 자본이 부족한 환경에서 사업을 시작했
고, 현지에서 우수한 인력을 구하기란 불가능했다. 그들은 '행복한
회사 만들기'라는 목표를 가지고 사랑으로 직원들을 섬기고 교육을
통하여 역량을 개발시키자 사람들이 변화되고 잠재력이 발휘되었다
고 한다.

F국의 배 대표는 매일 아침 직원 모임 때마다 자신이 크리스천임
을 밝히면서 자신의 가치관과 비즈니스사 성경에 근거하고 있음을
밝혔다. 저녁 때는 현지인 직원들과 교제하면서, 이들을 대상으로
성경공부와 제자훈련을 하고 있는데, 많은 이들이 예수님을 영접하

는 일들이 일어났다. 배 대표는 "언어가 다른 현지인들조차도 복음 메시지를 좋아하는 모습을 보며 알게 된 것은 '사람은 다 영적인 존재'라는 것이다. 종교적인 것은 싫어해도 영적인 것은 좋아한다. 이에 대한 확신이 있다"고 말한다. 현지인 직원들 가운데 몇 명이 예수를 믿더니, 그들의 가정 전체가 구원받게 되는 일도 일어났다.

4. 선한 영향력

박이래 대표는 개인의 삶에서도 일터 사역의 열매가 나타나고 있다. 그는 회사 내부적으로 "섬김의 리더십" 문화를 조성하여, 상명하복식 권위보다 서로를 세워주는 팀 문화를 강조한다. 이러한 조직문화는 하나님 나라 원리를 닮은 공동체를 이루어가고 있으며, 구성원 개개인이 자신의 일을 소명으로 받아들일 수 있도록 북돋는다. 예를 들어 굿덕 팀은 신규 아티스트를 온보딩할 때도 단순히 계약 관계로 대하지 않고, 마치 사역 파트너로 존중하듯 그들이 원할 경우 성공을 위해 함께 중보하며 응원하고 있다. 이런 작은 실천들이 쌓여 굿덕의 정체성은 단순한 스타트업이 아니라, 하나님의 선교에 동참하는 기업 공동체로 자리매김하고 있다.

굿덕이 돕고자 하는 대상은 거대 자본의 혜택에서 소외된 인디뮤지션과 그들의 열성 팬들이다. 메이저 기획사에 속하지 않았다는 이유로 정당한 수익 배분에서 밀려나고, 팬들과의 소통 창구도 확보하기 어려웠던 이들이었다. 굿덕은 이 상황에 문제의식을 품고, 기술과 플랫폼을 활용해 "아티스트들도 팬덤의 힘으로 먹고 살 수

3. 킹덤 기업가정신과 비즈니스 미션

있는 인프라"를 제공하기 시작했다. 이는 음악 산업 구조 속 불의한 불균형을 바로잡는 일이며, 나아가 문화의 다양성과 지속가능성을 확보하는 선한 영향력이다. 박 대표가 꿈꾸는 "월세 걱정 없이 음악하는 세상"은 단순한 경제적 비전이 아니라, 문화계의 약자들을 일으켜 세우는 문화선교 비전과도 동일한 것이다.

아립앤위립은 폐지줍기에 내몰릴 정도로 심각한 노인 일자리 부족과 저소득 문제, 이로 인한 심각한 노인빈곤율 등 당면한 현실의 문제를 타파하기 위한 사회적 기업이다. 시니어 크리에이터들이 만드는 각종 굿즈를 판매하는 '신이어마켙'을 런칭해 재기발랄한 아이템과 상품을 기반으로 노인 일자리 문제 해결에 나서고 있다. 이런 진정성이 소비자와 브랜드에게 전달되어 단단한 팬층이 만들어졌고, 스킨푸드나 다이소, 에어로케이, 카카오 등 다양한 기업과의 컬래버레이션도 다수 진행됐다. 브랜드의 비전과 목표가 알려지면서 어르신들의 가족들에게도 지지를 받기 시작했다.

배대표는 건강한 문화를 만들며 선한 영향력을 끼치는 비즈니스를 만들고자는 원칙을 세웠다. 사회주의 국가인 F국의 한 도시에 커피전문점을 세우고 그 안에서 담배를 못 피우게 한 것이다. 처음에는 반발하는 고객도 많았다고 한다. 그래도 배 대표와 직원들은 끝까지 커피향을 지키기 위해 담배를 실내에서 못 피우게 했더니 고객으로 단정하고 깔끔한 사람들이 매장에 들어오기 시작했다. 노트북을 펴놓고 작업을 하거나 건전하게 팀미팅을 하는 등 다른 매장들과는 완전히 차별화된 곳이 되었다. 매장들이 현지에서 호평을 받고 장사가 더욱 잘 되면서, 점차 도시 안에 담배 피우는 카페들이 사라졌다.

헤세드는 캄보디아의 농촌에 공동작업장을 세워서 팜슈가의 품질 기준을 맞추도록 했다. 공동 작업 체계로 전환하자 효율과 생산성이 급증했다. 같은 인원으로 두배 이상 생산량이 증가하자 농가 소득이 향상되었다. 실제로 마을 전체의 평균 소득이 약 60% 상승하는 성과를 거두었다. 팜슈거 사업을 통한 경제적 부흥이 마을 공동체를 변화시키게 되었다. 서로 협력하는 경험을 하면서, "함께 잘 살 수 있다"는 가치의 뿌리를 내리기 시작했다. 건강한 관계 속에서 건강한 팜슈거가 생산되었고 품질 향상과 생산량 증가에 힘입어 마침내 한국 수출도 성사되었다. 작은 시골 마을의 팜슈거가 국제 무대에 진출하는 역사적인 순간이 찾아온 것이다.

헤세드 팀은 현지 교회와 지역사회를 연결하는 데에도 최선을 다했다. 팜슈거 공장이 세워진 3,000평 부지의 절반에 예배당을 함께 지었다. 주민들에게 충분히 신뢰를 얻고 "저 사람들은 우리에게 진심으로 좋은 일을 해주러 온 것 같다"는 확신이 들었을 때 교회를 세운 것이다. 그리고 그 교회를 주일 예배뿐 아니라 어린이 놀이터와 돌봄센터, 마을회관처럼 평일에도 개방하여 주민들이 일상 속에 드나드는 열린 공간으로 삼았다. 지금은 마을에 크고 작은 일이 생기면 자연스럽게 교회 마당에 모일 정도로, 교회의 문턱이 낮아지고 공동체의 사랑이 흘러가고 있다. 헤세드의 이야기는 한 사람의 순종이 어떻게 한 마을을 바꾸고, 나아가 비즈니스를 통한 총체적 선교의 모델이 되어가는지를 보여준다.

3. 킹덤 기업가정신과 비즈니스 미션

5. 혁신경쟁력과 차별성

굿덕 플랫폼은 기술적 차별성을 가지고 있다. 기본적으로 스타와 팬, 레이블을 위한 공식 소통 앱으로서 팬덤 커뮤니티 기능을 제공하되, 블록체인(Web3) 기술을 접목한 것이 특징이다. 굿덕에서는 아티스트가 팬들에게 희귀한 콘텐츠를 제공하고 이를 디지털 자산(NFT)으로 소장하도록 함으로써 팬들의 소유욕과 참여도를 높였다. 또 하나의 혁신 기능은 굿톡(GoodTalk)의 실시간 음성채팅 서비스다. 굿톡에서는 마치 전화 통화나 라디오처럼 아티스트가 목소리로 팬들과 실시간으로 대화할 수 있다. 이는 팬들과 스타의 관계를 더욱 친밀하게 만들어주는 기능으로, 기존 텍스트 위주의 팬 소통과 차별화된 굿덕만의 경쟁력이다. 아티스트 입장에서는 라이브 방송보다 부담 없이 팬들과 교류할 수 있고, 팬들은 좋아하는 스타의 생생한 목소리를 들으며 참여할 수 있어 호평을 받고 있다. 굿덕 플랫폼은 짧은 기간 안에 콘텐츠 기획력, 기술 혁신, 운영 노하우의 조화를 통해 독자적인 경쟁력을 구축했다.

헤세드는 팜슈거의 품질 경쟁력을 높이기 위해 노력했다. 그 당시 캄보디아의 팜슈거는 위생 문제 때문에 수출을 하지 못하고 있었다. 자신들이 제시한 방법에 의해 생산한다면 현재 가격보다 30% 이상 높은 가격에 전량 구매하겠다고 약속했다. 각 농가마다 위생적인 제조가 가능하도록 새 솥과 도구를 제공하고, 모자 쓰기, 장갑 끼기, 손 씻기, 솥 관리법을 가르쳤다. 이렇게 해서 팜슈거 제품의 품질이 높아졌고 수출도 가능하게 되었다.

A국의 마창선 선교사는 한류의 영향력을 활용하여 카페 비즈니스와 컴뮤니티 센터를 활성화시킬 수 있었다. A국에서는 한류의 영향력이 매우 커서 매일 K-POP을 듣고 한국 드라마를 보는 학생들이 많았다. 현지 대학생들도 한국 가수와 가요에 관심이 많아서 복음을 전하는데 큰 도움이 되고 있다. 마 선교사는 선교에 한류를 적극적으로 활용했다. 캠퍼스 근처에 거점이 있어서 K-Pop 공연 등 다양한 문화 행사를 할 수 있었다. 그런 행사들을 통해서 대학생들을 더 많이 만나게 되었고, 많은 선교사들이 찾아오는 거점이 되었다. 카페 2층에서 한국어를 가르치게 되면서 두 명의 장기 선교사가 자리를 잡는 거점 역할을 하게 되었다. 마 선교사는 커뮤니티 센터를 오픈한 후 한류를 주신 하나님의 뜻을 깨닫게 되었다고 한다.

V. 킹덤 기업가정신과 경영성과

킹덤 기업가정신을 가지고 비즈니스를 하면 성공할 수 있는가? 경쟁력의 원천은 무엇인가? 첫째, 공동체의 하나됨에서 나온 경쟁력이다. 진정성을 가지고 사랑과 공정의 가치를 추구하면 공동체가 단합이 이루어지며 경쟁력이 높아지게 된다. 회사의 구성원이 서로 존중하며 사랑하게 되면 원활한 의사소통이 일어나게 된다. 이는 경영의사결정의 품질을 높이며, 조직의 창의성과 효율성을 증가시키게 되어 경영성과를 향상시키게 된다.

둘째, 이해관계자간의 신뢰를 증가시키게 되어 거래비용(transaction cost)을 절감시키게 한다. 기업은 공급자와 구매자를 포함한 수많은 이해관계자에 둘러싸여 있으며, 이들과 끊임없는 거래를 하면서 존재한다. 거래비용이란 거래 상대방을 완전히 신뢰하지 못하기 때문에 발생하는 탐색, 계약, 기회주의적 행동 방지 등에 들어가는 비용이다. 진실과 진정성을 가지고 상대방을 대하게 되면 신뢰가 구축되어 거래비용이 감소할 뿐만 아니라, 위기 상황에서 서로에게 도움을 주게 될 가능성이 높아진다.

셋째, 섬김과 나눔의 경쟁력이다. 진정한 섬김을 실천하게 되면 구성원들의 자존감이 높아지고 역량이 향상된다. 사람은 누구나 남에게 인정받고 싶은 욕구가 있으나 세상에서 이러한 요구를 만족시킬 기회가 많지 않다. 경영자가 직원들을 진정으로 섬기게 되면, 직원들도 고객을 진정으로 섬기게 된다. 또한 전 직원이 경영자와 함께 봉사활동을 하면서 나눔의 경영을 실천하면 서로 존중하며 인정하는 태도가 형성된다. 조직에 대한 몰입감이 높아지며 자발적으로 동료를 돕고자 하는 마음이 커지고 좋은 리더십이 개발된다.

이러한 긍정적인 성과를 기대할 수 있고 또 실제로 높은 성과를 실현한 기업도 많다. 그러나 다른 한편에서는 성과가 저조하거나 실패한 사례들도 많다.

30년 전 기독경영연구원을 설립한 이래 수많은 크리스천 기업인과 교류하면서 받는 질문이 "하나님 말씀대로 경영하면 성공할 수 있습니까?"라는 질문이었다. 부정과 불의가 만연한 세상에서 정직하고자 하면 오히려 불이익을 받고 사업이 어려워질 수도 있다는 의견도 수없이 들었다. 실제로 그런 사례도 있었다. 리베이트와 부정한 거래가 비일비재한 사업현장에서 원칙을 지키려다 손해를 보고 실패를 경험한 기업가도 있었다. 이에 대해 어떻게 답해야 하는가? "실패의 위험이 있더라도 말씀에 순종하고 원칙을 지키세요"라고 해야 하는가, 아니면 "상황에 따라 적당하게 하세요"라고 해야 하는가?

위기의 상황에서 믿음으로 승리한 사람들의 간증을 통하여 하나님의 도우심과 인도하심을 믿고 간구해야 한다. 이랜드의 박성수 회장이 IMF 경제위기 시 부도의 상황에 직면하자 재정 담당 이사가 비자금을 가지고 도피할 것을 권했다. 믿음의 기업을 표방한 이랜드의 대표로서 그러한 선택을 할 수는 없었고 당당하게 현실에 직면했다. 기적적으로 부도 직전 투자를 받게 되었고 위기를 극복하게 되었다고 한다. 외국 투자회사가 한국 기업에 투자 기회를 찾던 중 이랜드가 정직하고 투명한 기업이라는 것을 알게 되어서 결정한 것이었다. 하나님의 개입으로 위기를 넘길 수 있었지만 원칙 경영이 가져온 결과이기도 하다.

유나이티드 제약의 강덕영 회장은 신앙의 원칙에 맞지 않는다고 생각해서 제약 영업의 관행처럼 되어온 술접대 영업을 금지했다. 처음에는 영업사원들의 반발이 심했다고 한다. "사장님, 우리나라에서 그렇게 접대하지 않으면 어떻게 영업합니까?" 그러나 강회장은 "처음에 룸살롱이나 단란주점에서 접대를 하지 않는다고 불만을 품었던 거래처 사람들도 그만큼 우리 회사를 더 신뢰하게 됐고, 매출에도 지장이 없었다. 오히려 접대비로 지출되던 돈이 줄어들게 되고 그 돈으로 거래처에 대한 서비스를 개선할 수 있었다. 결과적으로 서로에게 모두 득이 되는 일이었다."라고 말한다.

3. 킹덤 기업가정신과 비즈니스 미션

비즈니스 미션 사역자가 자주 직면하는 문제가 선한 의도로 했는데 선한 결과 나오지 않는 경우이다. 필리핀에서 사역하는 프랭크 선교사의 경우 농민들의 어려움을 개선하고자 대출을 했는데 상환이 되지 않아 어려움을 겪었다. 농부들이 대부업체에서 빌린 돈은 즉각 갚아 나가는데 프랭크에게 빌린 돈은 갚지 않는 현상이 일어났던 것이다. 아마도 농부들 입장에서는 프랭크가 빌려준 돈은 이자가 없으니 갚지 않아도 이자가 불어날 염려도 없고, 또한 프랭크가 선교사이니 대부업체처럼 강압적으로 회수해 가지는 못할 것이라 생각했던 것 같다. 선의를 베풀었을 때 상대방이 그 선의를 이용해도 강하게 대응하지 못하는 선교사들의 상황이 비즈니스를 어렵게 만든다는 것을 알게 되었다.

터키에서 사역했던 S 선교사는 현지 청년에게 1만 달러의 비용을 들여 PC방 사업을 시작하도록 했다. 그러나 개업 예배를 드리고 오픈한 지 한달도 지나지 않아 그 청년이 가게를 팔고 도망한 것이다. 그는 이러한 실패를 통해 돈으로 지원하면 돈도 잃고 사람도 잃는 다는 교훈을 얻었다. 하나님께서는 제자들을 세상에 보내시면서 뱀처럼 지혜롭게 비둘기처럼 순전하게 하라고 하셨다.(마 10:16)

수많은 크리스천 기업가들이 고난과 역경 속에서 공급하시는 하나님의 은혜 체험을 간증한다. 창세기를 통해 나타난 하나님은 생육하고 번성하고 명령하시면서 필요한 것들을 공급해 주신다. 이는 하나님의 성품인 헤세드(loving kindness)에 근거한다. 불확실과 위험이 가득한 기업 세계에서 공급하시는 은혜는 하나님을 더욱 친밀하게 알아가도록 한다.

Ⅵ. 킹덤 기업가를 향한 부르심의 소망

하나님은 19세기 말 망해가던 조선을 택하시어 하나님 나라의 씨앗을 뿌리셨다. 수많은 역경과 고난 속에서도 씨앗은 자라서 거대한 숲을 이루게 되어 대한민국이라는 영적 자본에 기반한 나라가 세워지게 되었다. 하나님은 한국민족의 기질과 재능을 사용하시어 식민지와 전쟁의 고난을 극복하고 발전한 모델국가를 이루게 하셨다. 고난 가운데 형성된 헝그리 정신(hungry spirit)이 발전의 기회를 만나게 되자 "할 수 있다 정신(Can Do Spirit)"으로 전환되었다. 고난을 겪으면서 헝그리 스피릿을 가진 나라는 많지만 한국처럼 발전의 기회로 전환시킨 사례는 많지 않다.

그 이유를 몇가지 찾아보면 식민지와 전쟁을 겪으면서 전통적 계층이 무너지고 사회적 이동성(social mobility)이 높아졌기 때문이다. 60년대 경제성장을 하면서 내세운 구호가 "우리도 한번 잘 살아보세"였다. 이 슬로건이 국민적 공감대를 형성하면서 국가적 에너지가 솟아 나오기 시작했다. 또 다른 이유로는 건국 당시 자유민주주의 시장경제 체제를 택한 것이다. 이러한 체제가 기업가정신이 발휘될 수 있는 제도적 기반이 되었다. 정부가 국가주도의 경제발전 전략을 시작하면서 '당근과 채찍'을 가지고 기업가들에게 인센티브를 부여하고 자원배분의 효율성을 높였다.

그러나 무엇보다도 중요한 요인은 높은 교육열이었다. 60~70년대 우리나라의 경제발전 요인을 설명할 때 빠지지 않고 나오는 단어가 '양질의 저임 노동력'이었다. 경제수준이 낮은 후진국이었기 때문에

3. 킹덤 기업가정신과 비즈니스 미션

저임 노동력은 풍부했지만, 양질의 노동력은 고등교육을 받은 인적 자원이 상대적으로 많았기 때문이었다. 이는 유교 국가로서 교육을 중시하는 사회 문화의 영향도 있었지만, 선교사들이 와서 교육기관을 세우고 교육이 중요성을 강조했던 영향이 크다. 선교사들은 학교와 병원을 세워서 후진성을 탈피할 수 있는 길을 열었고, 자유와 인권의 소중함을 일깨웠다.

한국의 기업가정신은 본격적인 경제성장을 시작한지 반세기 만에 후진국에서 중진국으로, 그리고 현재 선진국 진입을 가능하게 했다. 특히 지난 10여 년간 기술, 디자인, 브랜드 경쟁력이 세계 수준에 이르면서 한국은 세계의 변방국가에서 중심국가로 진입하게 되었다. K-POP 등 문화 한류가 전 세계에 영향력을 미치면서 국가에 대한 인지도와 호감도가 급격히 향상되었다. 이러한 성취가 갖는 여러 가지 의미가 있지만 크리스천 기업가에게는 하나님께서 킹덤 기업가정신을 가지고 비즈니스 미션을 확장할 수 있는 기회를 주신 것이다. 크리스천 기업가는 이러한 기회를 활용하여 하나님께서 맡기신 창조명령과 선교명령을 수행하기에 힘써야 한다. 전 세계를 향해 비즈니스를 전략적으로 선교에 활용할 때가 도래했음을 깨닫고 하나님께서 맡기신 소명을 온전히 감당하는 킹덤 기업가들이 활발하게 나타나기를 기대한다.

4

굿덕(Goodduck), 치열한 비즈니스 현장에 선한 영향력으로 도전하다!

박상규

어렸을 때부터 음악과 콘텐츠를 좋아하던 한 소년이 있었다. 그는 고등학생 시절 스티브 잡스를 롤모델로 삼아 기업가의 꿈을 키웠고, 대학생 때는 아침 대용 두유를 구독 서비스로 팔아보는 등 일찌감치 사업 감각을 익혔다. 이 청년이 바로 팬덤 플랫폼 '굿덕(Goodduck)'을 설립한 박이래 대표다. 그는 고려대학교 경영학과를 졸업한 후 엔터테인먼트 산업에 몸담으며 현장의 경험을 쌓았고 동시에 그는 신앙인으로서 자신의 일터를 하나님 나라의 도구로 삼고자 하는 열망을 품고 있었다.

그의 신앙 여정은 기독경영아카데미와 ChEMBA 그리고 한국리더십학교를 통해 더욱 구체화되었다. (사)기독경영연구원이 주관하는 기독경영아카데미 제27기에서 수업을 듣고 크리스찬 스타트업 스쿨 ChEMBA과정을 제1기로 수료하며 "기업 세계 위에 하나님 나라가 임하게 하옵소서"라는 사명 선언 아래 비즈니스를 선교의 도구로 삼는 법을 배웠다. ChEMBA는 "하나님께서 주신 사명으로 비즈니스를 시작하고자 하는 크리스찬 청년"을 위한 실전형 MBA 과정으로, 여기서 박 대표는 자신의 창업 아이템을 신앙적 사명과 연결하는 구체적인 방법론을 습득했다.

"기업의 모든 활동을 하나님의 말씀에 근거하여 기독교적 가치에 따라 수행한다"는 기독경영의 개념처럼, 박 대표도 일찍이 사업과 신앙의 통합을 꿈꾸었다. 그는 한국리더십학교와 ChEMBA에서 만난 멘토들과 동료들의 영향을 받아 비즈니스를 통해 사회에 선한 영향력을 끼치겠다는 다짐을 굳혔다. 이러한 배경을 가진 그는 2020년대 초반 자신만의 스타트업을 구상하기 시작했고, 결국 문화와 기술, 그리고 신앙적 가치를 결합한 독특한 사업 아이디어를 현실화하기에 이른다.

Ⅱ. 폰드메이커스와 굿덕의 탄생: 문화엔터 비즈니스 도전기

박 대표는 2021년 폰드메이커스(PondMakers)를 창업하며 본격적인 도전에 나섰다. 회사 이름 폰드메이커스는 "연못(Pond)을 만드는 사람들처럼 작은 물고기들이 자랄 수 있는 연못을 만들겠다"는 뜻이며, 연못은 많은 생명이 함께 살아가는 생태계를 상징하며, 이는 곧 다양한 음악 아티스트들이 성장할 수 있는 플랫폼 생태계를 구축하겠다는 비전이었다. 그리고 폰드메이커스가 선보인 서비스가 바로 굿덕(Goodduck)이다.

굿덕이라는 이름에는 재미있는 언어적 요소가 있다. 좋아하는 가수나 배우 등의 공연을 보고 굿즈를 모으며 응원하는 팬덤 활동을 한국어로 흔히 '덕질'이라고 부르는데 여기에 '좋은(굿, Good)'이라는 뜻을 붙여, 팬들이 '좋은 덕질'을 할 수 있는 공간이라는 의미로 굿덕이라 명명했다. 다시 말해 굿덕은 단순한 팬 활동이 아니라 선한 영향력과 건강한 팬 문화가 함께 꽃피는 문화 비즈니스 플랫폼을 지향하며 발전하게 된 것이다.

굿덕의 창업 스토리는 거대 자본이 지배하는 K-팝 팬덤 시장의 틈새를 파고든 창의적 챌린지였다. 이미 H사의 위버스(Weverse), J사의 비스테이지(beStage), 그리고 팬카페 플랫폼 프롬(Fromm) 등 수십여 개의 팬덤 플랫폼이 활동 중인 상황에서, 후발주자인 굿덕이 어떻게 살아남을 것인지 의문이 제기되기도 했다. 그러나 굿덕은 대형 기획사에 소속되지 않은 밴드, 인디뮤지션, 신인가수들의 팬덤에 주목했다. 이들은 음악적 재능도 뛰어나고 열성 팬들도 있지만, 정작 팬들과 소통할 공식 창구가 부족했다. 굿덕은 바로 그 '기존 플랫폼의 사각지대'를 메우는 것을 목표로 삼은 것이다

굿덕 팀은 법인 설립 이전 약 1년 반 동안 베타서비스를 운영하며 아이디어를 검증했다. 이 기간 동안 인스타그램, 카카오톡 오픈채팅 등에 흩어져 있던 팬 커뮤니티를 한 곳으로 모으고, 아티스트와 팬이 더 자주 교류하도록 UI/UX와 기능을 개선해 나갔다. "아티스트가 인스타그램보다 더 자주 사용하는 플랫폼"을 만들겠다는 분명한 목표 아래, 굿덕만의 차별화된 운영 철학이 정립되었다. 그 철학은 "아티스트에게 관리를 요구하지 않고, 팬과 소통하며 놀 수 있도록 돕자"는 것이었다. 실제로 굿덕은 타 플랫폼처럼 '하루 1회 글 업로드'나 '정해진 시간 내 답장' 같은 의무를 아티스트들에게 부과하지 않는다. 대신 아티스트들이 자율적으로, 즐거운 마음으로 팬들과 교류하도록 분위기를 조성했다. 이러한 자연스러운 소통전략 덕분에, 굿덕에 참여한 많은 아티스트들은 "인스타그램보다 굿덕에 머무르는 시간이 길고, 팬들과의 소통을 놀이로 느낀다"고 답할 정도가 되었다.

굿덕은 플랫폼 안에서 문화적 커뮤니티를 형성하는 데에도 주력했다. 팬들과 아티스트가 함께 어울리는 오프라인 이벤트의 중요성

을 인지한 폰드메이커스 팀은 굿덕 가입 아티스트들을 위한 소규모 전용 공연장을 마련하여 굿덕 콘서트를 개최하기 시작했다. 이를 통해 팬덤 활동이 온라인에 그치지 않고 현실 세계의 교류와 추억으로 이어지게 했다. 이러한 한 걸음 한 걸음의 발자취는 아티스트 모집과 팬층 확대에 큰 도움이 되었고, 박 대표는 "한 땀 한 땀 성취를 이뤄내며 시장에 뿌리내리겠다"는 전략적 인내로 응답했다.

그 결과 해외에서도 반응이 나타났다. 일본의 밴드 팬들이 한국 인디뮤지션에게 빠져들면서 "왜 일본에선 결제할 수 없나요?"라는 문의를 해올 정도로 관심이 높아진 것이다. 이는 굿덕 팀에 큰 자극이 되었고, 곧바로 일본 현지 팬들도 서비스를 이용할 수 있도록 결제 시스템을 확충하였다. 2024년 9월, 폰드메이커스는 일본 '프로덕션 고금'과 현지 파트너십 MOU를 맺으며 본격적인 일본 시장 진출의 발판을 마련했다. 밴드 음악이 뿌리내린 일본 시장 특성에 맞춰, 굿덕 플랫폼에 입점한 60여 팀의 인디 아티스트 IP를 현지 사운드프레스 서비스와 연계하고, 폰드메이커스의 자체 공연 채널 숲세권 라이브경험을 공유하는 등 다각도로 협력하기로 한 것이다. 이를 통해 해외 공식 팬덤 커뮤니케이션 '정착'과 글로벌IP 확장이라는 공동 목표를 향해 달려 나가고 있다.

이렇듯 굿덕의 탄생과 성장은 문화엔터 비즈니스로서 의미 있는 족적을 남기고 있다. 단순히 돈을 벌기 위한 플랫폼이 아니라, 문화 생태계를 풍성하게 하는 폰드메이커스의 이름대로 굿덕은 팬덤 문화를 선하게 바꾸는 도전을 이어가고 있는 것이다.

4. 굿덕(Goodduck), 치열한 비즈니스 현장에 선한 영향력으로 도전하다!

III. 굿덕 플랫폼의 혁신과 성과

"우려와 달리 굿덕의 성과는 작지 않다"는 평가대로, 굿덕은 출범 이후 눈에 띄는 성장 지표들을 만들어냈다. 2023년 서비스 첫해 매출 2억원, 2024년 매출 4억6천만원을 기록하며 1년 만에 두 배 이상의 매출 성장을 달성했다. 이는 매출뿐만 아니라 이용자 지표에서도 확연히 드러나는데, 현재 굿덕에는 70여 개 레이블 소속의 200여 명 아티스트가 가입해 있고, 글로벌 팬 사용자 5만 명이 함께하고 있다. 특히 아티스트들의 일 평균 앱 방문 횟수 3.4회, 팬들의 주간 재방문율 69%에 달할 정도로 몰입도 높은 커뮤니티를 구축했다. 굿덕의 핵심 서비스인 '굿톡(GoodTalk)'에서는 아티스트와 팬이 직접 소통하는데, 회사의 설명에 따르면 "팬들의 평균 참여율이 70%, 체류시간은 45분에 달한다"고 한다. 이는 전 세계 팬덤 플랫폼 중에서도 손꼽히는 최고 수준의 참여도로, 굿덕만의 차별화된 기능과 운영 철학이 성과를 거두고 있음을 보여준다.

굿덕 플랫폼의 기술적 차별성도 주목할 만하다. 기본직으로 굿덕은 스타와 팬, 레이블을 위한 공식 소통 앱으로서 팬덤 커뮤니티 기능을 제공하되, 블록체인(Web3) 기술을 접목한 것이 특징이다. 굿덕에서는 아티스트가 팬들에게 희귀한 콘텐츠를 제공하고 이를 디지털 자산(NFT)으로 소장하도록 함으로써 팬들의 소유욕과 참여도를 높였다. 예를 들어 팬들은 굿덕에서 자신만 들을 수 있는 독점 데모곡이나 커버송을 구매해 Audio Inbox에 저장할 수 있고, 아티스트의 한정판 디지털 굿즈를 NFT 형태로 수집할 수도 있다. 조선비즈와의 인터뷰 제목처럼, "희소한 스타 콘텐츠, 나만 듣고 소장까지" 가능한 플랫폼을 구현한 것이다.

또 하나의 혁신 기능은 굿톡(GoodTalk)의 실시간 음성채팅서비스다. 굿톡에서는 마치 전화 통화나 라디오처럼 아티스트가 목소리로 팬들과 실시간으로 대화할 수 있다. 이는 팬들과 스타의 관계를 더욱 친밀하게 만들어주는 기능으로, 기존 텍스트 위주의 팬 소통과 차별화된 굿덕만의 경쟁력이다. 굿덕 앱 소개에 따르면 굿톡은 "Artists speak, fans chat - 실시간 라이브 세션"으로, 스타가 음성 메시지를 보내면 팬들이 채팅으로 반응하는 독특한 소통 경험을 제공한다. 아티스트 입장에서는 라이브 방송보다 부담 없이 팬들과 교류할 수 있고, 팬들은 좋아하는 스타의 생생한 목소리를 들으며 참여할 수 있어 호평을 받고 있다.

굿덕의 수익 모델또한 주목할 만하다. 폰드메이커스는 '팬 주도형 구독 경제 모델'을 채택하여 아티스트와 팬이 함께 성장하는 생태계를 구축했다. 핵심은 아티스트에게 초기 비용 부담이나 플랫폼 이용료를 부과하지 않고, 팬들이 자발적으로 지불하는 멤버십 구독 수익을 아티스트와 공유하는 구조다. 팬들은 월 5,000원에서 30,000원 사이의 금액을 내고 좋아하는 아티스트의 멤버십에 가입하며, 이렇게 모인 구독료 중 20~40%를 플랫폼이 취득하고 나머지를 아티스트에게 배분한다. 이러한 구조는 아티스트에게 '0원 창업'과 같은 효과를 주어, 초기 투자 없이도 팬덤을 통해 수익을 창출할 길을 열어준다. 반대로 플랫폼 입장에서는 많은 아티스트를 유치함으로써 규모의 경제를 달성하고, 팬덤이 커질수록 수익도 함께 성장하는 윈윈 구조를 만들어냈다.

4. 굿덕(Goodduck), 치열한 비즈니스 현장에 선한 영향력으로 도전하다!

이처럼 다각화된 수익 구조(B2B2C 모델) 덕분에 폰드메이커스는 매년 200% 이상의 성장률을 이어가며 투자자들의 관심도 받고 있다. 실제로 2023년 스타트업 미디어 행사에서 "검증된 PMF와 폭발적 성장의 임계점"에 도달했다는 평가를 들었고, 중소벤처기업부 기술창업 프로그램 TIPS에도 선정되어 기술력을 인정 받았다. 2024년 12월 폰드메이커스는 "블록체인 기술과 비가청 주파수 워터마크 보안 기술이 융합된 웹3 팬덤 플랫폼"이라는 혁신적인 R&D 과제로 TIPS에 최종 선정되는 쾌거를 이루었고 추천을 맡은 MYSC 엑셀러레이터와 함께 기술 고도화에 박차를 가할 계획이다. 박 대표는 "이 시기에 팁스 선정과 투자가 이루어져 매우 감사하다. 앞으로도 굿덕 서비스의 성장과 글로벌 진출을 위해 더 많은 파트너십 체결과 기술 연구에 전념하겠다"고 소감을 밝히기도 하였다.

또 하나의 기술적 협력 사례로, 2024년 8월 폰드메이커스는 보안 솔루션 기업 앤오픈(Anopen)과 MOU를 체결했다. 이를 통해 굿덕의 멤비십 구독자들에게 실물 멤버십 카드를 발급하고, 앤오픈의 얼굴인식 기반 DID 기술(AUTENID와 MYFACECARD)을 공연 티켓팅에 적용하여 암표 문제를 해결하는 공동 프로젝트를 추진 중이다. 구체적으로, 굿덕 멤버십 가입자들은 자신이 응원하는 아티스트의 고유 디자인과 일련번호가 새겨진 플라스틱 멤버십 카드를 받게 되는데, 이 카드는 팬들에게 소장 가치가 있는 굿즈가 될 뿐만 아니라 공연 현장에서 본인 인증 수단으로 쓰이게 된다. 앤오픈의 생체인증 기술을 도입하면 공연장 입장 시 얼굴인식으로 신원을 확인하여 티켓 양도 및 암표 거래를 원천 차단할 수 있다. 이는 박 대표가 지적한

"L가수의 콘서트 암표가 약 500만원에 거래될 정도로 심각한 문제"
를 해결하려는 시도이기도 하다. 블록체인에 티켓을 발행하고, 얼
굴인식 DID로 본인을 인증하는 방식은 디지털 기술로 팬덤 문화의
병폐를 개선하는 모범 사례가 될 전망이다.

굿덕 플랫폼은 짧은 기간안에 콘텐츠 기획력, 기술 혁신, 운영 노
하우의 조화를 통해 독자적인 경쟁력을 구축했다. 폰드메이커스 팀
에는 10년간 홍대 인디씬에서 활동한 뮤지션 출신 COO, 대학 동기
로서 함께 음악 활동을 해온PM 출신 Co-founder, 그리고 20년 경
력의 블록체인·AI 전문가인 CTO가 포진해 있다. 여기에 유니버설
뮤직코리아 대표 출신 CSO가 합류하여 글로벌 엔터테인먼트 네트
워킹을 돕고 있는 엔터/음악 신의 현장 경험과 기술력의 완벽한 융
합이라는 평가를 받고 있다. 이러한 팀 경쟁력과 함께, "폰드메이커
스 = 인디 아티스트의 성장 연못"이라는 공식이 성립될 만큼 인디씬
에서 독점적 지위를 확보했고, 이는 곧 굿덕이 향후 밴드에서 뮤지
컬, 아이돌에 이르기까지 무한한 확장성을 지녔음을 시사한다. 팬
덤 플랫폼안에 70개 레이블, 200명 아티스트, 5만 팬이라는 현재의
성과는 시작에 불과하다. 폰드메이커스는 "아시아 2,000만 K-인디
팬덤 시장에서 5년 내 1위 플랫폼이 될 수 있다"는 자신감으로 글
로벌 시장을 향해 나아가고 있다.

4. 굿덕(Goodduck), 치열한 비즈니스 현장에 선한 영향력으로 도전하다!

IV. 비즈니스 미션: 일터에서 실천하는 BAMer

박 대표의 창업 스토리가 특별히 주목받는 이유는, 그가 비즈니스를 통한 선교, 즉 BAM(Business As Mission)의 가치를 중요시 여기며 이를 실천하기 위해 노력하고 있기 때문이다. 흔히 신앙과 사업을 별개의 영역으로 여기기 쉬우나, 박 대표는 처음부터 두 세계를 통합하려는 비전을 품었다. 그는 성속(聖俗)을 이분법적으로 구분하는 관점을 배격하고, "기업 세계에 적극적으로 선교를 시행하여 사업과 사역을 일치시켜야 한다"는 기독경영 철학에 공감한다.

BAM 영역에서는 비즈니스를 통해 영적·사회적·경제적 성과를 균형있게 발전시켜 나가는 것이 중요하다. 박 대표의 굿덕 사례는 첫째, 꾸준한 매출 성장과 투자 유치를 통해 사업의 수익성과 안정성을 입증하고 있다. 플랫폼 비즈니스로서 충분한 시장성을 갖추었고, 향후 IPO까지 염두에 둘 정도로 기업 가치 증대를 추구한다. 둘째, 인디 음악인들을 위한 일자리와 부의 창출에 기여하고 있다. 기존에 생활고에 시달리던 많은 뮤지션들이 굿덕의 팬 구독 모델을 통해 비교적 안정적 수입을 얻고 있으며, 이를 통해 음악 활동을 지속할 수 있게 되었다. 굿덕의 목표 자체가 "음악인이 음악으로 먹고 살 수 있는 세상"을 만드는 것이므로, 이는 곧 문화예술 분야에서의 일자리 창출과 소득 증대로 연결된다. 셋째, 영적 자본의 형성 부분은 굿덕이 직접 복음을 전하는 방식은 아니지만, 광의의 선교적 측면에서 해석할 수 있다. 굿덕이 형성하는 선한 문화 영향력과 커뮤니티는 사람들의 삶에 긍정적인 변화를 일으킨다. 음악이라는 언어로 위로와 희망을 전하고, 건강한 팬덤 문화로 사회의 어두움을 밝

한다면, 그것이 곧 하나님 나라의 확장과 기독교가치 공유로 이어질 가능성이 높다. 특히 박 대표처럼 신앙을 공개적으로 고백하는 크리스천 기업가가 성공적으로 영향력을 확장할 때, 업계 동료나 팬들에게 자연스럽게 기독교적 가치와 세계관을 흘려보낼 수 있을 것이다.

박 대표는 이러한 BAM 철학을 회사의 경영 원칙에 녹여내고 있다. 폰드메이커스의 기업 모토 "We Create New Music Wave"에는 단순히 새로운 음악 유행을 만든다는 의미 외에도, 새로운 물결(New Wave)로 세상에 선한 변화를 일으키겠다는 다짐이 담겨 있다. 이는 기독교 신앙에서 말하는 "세상의 빛과 소금" 역할을 기업 차원에서 수행하겠다는 의지와 상통한다. 실제로 기독경영연구원에서 제시한 6대 원리(창조, 책임, 배려, 공의, 신뢰, 안식) 중에서 폰드메이커스가 특히 강조하는 부분은 "배려와 공의"로 보인다. 굿덕이 추구하는 바는 메이저에 가려진 99% 아티스트들에게 기회를 공평하게 제공하고, 그들의 삶을 돌봄(배려)으로써 문화 산업의 정의로움을 세우는 것이다. 이러한 노력은 이윤 추구만을 좇다 사회를 해치는 기업은 바람직하지 않다는 기독교 세계관에 부합한다. 실제로 기독경영에서는 "기업은 하나님의 주권 하에 사람들의 역량과 자원을 청지기적으로 활용하여 가치 창출을 통해 하나님과 사람을 섬기는 사회적 공동체"라고 정의한다. 굿덕의 운영 또한 청지기 정신에 따라, 플랫폼을 통한 수익의 상당 부분을 다시 아티스트와 나누고, 사회적 가치 창출에 재투자하고 있다.

한편, 박 대표 개인의 삶에서도 일터 사역의 열매가 나타난다. 그는 회사 내부적으로 "섬김의 리더십" 문화를 조성하여, 상명하복식

4. 굿덕(Goodduck), 치열한 비즈니스 현장에 선한 영향력으로 도전하다!

권위보다 서로를 세워주는 팀 문화를 강조한다. 이러한 조직문화는 하나님 나라 원리를 닮은 공동체를 이루어가고 있으며, 구성원 개개인이 자신의 일을 소명으로 받아들일 수 있도록 북돋는다. 예를 들어 굿덕 팀은 신규 아티스트를 온보딩할 때도 단순히 계약 관계로 대하지 않고, 마치 사역 파트너로 존중하듯 그들이 원할 경우 성공을 위해 함께 중보하며 응원하고 있다. 이런 작은 실천들이 쌓여 굿덕의 정체성은 단순한 스타트업이 아니라, 하나님의 선교에 동참하는 기업 공동체로 자리매김하고 있다.

스타트업이지만 건강하게 잘 성장하고 있는 굿덕의 이야기는 "신앙과 사업이 분리되지 않고 균형 잡힌 기독경영"의 젊은 사례로서, 세속성이 판치는 비즈니스 세계 한복판에서 하나님 나라의 가치를 실현하려는 박 대표의 도전은, BAM을 추구하는 많은 크리스천 기업가들에게 귀감이 되고 있다.

V. 미래를 향한 비전

박이래 대표와 폰드메이커스 팀은 현재 성과에 안주하지 않고 더 큰 비전을 향해 나아가고 있다. 그 중심에는 Web3 기술의 적극적 활용, 해외 시장 개척, 그리고 2030년 IPO라는 목표가 있다. 이는 단순한 사업 확장이 아니라, 굿덕을 통해 더 넓은 무대에서 선한 영향력을 확대해 나가려는 거룩한 비전이다.

먼저 기술 측면에서, 폰드메이커스는 2026년 상반기를 목표로 굿덕 내 디지털 마켓플레이스를 출시할 예정이다. 이 Web3 기반 마켓플레이스는 팬덤 경제의 게임 체인저가 될 것으로 기대된다. 팬들이 아티스트의 디지털 자산(예: 미공개 음원, 라이브 영상, 한정판 굿즈 디지털 버전 등)을 NFT 형태로 자유롭게 거래하고, 2차 판매 수익도 아티스트와 공유하는 탈중앙화 팬덤 경제를 구현하려는 것이다. 이러한 플랫폼이 갖춰지면, 굿덕은 단순히 팬덤 커뮤니케이션 앱을 넘어 팬덤 커머스 생태계로 진화하게 된다. 예를 들어 한 팬이 굿덕에서만 들을 수 있는 라이브 음원 NFT를 구매했다가, 다른 팬에게 양도하거나 판매할 수 있고, 이때 발생하는 수익 일부는 자동으로 아티스트에게 로열티로 돌아가는 구조를 생각해볼 수 있다. 이는 기존 음악 산업의 판권 시스템을 혁신하고, 팬들이 직접 가치 창출에 참여하는 진정한 팬 투자 시대를 열어줄 전망이다.

또한 굿덕은 앞서 설명한 대로 블록체인과 DID 기반 티켓팅 서비스 개발에 더욱 박차를 가할 계획이다. 티켓 불법 양도와 암표 문제는 한국뿐 아니라 글로벌 공연 산업의 난제인데, 굿덕이 선도적으로 온체인 티켓과 얼굴인식 인증을 결합한 솔루션을 내놓는다면 해외 시장에서도 주목받을 가능성이 크다. 실제로 일본 파트너십이나 북미 시장의 관심을 고려할 때, 굿덕의 기술은 세계 최초 수준의 팬덤 솔루션으로 자리매김할 수 있다. 폰드메이커스는 이미 공공기관의 지원을 받아 AI 기반 글로벌VR 콘서트 플랫폼 과제를 수행하는 등 차세대 공연 콘텐츠에도 대비하고 있다. VR/메타버스 공연이 활성화되면, 지리적 한계 없이 전 세계 팬들이 동시에 가상 공연에 참여할 수 있는데, 굿덕은 그 플랫폼으로도 확장 가능성을 타진하는 중이다.

4. 굿덕(Goodduck), 치열한 비즈니스 현장에 선한 영향력으로 도전하다!

글로벌 시장 전략 측면에서, 폰드메이커스는 일본을 교두보로 삼아 미국, 유럽 등 서구 시장까지 내다보고 있으며 궁극적으로 굿덕은 "글로벌 K-콘텐츠 팬덤의 얼라이언스"를 도모하는 플랫폼으로 성장하고자, 이를 위해 다양한 글로벌 파트너십 체결과 서비스 현지화를 추진 중이다.

이러한 기술 혁신과 세계 시장 공략의 끝에 박 대표가 그리고 있는 큰 그림은, 2030년 기업공개(IPO)를 통한 굿덕의 지속가능한 성장이다. 그는 굿덕을 단발성 스타트업이 아니라, 한국을 대표하는 넥스트 유니콘으로 키우겠다는 열정과 포부를 숨기지 않는다. 2030년 IPO는 단순히 주식 시장 상장이 아니라, 굿덕이 만들어가는 새로운 음악 생태계 모델을 전 세계 투자자들과 공유하고 더욱 확장하겠다는 선언과 같다. IPO를 통해 확보한 자본으로 더 많은 음악 IP를 발굴하고, 아시아를 넘어 글로벌 No.1 팬덤 플랫폼으로 도약하겠다는 계획이다.

VI. 굿덕, 선한 영향력으로 무장한 유쾌한 반란

부르심의 응답으로 시작된 굿덕 스토리 속에서 우리는 존 웨슬리의 사회적 성화(social sanctification) 개념과 통하는 지점을 발견할 수 있다. 굿덕이 돕고자 하는 대상은 오직 수익을 목적으로 치킨게임을 마다하지 않는 거대 자본의 혜택에서 소외된 인디뮤지션과 그들의 열성 팬들이다. 사회적 성화 관점에서 이들은 음악산업의 '어려운 이웃'이라 할 수 있다. 메이저 기획사에 속하지 않았다는 이유로 정당한 수익 배분에서 밀려나고, 팬들과의 소통 창구도 확보하기 어려웠던 이들인 것이다. 굿덕은 이 상황에 문제의식을 품고, 기술과 플랫폼을 활용해 "아티스트들도 팬덤의 힘으로 먹고 살 수 있는 인프라"를 제공하기 시작했다. 이는 음악 산업 구조 속 불의한 불균형을 바로잡는 일이며, 나아가 문화의 다양성과 지속가능성을 확보하는 선한 영향력이다. 박 대표가 꿈꾸는 "월세 걱정 없이 음악하는 세상"은 단순한 경제적 비전이 아니라, 문화계의 약자들을 일으켜 세우는 사회적 성화의 문화선교 비전과도 동일한 것이다. 존 웨슬리가 18세기 산업혁명 이후 영국 사회가 양극화로 몸삼을 앓던 자신의 시대에 노동자들과 노예들에게 손을 내밀었다면, 박 대표는 자신의 달란트를 활용하여 인디 아티스트들에게 손을 내밀고 그들의 열성 팬들에게는 산업 구조적 모순을 돌파해 나갈 수 있다는 비전을 제시하고 있다.

이는 사랑의 실천이라는 면에서 굿덕의 커뮤니티가 하는 역할이 매우 의미가 있다. 굿덕 플랫폼의 팬들은 좋아하는 아티스트를 응원하기 위해 자발적으로 소비하고, 아티스트는 그 사랑에 보답하기 위해 더 좋은 음악과 소통으로 화답한다. 이 과정에서 팬덤 문화에 흔히 있는 지나친 경쟁이나 상업주의적 소비 강요 대신, 상호간의 돌봄과 격려의 문화가 형성된다. 굿덕의 팬들은 내가 쓴 돈이 오롯이 내가 사랑하는 아티스트의 삶과 예술을 지속시키는 데 기여한다는 보람을 느낀다. 이는 소비 행위가 곧 이웃 사랑의 실천이 되는 독특한 모델이라 할 수 있다. 존 웨슬리는 "이웃 사랑 없이는 행복에 이를 수 없다"고 말했는데, 굿덕 생태계는 팬과 아티스트가 나누

4. 굿덕(Goodduck), 치열한 비즈니스 현장에 선한 영향력으로 도전하다!

는 사랑과 행복으로 점점 더 성장해 나가고 있다.

굿덕은 선교와 전도를 전면에 내세우는 기업은 아니다. 일반 사용자들은 그냥 하나의 스타트업 서비스로 인식하고 있다. 그러나 기독교 세계관은 굿덕의 근간에 흐르고 있고, 박 대표는 조용하지만 힘찬 발걸음으로 비즈니스 세계 위에 하나님 나라를 세워 나가고 있으며, 이는 얼라이언스 전략과 맞물려 "선한 영향력의 확산"으로 구체화 될 것이다.

2030년 IPO에 성공한 굿덕이 거대한 플랫폼 기업이 되었을 때, 과연 지금의 초심과 가치를 지켜나가며 창조적 능력을 바탕으로 한 문화엔터 비즈니스 현장에서의 유쾌한 반란은 지속될 수 있을 것인가? 이에 대한 답은 아마도 박 대표 개인의 신앙과 소명 의식에서 나올 것이다. 그는 한 인터뷰에서 "돈을 버는 것이 목적이 아니라, 가치를 만드는 것이 목적"이라고 강조했다. 5년, 10년 후에도 굿덕이 음악산업의 약자들을 지속적으로 돌보고, 문화를 더욱 아름답게 만드는 일에 집중한다면, 그것이 곧 굿덕의 경쟁력이사 존재 이유로 남을 것이다. 그리고 그런 기업이라면 인디아티스트들과 그들의 열성 팬들뿐 아니라 시장도, 이 사회도, 그리고 하나님도 모두 박수를 보내지 않을까?

"굿덕 팬덤 플랫폼을 이끌고 있는 박이래 대표. 그는 비즈니스를 통해 선교적 사명을 실천하고자 하는 크리스천 기업가로, 굿덕을 통해 음악산업 현장에 선한 영향력을 전파하고 있다."

4. 굿덕(Goodduck), 치열한 비즈니스 현장에 선한 영향력으로 도전하다!

킹덤 비즈니스_ 하나님 나라 기업가정신과 BAM

5

노인일자리를 위한 아립앤위립

권수라

전국 약 1만 5000여 명 시급 948원 최저임금 10분의 1 수준

요즈음 폐지를 줍는 노인들을 본 적이 있을까? 사실 쉽게 찾아보기 어렵다고 생각할 수도 있지만, 한국노인인력개발원에 따르면 폐지 줍는 노인의 숫자는 전국적으로 1만 5000여 명에 이르는 것으로 조사됐다고 한다(2021년 12월~2022년 2월). 서울에는 25개 구마다 약 100명이 존재한다. 한국노인인력개발원은 "폐지 줍는 노인들은 일을 그만두고 싶어도 당장 생계가 달려 있어서 계속할 수밖에 없다고 말했다"고 전했다.

이러한 어려움을 파악하고 시니어 일자리 만들기에 나선 한 청년이 있다. 시니어 일자리를 만드는 민간형 기업 아립앤위립의 심현보 대표이다. 아립앤 위립의 자체 브랜드 신이어마켙은 심현보 대표의 개인적인 경험으로부터 시작됐다. 친할머니가 소일거리로 폐지를 주워 용돈벌이를 하고 있다는 사실과 함께, 생계 유지를 위해 폐지를 주워야만 하는 노인들이 많다는 것을 알게 된 것. 어르신들을 위한 양질의 일자리가 부족하다는 것을 절감한 심 대표는 지속 가능한 일자리 제공을 목표로 프로젝트를 시작한다. 아립앤위립의 심현보 대표는 "폐지를 줍는 어르신들을 만나보면 개개인이 자존감이 많이 떨어져 있어서 사회 구성원이라는 생각을 못하신다. 이 조직에서 같이 일을 하면서 개개인이 바로 세워지고 그 공동체인 우리가 세워질 수 있겠다라는 희망을 가지고 회사를 만들었다"고 창업에 대해 말했다. 회사명 아립(我立)앤위립(we立)은 심 대표의 이런 뜻이 담긴 작명이다.

심 대표는 자신의 할머니를 보고 창업을 결심했다. "어느 날 할머니댁에 갔는데 할머니께서 폐지를 주워 모으고 계셨어요. 시간적 여유가 많아 소일거리로 하시는 거였지만 무척 마음이 아팠죠. 할머니 주변엔 생계수단으로 폐지를 줍는 분들도 많았어요. 어릴 적 부모님 맞벌이로 인해 할머니와 시간을 많이 보낸 덕에 할머니 친구들도 모두 친할머니와도 같은 분들이었죠. 하루 종일 수레 한가득 폐지를 모아도 손에 쥐는 건 고작 몇 천 원. 이래선 안되겠다, 이들을 위한 제대로 된 일자리를 만들어야겠다고 생각했죠."

기업에서 기획·마케팅을 하던 심 대표는 그날로 창업을 결심했지만 의욕과 달리 어르신들을 만나는 것조차 쉽지 않았다. "젊은 애가 뭘 뜯어먹으려고 왔냐"며 의심을 사기 십상이었다. 1년 넘게 지역구 복지관을 설득한 끝에야 겨우 폐지 줍는 어르신들과 이야기할 수 있는 기회를 잡았다. '노인들에게 진짜 필요한 일자리가 뭘까', 답을 찾지 못한 상태에서 대화 소재가 고갈됐다. 그때 떠올린 게 '그림'이었다. 그림을 그리며 장난치고 이야기하다 보면 금세 마음의 벽이 허물어졌다. 그런데 어르신들이 그린 그 '못생긴' 그림에는 누구도 따라할 수 없는 특별함이 있었다. 틀린 글자도, 칠하다 만 그림도, 그야말로 '날것' 그대로 신이어마켙의 상품이 됐다.

아립앤위립은 폐지줍기에 내몰릴 정도로 심각한 노인 일자리 부족과 저소득 문제, 이로 인한 심각한 노인빈곤율 등 당면한 현실의 문제를 타파하기 위한 사회적 기업이며, 시니어 크리에이터들이 만드는 각종 굿즈를 판매하는 '신이어마켙'을 런칭해 재기발랄한 아이템과 상품을 기반으로 노인 일자리 문제 해결에 나서고 있다.

"어르신들이 고강도의 노동을 할 수는 없습니다. 하지만 일을 쪼개고 세분화해 과업을 전달하면 속도가 느리고 효율이 떨어지더라도 해내실 수 있죠. 그런 일자리부터 만들어내야 하지 않을까요. 어르신들을 분석하고 그에 맞게 일자리를 세팅하려는 노력이 필요합니다."

심 대표는 노인들을 고용하는 일자리가 많아지면 노년 외로움과 같은 문제도 해결될 것이라고 내다보며, 이들에게는 필요한 것은 심리 상담보다는 다시 사회로 나올 수 있는 일자리일 수도 있다고 지적했다. 기계가 할 수 없는 중저강도 업무를 쪼갠 뒤 오전·오후 반으로 나누는 방식을 채택하거나, 고학력자와 전문성을 갖춘 어르신을 위한 일자리를 만드는 등의 변화도 필요하다고 말했다.

II. 아립앤위립의 신이어마켙 탄생

1. 노인들의 그림이 상품이 된다, '신이어마켙'

처음부터 아립앤위립이 가장 골몰하고 있었던 이슈는 '노인 일자리' 창출 이었다. 그렇게 해서 런칭한 브랜드가 '신이어마켙'이다. 신이어마켙은 노인 크리에이터들이 그린 그림과 스토리텔링을 상품을 엽서, 스티커, 머그컵 등의 다양한 물건으로 굿즈화하고 이를 판매한다.

신이어마켙에는 크게 세 가지의 노인 일자리가 있다. ▲저작권을 받는 시니어 크리에이터 ▲포장일자리 ▲기술일자리가 그것이다. 신이어마켙은 사무실이 있는 강동구 지역의 '복지관', 보건복지부 산하 노인인력개발원의 '시니어클럽' 등과 업무협약(MOU)을 맺고 노인들을 고용한다.

특히 신이어마켙의 시니어 크리에이터들은 모두 '국민학교'(초등학교) 시절 이후 한번도 그림을 그려본 적 없는 비전문가이다. 아립앤위립은 복지관에서 미술활동 및 미술교육을 무상으로 제공하는 미술 정서지원 활동을 통해 함께 작품을 그리고, 그 결과물을 저작권료로 구매하는 방식을 채택하고 있다. 이들의 작품은 신이어마켙 및 유관기관 사회복지사, 참여하신 노인분들이 함께 논의해 1만원에서 5만원 이내의 금액으로 책정된다.

해당 디자인을 통해 발생한 총 판매수익금 중 순이익 10%는 시니어 파트너들에게 다시 후원된다. 지정후원금을 통해 복지관에 전달되는 방식이다. 수익배분 정산은 분기별(3개월)로 진행되며, 정산 내역은 SNS를 통해 소비자들에게도 공개된다. 그 외에 제품포장 업무도 노인들이 맡고 있는데 이들에게는 최저시급이 제공된다. 봉제, 프레스 등 수작업 기술이 필요한 제품을 만드는 기술일자리에는 경력 노인들을 고용한다. 이들에게는 '서울시 생활임금 기준'에 맞춰 임금을 제공하고 있다.

심 대표는 청년과 시니어 구성원 간 소통을 중요시한다. 파트너 시니어 분들과 함께 사생대회를 다녀올 정도로 서로간의 소통을 중요시 해왔다. "젊은 소비자들이 저희에게 주는 피드백들을 보면 기본적으로 '따숩다'고 말한다"며 "따뜻함보다 은근한 온도인데, 신이어마켙의 시니어들이 청년에게 주는 응원과 격려가 청년들이 일상에서 만나는 따수운 순간이라 좋아해주시는 것 같다"고 이야기 한다 청년세대의 이 같은 반응들은 반대로 빈곤과 사회적 단절로 어려움을 겪던 시니어들에게도 큰 위로가 되고 있다는 게 심 대표의 생각이다.

그는 "어르신들이 내가 어딘가 출근할 곳이 있다 갈 곳이 있다는 것에 소속감을 느끼고, 덕분에 활력이 생긴다는 말씀을 많이 하신다"며 "회사에 오면 내 또래 사람들도 만나고 젊은 사람들도 만나니 활력이 생긴다고 말씀하신다. 저는 그런 것(자존감의 회복, 소속감, 사회 구성원으로서 효용감)들이 정량적이진 않지만 우리가 이 일을 하는데 꽤 중요한 요소라고 생각한다"고 덧붙였다.

심 대표는 "저희를 비슷하게 따라하는 브랜드들이 조금씩 생기고 있는데, 그럼에도 불구하고 그들이 따라할 수 없는 건 우리와 어르신들 간의 관계 그리고 어르신들과 함께 나눴던 이야기들로 인한 시간들의 축적"이라고 힘주어 말했다.

2. 정규직 시니어는 1명, 파트너 시니어는 10명…왜?

무엇보다 신이어마켙의 지속은 노인일자리와 일자리 질을 어떻게 높이느냐에 달려 있다. 함께 일하는 노인들의 고용 안정성도 아립앤위립이 가진 큰 고민 중 하나다.

심 대표는 "비전공자이자 비전문가인 어르신들을 (함께 그림을 그리고 콘텐츠를 제작하자고) 설득하는 데만 일년이 걸렸다"면서 "정규직으로 전환하는 과정에서도 어르신들에게 큰 메리트가 있다고 생각하고 안정적인 정규직 전환을 제안했지만 그러한 기대가 처참히 깨졌다"고 말했다.

그는 "처음엔 저도 의문이었지만 여쭤보니 '내가 건강이 언제 안 좋아질지 모르는데 갑자기 내가 아픈 날이 생기면 병원을 가야 되고, 회사에 폐를 끼치는 게 너무 미안하니 약속된 시간만큼만 하겠다'는 말씀을 하셨다"면서 "젊은 세대와 일을 대하는 입장과 태도가 다르실 수 있겠다고 느꼈다. 인생 선배들의 지혜이자 삶을 대하는 태도이지 않겠냐"고 했다.

현재 정규직으로 채용된 시니어는 출퇴근과 함께 일상적인 업무를 수행하지만, 파트너 시니어들은 작품을 만들거나 제품을 제작할때만 한시적으로 고용되는 사실상 파트타이머 업무를 수행하고 있다.

심 대표는 이를 통해 정규직 전환에 초점을 맞추기보다 시니어 세대에 적합한 일자리를 확대하는 데 주력하기로 결심했다. 그는 아립앤위립의 궁극적인 목표가 '노인일자리 확대'에 있다고 거듭 강조했다.

심 대표는 "누구나 일하고 싶은 노인들이 있을 때에는 저희 조직을 통해서 무언가 일할 수 있게끔 만드는 것이 목표"라면서 "신이어 마켙 외에 다양한 아이디어를 가진 새로운 브랜드를 런칭 준비 중에 있다"고 밝혔다.

5. 노인일자리를 위한 아립앤위립

III. 브랜드 철학

1. 신이어마켙 브랜드의 의미

신이어마켙의 브랜드는 '시니어'이자 '新새롭다', '辛맵다', '桅나아가다'의 신. 그리고 모든 필요한 것이 모여있는 마켓을 합쳐 '신이어마켙'이라는 네임이 탄생했다. 어르신들의 세월을 담은 미소를 그동안 끌고 다니셨던 어르신들의 세월을 담은 미소와 함께 시니어의 다양한 콘텐츠를 담겠다는 의미를 더한 장바구니를 더해 로고도 만들었다.

'난 못 해, 해본 적 없어, 안 해' 등 처음에는 부정적인 반응이셨지만, 이제는 얼굴에 자신감과 웃음이 피고, 출근하기 전날에는 설레서 잠이 오지 않으신다는 어르신, 이 나이에 갈 곳이 있고, 그곳에 나를 반겨주는 사람들이 있어 행복하다는 어르신, 아이패드는 고사하고 자판 한 번 쳐본 적 없던 어르신들이 타자 연습을 하여 댓글을 직접 다시고, 의지하는 것이 아니라 스스로의 삶을 사는 과정을 만드는 브랜드가 바로 신이어마켙이다. 그래서 신이어마켙과 함께하는 신이어는 '이제 나 폐지 안 줍잖아. 새로운 거 해'라고 당낭히 말할 수 있다.

"일단 살아 봐, 인생은 내 것이니까" "아직 젊잖애" "허허 우서요"

70 · 80 · 90 시니어들이 20 · 30 젊은 세대의 고민에 답장을 보낸다. 삐뚤빼뚤한 글씨로 꼭꼭 눌러쓴 위로와 격려의 말들이 따뜻하게 마음에 스며든다. 폐지 줍는 어르신에게 새로운 일거리를 제공하고, 청년들에게 어르신들의 이야기를 전하며 세대 간의 장벽을 허무는 신이어마켙은 이미 젊은 세대 사이에서 '센스 있는 디자인

브랜드'로 입소문이 났다.

심 대표는 노인과 청년이 교류할 수 있는 곳이 없다는 사실을 깨닫고, 세대와 세대를 이어주는 것을 브랜드 콘셉트로 설정했다. 두 세대를 이어주는 매개체는 어르신들의 조언과 따뜻한 한 마디가 담긴 굿즈. 지속 가능한 일자리를 제공하기 위해 시작된 브랜드인 만큼, 그림 작가와 포장 파트타임 일자리를 만들어 어르신들을 고용했다.

"주로 기성품을 사용하던 세대다 보니 처음에는 직접 그린 그림들이 제품이 되고, 누군가가 그걸 산다는 걸 이해하지 못하셨어요. 그분들을 설득하는 데 꽤 오랜 시간이 걸렸어요."

신이어마켙 직원들의 사원증/ [자료 출처 신이어마켙]

5. 노인일자리를 위한 아립앤위립

브랜드 론칭 초반 고물상을 찾아다니며 일자리가 필요한 노인들을 직접 만나려 했지만, 이들의 마음을 열기는 힘들었다. 고민 끝에 복지관과 MOU를 체결해 소득을 기준으로 리스트를 추린 후 사회복지사의 대면 인터뷰를 통해 멤버들을 선발하기로 했다. 현재 이러한 과정을 거쳐 열여섯 명의 어르신이 신이어마켙과 함께하고 있다. 모두 70·80·90 세대로, '왕언니'가 93세, '막내'가 81세다.

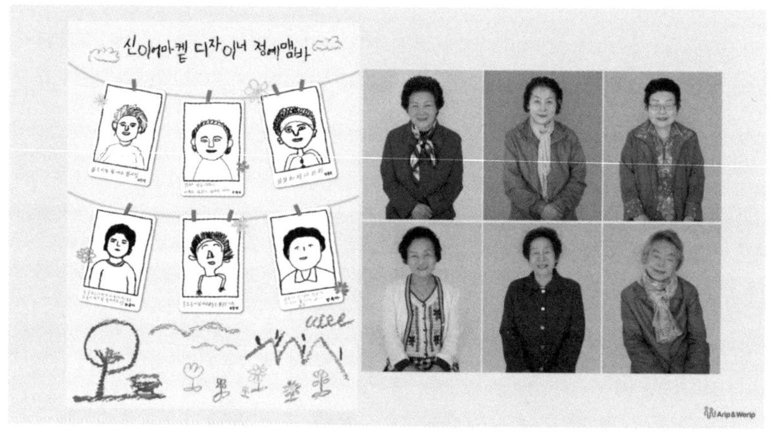

<신이어마켙 디자이너>/ [자료 출처 신이어마켙]

열여섯 명의 시니어 중, 79세 강옥자 어르신은 2021년 9월 신이어마켙 정직원으로 채용됐다. SNS에 게시하는 뉴스레터의 발행인으로서 콘텐츠를 기획하거나 댓글을 달고, 그림을 그리는 등의 업무를 한다. 팀원들이 낸 아이디어를 듣고 자신의 경험을 나누어 주기도 한다. 심 대표는 앞으로도 이렇게 다양한 고용 형태로 어르신들의 일자리를 늘려갈 계획이다.

2. 신이어마켙이 만든 변화

매주 수요일 오전, 신이어마켙 사무실은 어르신들로 북적인다. 자체 제품이나 컬래버레이션 제품을 위한 그림과 글씨 작업을 하기 위해서다. 인생 선배로서 젊은 세대에게 해 주고 싶은 말들이 주요 주제다. "기왕에 태어났으니까 멋지게 살아봐", "내 인생 반드시 해 뜰날 온다" 같은 따뜻한 말부터 "인생을 즐겁게 살려면 우선 돈이 있어야겠지요"처럼 '매운 맛' 조언도 있다. 청년 구성원들은 어르신들이 이러한 조언들을 함축적으로 표현할 수 있도록 돕는다.

작업물이 완성되면 그에 대한 저작권료를 지불한 뒤 그림을 정식으로 구입한다. 이렇게 구입한 그림과 글씨는 스티커, 종이 모빌, 달력, 펜 등의 굿즈로 제작된다. 총 판매수익금 순이익의 10%는 신이어마켙과 함께 하는 시니어 파트너들에게 전달된다.

신이어마켙에서 판매하는 굿즈에는 모두 삐뚤빼뚤한 글씨가 적혀 있다. 맞춤법이 틀렸거나 틀린 글자 위에 가위표를 친 것도 있다. 이곳에선 이런 부분을 고치거나 바로잡지 않는다. 디자인 작업 시 원 작품을 최대한 보존한다는 원칙 때문이다. 여기에는 어르신들이 살아온 방식을 존중한다는 의미가 담겨 있다. 젊은 세대가 '보기 편한' 방식으로 어르신들의 이미지를 만드는 것을 피하고, 있는 그대로의 삶 그 자체를 존중하는 것이다.

"처음에는 아주 소극적이셨던 분이 한 주 두 주 지나고 나니 표정이 바뀌더라고요. 어느 날은 빨간색 립스틱을 바르고 오셨길래 '오늘 어디 가시냐' 여쭤보니, '여기 오는 게 너무 즐거워서 시장 가서 립스

틱 사서 발랐다'고 하셨죠. 함께 일한 지 3년이 된 분들도 화요일 밤
에는 설레서 잠이 잘 안 온다고 하세요. 어르신들의 삶에는 그런 변
화가 있는 거예요."

이런 진정성이 소비자와 브랜드에게 전달되어 단단한 팬층이 만
들어졌고, 스킨푸드나 다이소, 에어로케이, 카카오 등 다양한 기업
과의 컬래버레이션도 다수 진행됐다. 브랜드의 비전과 목표가 알려
지면서 어르신들의 가족들에게도 지지를 받기 시작했다. 어르신 뿐
만 아니라 심 대표 역시 긍정적인 영향을 받았다. "어르신들과 함께
일하며 삶을 새롭게 바라보는 법과 인내하는 법을 배우게 됐죠. 일
이 잘 풀리지 않아 애가 탈 때도 한 발짝 물러서서 여유를 찾으려
는 시도를 할 수 있게 됐어요."

3. 신 : 새롭다, 맵다, 나아가다

'신이어마켙'은 누구나 동감하지만 형체가 없는 '사회적 가치'를 모
두가 만지고 얘기할 수 있는 '브랜드'로 만들어 내었다. 형체가 있는
어떤 제품 혹은 공간에 이야기를 입히고 브랜드로 만드는 과정, 그
리고 브랜드로 이어가는 과정도 힘들지만, 손에 잡히지 않는 가치,
그것도 사회적으로 힘을 함께 모아야 한다는 것은 알지만 막상 나
서기는 어려운 영역을 브랜드로 만드는 것은 더욱 어려운 일이다.

신이어마켙은 그 해답을 시니어들의 '있는 그대로'에서 찾았다.
힘든 하루를 보낸 어느 저녁. 할머니에게 (나름) 심각한 인생의 고민

킹덤 비즈니스_ 하나님 나라 기업가정신과 BAM

을 털어놓으며 조언을 구하니 이렇게 답해주셨다. "허허 우서요"라고 너무 허무하고 단순해서 헛웃음이 나기도, 그런 동시에 할머니의 경험과 손주를 걱정하는 마음이 진실되게 담겨 있기 때문에 정말 해결이 되어줄 답이 돌아올 것 같은 내용을 담고 있다.

삐뚤빼뚤, 맞춤법도 틀리고, 그마저도 깔끔하게 수정한 것도 아닌 'X'로 긋고 그 옆에 다시 쓴 메시지이지만, 이 날것 그대로의 메시지가 신이어마켙의 상징 그 자체이다. 신이어마켙의 달력, 노트, 다이어리를 통해 어르신들의 진심을 담은 글씨와 그림 한 획 한 획을 만날 수 있다. 우리가 고민을 던지고, 그 고민을 주워 어르신들만의 목소리로 답하는 '신이어 상담소'가 브랜드의 지속 가능한 원동력이자 소통 창구이다.

브랜드는 '자기다움'을 찾는 데에서 그 시작이 있고, 지속할 수 있는 힘을 찾을 수 있다. 신이어마켙에게는 '어르신들의 목소리 그대로', '날 것 그대로', 그리고 '그것을 지키고 싶다는 진심'이 자기다움이다. 그리고 그 자기다움을 고객과 이어주는 매개체는 '이야깃거리'가 된다. 신이어마켙은 이러한 자기다움과 사회적 가치에, 어르신들의 이야기를 입혔다고 볼 수 있다.

자기다움과 이야깃거리에 '진심과 정감'을 담았기에 신이어마켙은 MZ세대의 마음속 벽을 허무는데에 성공할 수 있었다. 정감과 향수를 그리워하고 동질감을 느끼는 할매니얼(할매 + 밀레니얼) 입맛처럼, 진심이 담긴 어른의 위로 한 마디가 진정한 울림을 주고 있다. 누군가 내 이야기를 진심으로 들어주고, 자신의 경험에 비추어 조언 한 마디를 건넨다면, 인정 한 마디가 필요한 MZ세대는 마음을 열

5. 노인일자리를 위한 아립앤위립

수 있다. 이렇듯 신이어마켓은 사회적 가치로 시작했지만, 감성과 이야기를 앞세워 자연스럽게 브랜드로서 다가갔다.

브랜드가 물성 있는 굿즈로 고객에게 다가가기 위한 시작점 역시, 신이어들의 손글씨와 그림이었다. 이를 그대로 옮겨 놓은 스티커는 노트가 되고, 연필과 편지지, 마스킹 테이프와 화투, 컵, 키링이 되었다. 달력은 어르신들이 입버릇처럼 달고 다니는 24절기를 더해, '신이어다움'을 더했다.

4. "죽으나 사나 해봐"… '신이어상담소'도 인기

일을 통해 일어선 어르신들은 청년들을 위한 위로에도 나섰다. 매년 10월 2일로 지정된 '노인의 날'을 전후해 개최하는 팝업스토어 속 '신이어상담소'를 통해서다. 젊은이들이 누리소통망(SNS)을 통해 고민을 올리면 어르신들이 일일이 답변을 해준다. '연차가 쌓일수록 맡을 일에 대한 부담이 커진다'는 고민에는 '일을 못해 노는 사람이 많은데 일을 할 수 있어 복 중에 복이요'라는 답이, '전공과 상관없는 일을 하게 돼 걱정이 많다'는 하소연에는 '새로운 공부를 하는 것처럼 재미있는 게 어디 있어. 걱정이 되면 더 연습을 해야지'라는 따끔한 잔소리가 따라붙는다. 80년 세월의 지혜가 어디 가겠는가. '죽으나 사나 해보는 거야'라는 단순한 한마디에 청춘들은 열광했고 어느 눈 밝은 편집자는 어르신들의 말씀을 모아 책으로 엮어냈다. '일단 살아 봐, 인생은 내 것이니까(카멜북스)'라는 책으로, '풍파 마스터 어르신들의 삐뚤빼뚤 고민 상담'이라는 부제가 달렸다. 심 대표는 고민을 나누면서 청년과 기성세대 사이에 존재했던 편견이 사라지고 있는 걸 느낀다고 말한다.

"청년과 어르신 세대는 실제로 마주할 기회 자체가 별로 없어요. 청년들은 어르신 세대를 고집 세고 뻔뻔한 사람들로, 어르신 세대는 청년들을 이기적이고 때로는 무섭기까지하다고 생각하죠. 모두 미디어가 만들어낸 이미지일 뿐이에요. 저는 늘 어르신들과 함께하면서 많은 걸 배웁니다. 사업하면서 조급해지기 쉬운데 세상사 순리가 있다, 좀 기다리면 좋을 날이 올 거라며 위로해주시죠. 청년들은 어르신들과 말하는 걸 어렵게 느끼는데 일단 이야기만 들어드려도 대화가 쉬워져요. 생각보다 참 귀여우시거든요."

5. 신이어마켙 팝업스토어

신이어들의 유쾌함과 경험, 이야기가 진솔하게 담긴 굿즈도 많은 사랑을 받았지만, 이들이 공간으로 그리고 책으로 나와 더 큰 주목을 받기도 했다. 팝업스토어(이하 팝업)의 성지, 성수에서 벌써 네번째 팝업을 가진 신이어마켙이다. 노인의 날을 전후로 진행된 신이어마켙의 팝업에서는 굿즈들의 총집합을 만날 수 있었다. 공간은 힐링 그 자체이고, 지금 내가 딱 필요한 말과 응원을 받고 왔다는 후기. 삐죽한 그림 선도, 빼뚤한 글씨체도, 귀여운 틀린 맞춤법도 모두 용인을 넘어 사랑을 받았다.

신이어마켙은 자기다움을 흔들리지 않고 차곡차곡 쌓아왔기에

〈일단 살아 봐, 인생은 내 것이니까〉라는 풍파 마스터 어르신들의 고민 상담책을 낼수도 있었다. 하지만 다른 브랜드와 협업을 하는 때에는 파트너 브랜드의 신이어마켙에 대한 100% 이해가 없어, 의견을 좁히는 데에 어려움이 있기도 했다. 예를 들어, '맞춤법은 맞아야 하는 것 아니냐'는 것처럼!

파트너 브랜드와 의견을 좁히는 과정에서 심대표는 신이어들의 진심과 날 것 그대로를 인정해 줄 것을 설득했다. 이런 상호 이해의 과정을 통해, 신이어마켙은 여러 재미있는 브랜드뿐 아니라 대기업에서 먼저 찾는 브랜드가 되었다. 이제는 신이어마켙이 브랜드의 가치를 함께할 수 있는 브랜드를 고민하고 고민하여 선택한다고 한다. 신이어마켙과는 왠지 친할 것 같지 않은 전화 영어 서비스 민병철 유폰과의 반전을, 할머니가 손주를 생각하며 투박하지만 자연 그대로를 담았을 것 같은 스킨푸드와의 건강함을, 롯데백화점과는 플로깅을, 최근 만우절에 카카오톡과 함께 재미있는 쿠폰을 만들어왔다.

IV. 대기업과의 콜라보

1. '따수운' 디자인, 청년들이 먼저 반응 … CU · 스킨푸드 등 대형 브랜드와 콜라보

신이어마켙과 콜라보한 스킨푸드의 콜라보 상품. / [자료 출처 신이어마켙]

신이어마켙은 '새로운 세대와 가까워지는 마켙'이라는 슬로건 아래 청년과 노년이 연결되는 브랜드를 지향하고 있다. 신이어마켙의 굿즈들과 컨텐츠들은 시니어들과 신이어마켙의 주 소비자층인 청년들이 소통할 수 있는 소재와 방식을 중심으로 제작된다.

신이어마켙의 굿즈들이 인기를 얻다보니, 2030 세대를 주요 소비자로 타겟팅한 다양한 브랜드들의 콜라보 요청이 쇄도했다. 신이어마켙은 한 해에만 약 30개 브랜드들과 콜라보를 진행했으며, 최근 15개의 브랜드들과 콜라보를 진행했다. 신이어마켙이 콜라보를 진행한 브랜드들은 ▲CU 편의점 ▲스킨푸드 ▲에어로케이 항공사 ▲예스24 ▲카카오 선물하기 ▲다이소 ▲네이버 ▲신라스테이 등이다.

심 대표는 신이어마켙을 노년과 청년이 공존할 수 있는 공감의 브랜드로 키워 나갈 계획이다. 계속해서 기업과의 컬래버레이션과 팝업 스토어 개최가 예정돼 있다. 브랜드를 확장해 더 많은 어르신들과 함께 일하는 것이 신이어마켙의 목표다. 같은 오늘을 살아가고 있는 노년과 청년 사이의 벽을 허물기 위해 이 브랜드가 존재하는 것이고, 세대 간의 이야기가 끊기지 않도록, 더 많은 시니어들의 새로운 삶을 조명해 나가는 것에 주력할 계획이다.

신이어마켙에게 2023년의 5월은 '날았다'라고 기억될 수 있을 것 같다. 브랜드가 정말 에어로케이와 함께 비행기를 탄 역사적인 날이었다. 5월 한 달간, 청주 공항을 베이스로 한 LCC 에어로케이(Aero-K)와 신이어마켙이 함께 비행을 했다. 전 좌석의 헤드레스트(머리가 닿는 부분)가 여행을 가는 이들을 응원하기 위해 신이어들의 메시지로 채워졌고, '어디를 가든지 잘 할 수 있다' '뭐든지 좋은 삶이야 일단 살아봐' 등 좋은 여행을 위한 배웅 같기도, 좋은 인생을 위한 조언 같기은 메시지를 담고 있었다.

신이어마켙의 크리에이터이자 신이어의 기내 방송을 시작으로 신이어들의 친근한 메시지가 비행 내내 함께하고, 비행 중 판매된 굿즈 수익금은 소외 계층 복지 증진을 위해 환원되었다. 가정의 달을 맞은 5월, 제주로 떠나는 비행기에서 신이어들의 따뜻한 마음으로 우리 가족을 한 번 더 떠올리도록 만드는 캠페인이었다.

또 눈길이 가는 활동은 매일우유, 배달의민족과 함께 어르신들의 안부를 물은 '우유안부'이다. 우유안부는 홀로 사시는 어르신들에게 우유를 정기적으로 배달, 우유가 사라지지 않으면 어르신들의 안부를 확인해 고독사를 예방하기 위한 캠페인이다. 신이어마켙은 이 '우유안부'에 후원하는 분들에게 배달의민족 앱 안에서의 인증을 통해, 리워드로 보답하며 동참하였다. 브랜드의 의미도 살리고, 좋은 캠페인에도 동참하고, 브랜드의 접점을 늘리기 위한 콜라보레이션이었다.

V. 심현보 대표의 비전

'신이어마켙'은 2030세대가 제품을 기획하고 어르신들이 제품을 제작·포장해 만드는 아립앤위립의 디자인 브랜드로, 어르신들이 직접 글을 쓰고 그림을 그리면 이를 심 대표와 직원들이 노트, 엽서, 지갑 등 다양한 굿즈(팬 상품)로 개발해왔다. 그중엔 '할매가 그린 손그림 화투', '24절기 손그림 달력', '인생꿀팁: 오늘을 담다' 스티커와 같이 기발한 아이디가 담긴 것이 많았다. 공통점은 '할매'의 특징을 담았다는 것. 젊은이들은 할매들의 꼬부랑 글씨, 서툰 그림을 보고 "귀엽다"며 환호했다. 아이러니하게도 신이어마켙 네이버 스토어 관심고객 1만 7000여 명 가운데 대부분은 20대 여성이다. 할매들의 그림은 화장품 패키지에 새겨졌고 그 목소리는 항공사 기내방송에 흘러나왔다. '의외의 것과의 조합', '새로운 가치 창출'은 심 대표가 추구하는 핵심 가치였던 것이다.

"폐지 수거가 자원순환에 기여하는 바는 크지만 노인들을 통한 민간의 기여도는 제한적일 수밖에 없어요. 수익과 일자리 안정성도 떨어지고요. 폐지 수거는 공공에서 맡아 해야 할 일이라고 봅니다. 폐지 줍는 노인들에게 완전한 일자리를 제공하려면 저희도 임금과 노동 시간을 늘려야 해요. 한 명의 시니어 정직원을 채용했지만 여전히 10명의 어르신은 파트타이머 형태로 일하고 있어요. 노인 일자리는 작업과정에 어르신들이 최대한 많은 기여를 할 수 있도록 '관여도'를 높이는 것이 중요해요. 예를 들어 기계가 할 수 있는 공정을 사람이 하게 하는 거죠. 효율성은 떨어지더라도 노인들이 성취감과 사회적 효용감을 갖게 하는 게 더 중요해요. 그게 사회적기업이 할 일이죠."

16명의 어르신이 얻은 건 일자리뿐만이 아니었다. 자신감도 얻었다. '내가 뭘 그릴 줄 안다고' 했던 이들은 이제는 '상품이 언제 나오냐'며 먼저 묻는다. 자신의 작품을 주변에 선물하고 그림 그려 번 돈을 친구들에게 용돈 삼아 나눠주기도 한다. 소속감도 생겼다. 함께 모여 얼굴 맞대는 것 자체가 큰 위안이다. 고립감은 폐지 줍는 노인을 비롯한 노년층이 겪는 중요한 사회적 문제로 지적된다.

심현보 대표는 '긍휼'의 마음을 품고 지금의 일들을 감당하고 있다. 초고령 사회를 맞이한 지금, 노인들에게 보다 활기차고 건강히 살아갈 수 있는 환경을 만들기 위해 노력하는 것이 심 대표의 비전이다. 이를 위해 최근에는 본인의 부모세대인 베이비부머 세대가 참여 할 수 있는 유연한 노인일자리를 개발하는데 집중하고 있다.

이를 통해 더 다양한 노인일자리는 물론, 일자리가 지속가능하게 설계되기 위해선 청년 세대의 역할도 필요하다. 노인들이 생산의 주체가 되고, 청년들이 과정과 이야기를 담아 세상에 전하는 역할들을 통해 세대 통합 일자리를 만든다는 생각이다.

노인들의 일자리 뿐만 아니라 세대간 소통을 위해 선한 영향력을 끼치는 사회적 기업으로 성장해 나가는 것이 심현보 대표의 철학이자 비전이다.

5. 노인일자리를 위한 아립앤위립

6

김진수 대표와
트리니티소프트의 오답 노트

김세중

Ⅰ. 창업과정

오늘날 시대는 어떤 기업이나 기관의 정보 서비스를 막론하고 인 터넷과 연결되어 있어서 조직의 내부 정보들은 언제나 외부의 해커 나 공격에 노출될 수 있는 환경에 있다. 트리니티소프트는 이러한 소프트웨어 개발의 취약점과 오류들을 찾아주고 그것들을 어떻게 수정해야 하는지 가이드를 제공해주는 SW개발보안 솔루션, 웹 취 약점 점검 솔루션 개발과 컨설팅을 통해 고객의 안전한 보안 환경 을 도모하고 있는 기업이다.

김진수 대표는 미국 보스턴대학교에서 석사과정을 마친 뒤, 국내 로 돌아와 보안 산업의 가능성을 주목했다. 김대표가 과거에 재직 하던 회사에서는 기업의 비즈니스를 온라인화 하는 사업을 했었다. 그 당시 많은 기업들의 웹사이트가 보안에 취약하다는 것을 알게 됐다. 쉽게 말해 첨단 빌딩을 만들기는 했는데, 잠금 장치가 없는 상태였던 것이다. 그래서 이 사업에 도전을 결심하고, 2005년도에 트리니티소프트를 창업하며 애플리케이션 시큐리티 사업에 뛰어들 었다. 현재 직원은 27명의 핵심 엔지니어와 프로페셔널들로 구성되 어 있다.

당시만 해도 보안은 IT 산업의 '후순위'로 여겨졌다. 그러나 김대표 는 "소프트웨어 개발의 출발점부터 보안이 내재화되어야 한다"는 확고 한 신념을 가지고 있었다. 이는 훗날 국내 최초 EAL4 CC 인증 웹 방 화벽 개발과 시큐어코딩 솔루션 코드레이 XG(소스코드 개발보안 솔루션, 소 프트웨어의 개발공정 단계에서 발생할 수 있는 개발자 실수, 논리적 오류 등 소스코드의 보안 취약점 분석 관리), 웹 취약점 점검 솔루션 스캔레이 XG(웹 애플리케이션에 존재하는 잠재적인 보안 취약점을 스캔하고 탐지하여 보안 강화) 출시로 이어졌다. 특히 코드레이는 순수 국내 기술로 개발돼 정부부처, 공공기관, 검찰, 육군, 공기업, 삼성물산, SK, LG유플러스, 금융보안원, 유안타증권 등 600여 곳에서 도입했으며 보안 업계에 트리니티소프트의 이름을 알렸다.

사업 초기 성공도 있었지만, 현실의 벽도 높았다. 기술력으로 PoC(개념 검증)에서 높은 점수를 차지하곤 했지만, 실제 계약은 브랜드를 보유한 기업들이 수주하는 일이 잦았다. 김 대표는 이에 대해 인터뷰에서 심정을 솔직히 털어놨다.

"우리는 기술로 승부했지만, 영업력과 브랜드 인지도의 벽을 느낄 때가 많았습니다."

김 대표는 예방 중심 보안 문화를 강조하면서, 2019년 보안 담당자와 SW 개발자간 이해의 차이를 줄이기 위해 시큐어코딩 도구를 무상으로 배포하였다. 이는 홍보의 효과도 있지만, 공익적 차원에서 엔지니어들의 기술 접근성을 높여 보안 문화 확산에 기여하기 위한 전략적 결정이었다.

II. 생존 전략과 성장

2024년 여름, 보안업계에서 20년 가까운 세월 동안 묵묵히 자리를 지켜온 트리니티소프트의 김진수 대표는, 한 가지 중요한 결정

6. 김진수 대표와 트리니티소프트의 오답 노트

앞에 서게 되었다. 어려운 시기를 버티면서 기술력이 검증되자 국내 정보 보안 솔루션의 대표 브랜드로 알려져 있는 지란지교 그룹의 인수 제의를 받은 것이다. 다시 말해서 그룹의 계열사로 편입되는 것이었다. 이 결정은 트리니티소프트의 발전을 위한 '도약대'이자, 앞으로의 방향을 보여주는 중요한 선택이었다.

회사가 영업력과 브랜드 인지도의 벽을 느낄 때 지란지교 그룹의 인수 제안은 새로운 기회였지만 창업자로서 타기업에 피인수를 결정해야 하는 그의 입장은 매우 힘든 것이었다. 그러나 지난 20년 가까이 함께 동고동락해 온 직원들과 회사의 미래를 위해서는 더 나은 조건으로 인수를 받아들이는 것이 최선으로 판단되었다. 그는 자신의 유익을 위해 Exit를 택한 것이 아닌 살신성인의 길을 선택한 것이다. 당시 심정은 십자가 상의 죽음이 연상되었다고 한다. 반면에 개인적으로 BAMer로서의 삶을 살아온 김대표에게는 업계의 인맥 네트워크가 크게 확장되면서 복음 증거의 기회가 넓어지게 된 것은 남들이 알 수 없는 영적 차원의 소득이기도 했다.

트리니티소프트는 2024년 지란지교 그룹의 보안 계열사 SSR에 지분 99%가 인수되며 그룹의 일원으로 편입됐다. 김진수 대표의 경영권은 그대로 인정하는 조건이었다. 그는 감사한 섭리로 받아들인다. 이 인수는 단순한 지분 거래가 아니라, 영업망 확장과 글로벌 진출의 발판을 마련하기 위한 전략적 선택이었다.

지란지교 그룹에 인수 이후, 트리니티소프트는 독립성을 유지하면서도 그룹 차원의 시너지를 얻기 시작했다. 지란지교 그룹 계열사 SSR의 인프라 시스템 취약점 관리 솔루션과 트리니티소프트의 애플리케이션 보안 기술을 결합해 통합 취약점 관리 솔루션 개발이 본격화되었다. 김 대표는 "애플리케이션과 인프라 보안을 동시에 통합 관리하는 아시아 1위 취약점 점검 기업"을 목표로 내걸었다.

또한, 그룹의 글로벌 네트워크를 활용해 일본과 동남아 등 글로벌 보안 시장 진출을 모색하며 클라우드 기반 보안 플랫폼 개발에 주력하고 있다. 이러한 행보는 단기적 수익성보다 장기적 성장 동력 확보에 방점을 둔 선택이었다.

III. BAM의 비전

김 대표는 트리니티소프트를 2005년 1월 창업하면서 처음부터 선교의 비전을 선포하였다. 그 동기에는 선대로부터 전해온 신앙의 영향력이 컸다. 김진수 대표의 조부 故김추호 장로는 대신대학교를 설립하여 한국교회를 위한 목회자 양성에 기초를 놓았으며, 이외에도 수많은 학교 설립 지원과 개척교회, 고아원을 설립하기도 했다. 일제 강점기에는 현 아세아텍 전신인 아세아가단주철공업사를 설립해 국가 경제발전에도 기여했으며, 1980년 5·16민족상을 수상하기도 했다. 또한, 故김추호 장로는 주물로 제작한 성종(聖鐘)을 전국 각처의 교회와 군부대에 무료로 보내는 사역을 펼쳐 교회 종소리로 복음을 전하였다. 故김추호 장로는 농기계 공장 옆에 북성교회를 건립하며, 한국 교회를 향한 헌신과 섬김을 몸소 실천하였다.

그의 부친은 트랙터, 이앙기 등 종합 농기계를 생산 공급해온 아세아텍의 전 회장 故김웅길 장로로서 또한 세계가나안운동본부 이사장과 한국농어촌선교협의회 회장으로서 세계 선교와 농어촌선교에 열정을 기울인 분이었다. 그 역시 신앙 기반의 경영자로서, "하나님의 말씀으로 회사를 경영한다"는 굳은 신념을 실천한 분이었다. 국가 산업발전에 이바지한 공적을 인정받아 정부로부터 은탑산업훈장을 수훈하기도 했다. 이는 김 대표에게 일찍부터 깊은 신앙의 정체성을 심어주었다. 특히 사업적 어려움이 있을 때마다 기도로 지원해주었고, 단 한번 재정적 도움을 주었을 때도 아들의 책임으로 반드시 다 갚도록 하였다. 김대표는 이러한 가문의 영성을 이어받아 일찍부터 올바른 기업 활동을 통한 BAM을 실천하며 차세대 육성에 힘을 기울이겠다는 비전을 가지게 되었다.

그도 2005년 회사 설립 직후 처음에는 수단과 방법을 가리지 않고 돈을 벌려고 노력한 적이 있었다. 창업 후 3년이라는 짧은 시간 동안 회사 누적 순이익이 20억으로 급성장하며 업계에서 강소기업으로 인정받기도 했다. 그렇게 승승장구하던 중 그는 반문하게 된다. "기업 활동을 하면서 하나님 말씀에 얼마나 순종했는가?" 막상 그렇지 못한 자신을 발견했을 때, 그는 다시 주님께로 돌아가야겠다고 다짐하게 된다. 회사 이익을 낼 수 있다면 무엇이든 가리지 않고 행했던 지난날을 돌아볼 때 결코 행복한 삶이 아니라는 걸 깨달았기 때문이다.

트리니티소프트는 매주 화요일 정기 예배를 드렸다. 하지만 믿지 않는 직원들에게 예배를 강요하지는 않았다. 기업을 선교지로 생각한다는 김진수 대표는 본인의 평소 삶을 통해 예수가 전해지길 바란다.

"저는 매일 아침 출근해서 이렇게 기도합니다. '주님, 저희들의 모습에서 예수님의 모습이 보이게 해 주세요' 라고요. 믿지 않는 직원들이라고 해서 강제로 예배 참석시키고 교회 나가게 하면 안 됩니다. 그저 믿는 이들의 삶이 깨끗하고 복음적이었을 때 주께서 변화시킬 모습들을 기대하며 나아가는 거죠."

현재 트리니티소프트의 일터 현장에서 드리는 공예배는 없다. 업무시간에 형식적인 예배를 드리는 것 보다는 일로서 삶의 예배를 드린다는 의미이다. 예배 의식도 중요하지만 BAM은 삶이 곧 예배, 일하는 것이 곧 예배임을 강조하기 때문이다.

2018년부터 BAM 전략의 일환으로 중동 J국에 현지 연락사무소를 개설하고 법인장을 선교사로 임명하여 동역한 바 있다. 8년 동안 이렇다 할 매출은 없었지만 선교사가 활동하는 선교 플랫폼으로서의 역할을 했다. 그러던 중 J국의 노동법이 변경됨으로 인해 불가피하게 사무소를 철수하게 되었다. 그동안 법인을 통해 선교사들에게 장기 비자를 제공하였고 사역비의 일부를 조달할 수 있었다. 이 실험적인 BAM 플랫폼 모델은 앞으로도 진출할 아시아와 글로벌 시장에서 기회가 오면 확장 적용할 수 있을 것으로 기대된다. 김 대표는 해외 출장은 "BAM 아웃리치"라고 여기며 기도카드를 제작하여 동역자들에게 중보를 요청한다. 그에게 출장은 비즈니스와 함께 선교의 기회인 것이다.

6. 김진수 대표와 트리니티소프트의 오답 노트

회사 직원들은 김진수 대표의 투명성에 대해 이야기한다. 한 직원은 "회사에서 하는 일은 작은 것부터 큰 것까지 모두 투명하게 공개하고 직원들과 소통하려고 노력하는 대표님의 모습에 감동을 받는다"고 전한다.

III. 기업문화와 경영철학

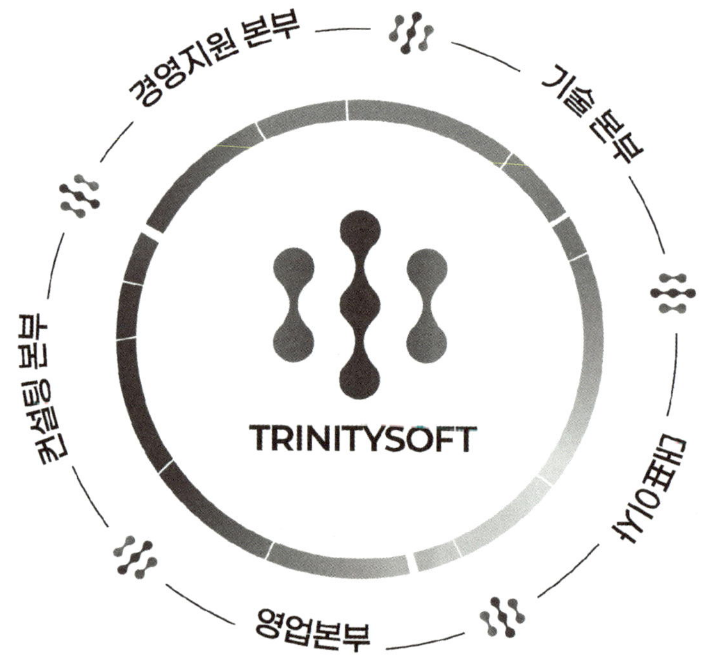

트리니티소프트는 구성원 간에 높고 낮음이 없다. 원형의 조직도 모습으로 수직적이지 않고 수평적인 것을 알 수 있다. 각 구성원들은 맡은 역할과 기능이 다를뿐이다. 대표는 대표의 역할, 본부장은 본부장 역할에 충실할 때 트리니티소프트라는 바퀴는 균형 있게 돌아갈 수 있다. 경영지원본부는 재무, 회계, 마케팅과 공동체 전체를 지원하는 역할을 한다.

기술지원본부는 기술개발팀(R&D)과 기술지원팀으로 구성되어 있으며 연구개발과 고객지원(POC, BMT)을 담당한다. 컨설팅본부는 고객 웹사이트에 대한 모의 해킹과 웹 취약점 분석, 소스코드 취약점 분석등의 정보보호 컨설팅을 전문으로 하는 조직이며 영업본부는 당사에서 개발된 솔루션들을 고객에게 제안 및 판매하는 조직이다. 비즈니스를 위한 업무 제휴와 파트너 발굴 및 고객관리도 영업본부의 역할이다. 그리고 대표이사는 모든 본부의 업무를 조율하는 동시에 구성원들이 최적의 업무환경에서 일할 수 있도록 돕는 역할을 한다.

김진수 대표의 경영철학을 요약한다면 핵심가치는 복음, 순종, 겸손이라고 할 수 있다.

1) BAM: 복음을 위한 기업가

자신의 정체성은 크리스챤 기업가이며 경영철학 자체는 경영과 선교가 결합된 BAM 형태를 구현하고 있다. "예수님만이 우리의 유일한 길"이라는 고백 아래, 그는 '하나님을 궁금하게 하는 비즈니스

선교'를 꿈꾼다. 단순한 수익 모델이 아니라, 회사 네트워크가 복음
의 통로가 되기를 원한다.

2) 성공보다 순종

"순이익 20억 보다 '순종'이 더 좋습니다"라는 말처럼, 순종을 통
한 기업 운영이 가장 견고한 신앙 경영이라는 점을 강조한다. 다시
말해서 "하나님 말씀에 순종하는 것이 기업 성공의 기준이다"라는
강한 신념을 갖고 있다.

3) 교만의 자각과 겸손 회복

회사를 설립해 빠르게 성공할 때, 내면의 교만이 시작되었고 조직
내 위기가 찾아왔다. 하나님은 이 위기를 통해 진정한 겸손과 복음
적 회복의 필요성을 깨우쳐 주셨다.

4) 나를 위한 복음이 아닌, 복음을 위한 나

"나를 위한 복음"이 아닌 "복음을 위한 나"가 되어야 한다는 확고
한 철학. 복음이 내 삶의 목적이 아니라 수단이 되어서는 안 된다
는, 정체성 중심의 경영 철학.

5) 신뢰와 존중의 기업문화

서로 존중하는 문화, "정년까지 다니겠다"는 직원들의 믿음은 조직 내 신뢰와 존중을 기반으로 한 경영 리더십의 결과이다. 성공만을 바라보는 결과주의가 아닌, 과정 속 겸손과 성숙을 중시하는 철학.

하나님의 기업은 하나님으로부터 시작된 것이다. 그러니 세상적 기준으로 판단할 수 없다. 회사가 적자를 내고 있을 때도 그는 낙심하지 않았다. 많은 매출과 이익보다, 일하는 과정 가운데 하나님 말씀에 얼마나 순종했는가가 성공의 기준이라고 생각했기 때문이다.

김 대표는 기독교적인 기업 경영이 꼭 사회적으로 반감만 사는 것은 아니라고 말한다. 예수를 따라 말씀대로 운영하는 것이 오히려 사회 윤리적으로 칭찬받을 수 있는 길이라고 조언한다. 눈앞에 보이는 이익 때문에 복음의 진리를 거스르는 게 아니라 복음을 위해 마땅히 대가를 지불하고 주님을 영화롭게 하는 기업들이 많이 일어나기를 그는 바란다.

처음부터 비즈니스 미션의 비전으로 창업을 한 김대표는 기술만큼이나 '사람'을 강조한다. 그는 인터뷰에서 이렇게 말했다; "20년 사업하고 나면 돈을 굉장히 많이 벌거나 커다란 사옥을 지을 줄 알았지만 남은건 사람들이다"며 "좋은 사람들과 트리니티소프트에서 일할 수 있어 더 없는 영광"이라고 말한다.

"좋은 사람들과 의미 있는 회사를 만드는 것, 그것이 경영의 본질이라고 생각합니다."

그는 기술력과 공동체 중심의 경영이념을 강조한다. 실제로 그는 KISA(한국인터넷진흥원) 비상임 이사, KISIA(한국정보보호산업협회) 수석부회장과 자율보안협의체 의장으로 활동하며, 민간 주도 자율보안 문화 확산과 업계의 협력 네트워크 구축과 보안 생태계 발전에도 앞장서고 있다. 2024년에는 디지털정부 발전 유공 '국민포장'을 수상하며, 산업과 국가 발전에 기여한 공로를 인정받았다.

트리니티소프트는 입사 5주년, 10주년 등 5년 주기로 직원을 축하한다. 직원도 대표를 평가한다. 직원들은 '정년까지 다니겠다'고 말하면서 속한 회사를 좋게 평가하고 있다. 서로 존중하는 문화가 자연스럽게 형성되어 있다. 물론 그렇게 되기까지는 많은 시행착오가 있었다고 한다.

올해 초 트리니티소프트는 창립 20주년 행사로 임직원 모두가 봉사에 참여했다. 버려진 골판지로 캔버스를 만들어서 사회적기업 러블리페이퍼에 전달했다. 러블리페이퍼는 어르신들이 수집한 폐지를 시장가격보다 높게 받고, 재활용된 캔버스에 작가들로부터 재능기부를 받은 그림을 팔아 충당하는 사회적 기업이다.

Ⅳ. BAM의 오답 노트

김진수 대표의 기억에 트리니티소프트 조직은 가장 종교적이었을 때 가장 은혜가 없었다고 회고한다. 그는 처음에 사업 형태를 비즈니스 선교단체, 또는 일터 교회와 같이 다양한 형태로 조직하여 경영을 시도해 보았다. 이 과정에서 수많은 실패와 시행착오를 경험하게 된다. 당시 조직 구성원들은 쟁쟁한 사람들이 많았는데, 각자 섬기는 교회에서 대표 선수격이 모였었다. 장로님, 최연소 안수집 사님, 선교 헌신자, 청년부 리더들이 회사의 주요 구성원들이었다. 비즈니스를 진행하면서도 BAM 정신으로 기도하며 임했었지만 돌이켜 보면 가장 율법적이었고, 종교적인 성공 목표 중심 마인드로 무장을 하고 있었다. 사업 활동이 오늘의 삶을 통해 드려지는 일상의 예배가 되지 못했다. 주님과의 인격적인 사랑의 관계를 천박한 거래의 관계로 전락시켰던 적이 있었고, 복음을 사업 성공의 도구로 사용한 적도 있었다. 회사를 우상화 하려 했고, 사람들의 인정과 평판의 노예가 되기도 했다. 아이러니하게도 기업을 교회처럼 경영했을 때, 부끄럽게도 그 때가 가장 억지스럽게 회사를 경영했던 기억으로 남는다. 그런 경험을 하면서 선교 조직이나 교회적인 형태와 틀이 경영자 자신과 조직 구성원들의 공동체를 지켜주지 못한다는 것을 뼈저리게 깨닫게 된다. 그리고 은혜로 시작한 일은 오직 은혜의 원리로만 운영 가능하다는 진리를 배우게 된다.

"조직과 비전을 보면 가장 은혜로워야 했던 그 때가 트리니티소프트의 흑역사가 쓰여졌던 시기였다고 생각됩니다. 잘 나가던 회사가 어려워지면서 은혜로 시작되었던 일들이 어느 순간부터 율법과 의무로 변질되기 시작했습니다. 회사가 재정적인 어려움에 직면하자 구성원 각자의 내면에 있었던 자기 의가 하나씩 드러나기 시작했어요. 억지스러운 예배, 억지스러운 섬김, 억지스러운 연합 등, 정말 억지스러움들의 연속이었습니다. 공동체라고 일컬었지만 서로를 정죄하고, 판단하고, 주먹질만 안 했지 마음 속으로 하루에도 몇 번씩 서로

6. 김진수 대표와 트리니티소프트의 오답 노트

에게 폭력을 가했는지 모릅니다. 배려도, 공감도 없고 어떻게 보면 불신자들보다 더 심하게 분열되는 공동체의 모습을 적나라하게 경험하는 시기였던 것 같습니다. 작은 의사결정 하나 하는 것도 너무 어려웠던 시절이었어요. 심지어 대표의 지시에 임직원들이 '대표님, 이거 하나님의 뜻이 맞습니까?', '대표님, 주님은 저에게 그렇게 말씀하시지 않는 것 같습니다' 등등 … 한마디 잘못했다가 권위가 무너지는 그런 분위기까지 가게 되었습니다."

각 교회 대표선수들이 모여 복음을 최고의 가치로 삼고, 복음으로 열방을 섬기고 비즈니스 선교를 하겠다고 각오하던 신앙적 엘리트들의 마음 속에 복음의 능력이 하나도 나타나지 않는 것을 보면서 공동체는 큰 절망에 빠지게 되었다. 의무와 책임감으로 비즈니스에서 사역하려다 보니 부르심의 자리가 노역이 되어버린 것이었다. 공동체 예배를 드리면 기도를 얼마나 잘하는지 몰랐다. 성경을 읽고 묵상을 나눌 때도 천사들이 감동할 정도였지만, 정작 실상은 옆에 있는 지체 한 사람을 온전히 사랑으로 품지를 못했던 것이다. 구성원들의 메말라버린 영적 상태를 감출 수가 없었다. 은혜로 시작된 BAM 경영의 시도가 슬픔과 고통이 되어버린 현실이라니…. BAM 기업의 대표로서 주님을 닮고 싶었고, 주님의 마음으로 비즈니스 선교를 하고 싶었지만 주님이 닮아지지가 않는 자신의 모습을 보게 되었다. 답답함의 연속 가운데 자신의 한계를 맞이하는 상황을 맞닥뜨리게 되었다. 그리고 공동체에 대한 완전한 절망을 보았을 때, 마침내 자신의 힘으로는 BAM의 실행이 불가능하다는 사실을 뼈저리게 알게 된다.

자신의 심령 안에 아무것도 할 수 없다는 사형 선고가 내려진 그때, 그는 털썩 주저앉아서 주님 앞에 항복하고 얼마나 울었는지 모른다. 그때 언제부터인가 김대표의 시선에서 사라졌던 십자가가 다시 보이기 시작했다. 갈라디아서 2장 20절 말씀이 메말랐던 심령 안에 다시 들려지고 믿어지는 은혜가 임했다.

"내가 그리스도와 함께 십자가에 못 박혔나니 그런즉 이제는 내가 사는 것이 아니요 오직 내 안에 그리스도께서 사신 것이라 이제 내가 육체 가운데 사는 것은 나를 사랑하사 나를 위하여 자기 자신을 버리신 하나님의 아들을 믿는 믿음 안에서 사는 것이라"(갈 2:20)

자신의 최선의 한계 앞에서 주님이 붙들게 하신 것은 "안되는 나, 실패한 나는 주님과 함께 십자가에서 죽었다"는 사실이었다. 그리고 "이제는 내 안에 주님이 사시고 내 안에 사시는 그 주님께서 이 일을 하신다"는 진리였다. 나는 죽고 예수로 사는 삶이어야 온전한 BAM이 가능하다는 진리를 주님이 가르쳐 주신 것이다.

V. 트리니티소프트의 미래

비즈니스가 정체의 터널을 지나고 기술적 혁신성을 인정받아 정보보안 업계의 선두주자인 지란지교 그룹의 인수 제의가 들어왔을 때 고민과 망설임이 있었지만, 기업이 새로 태어나기 위하여, 공동체의 생존을 위해, 매각을 결정해야 했고, 당시는 순교하는 기분이었다고 한다. 그러나 그것은 하나님이 마련하신 더 큰 대안으로 받

6. 김진수 대표와 트리니티소프트의 오답 노트

아들여졌다. 합종연횡의 비즈니스 세계에서 트리니티소프트의 BAM 전략도 전환점을 맞이하고 있다. 김 대표의 다음 목표는 명확하다. AI와 글로벌이다. 보안 솔루션에 AI를 내재화하고, 취약점 분석과 대응을 자동화해 아시아는 물론 글로벌 시장에서 경쟁력을 확보하겠다는 것이다. 지란지교 그룹의 'NEXT 30' 비전과 함께 트리니티소프트는 단순한 보안 솔루션 제공사를 넘어 통합 보안 플랫폼 기업으로 성장하고자 한다. 국내 보안 산업을 넘어 세계 무대로 나아가는 그의 여정은 BAM과 함께 이제 막 새로운 장을 열고있다.

"세상 사람들은 예수 믿는 사람들에 대해 관심이 없어 보이지만 사실은 다 지켜보고 있습니다. 복음에 관한 이야기에는 특별한 관심이 없지만, 복음으로 산다는 우리들에게는 관심이 있다는 것입니다. '말의 복음이 아닌 삶의 복음이어야 하고, 들려주는 메시지만이 아닌 보여지는 메시지가 되어야 한다'는 송동호 목사님의 말씀은 도전이 되는 메시지입니다. 세상 사람들은 증인을 만나고 싶어 합니다. 복음을 말하는 종교인이 아닌 복음을 살아내는 증인을 만나보고 싶어 한다는 것입니다."

VI. BAM의 열매

오늘날 그는 IBA(국제 비즈니스미션 연합)의 공동대표로서 중요한 BAM 관련 포럼과 세미나에서 강연과 멘토링으로 봉사하고 있다. 그는 참 쉬우면서도 어려운 BAM의 진정성에 관한 질문을 제시한다. "BAM의 열매는 무엇인가?"라는 질문이다. 다음은 그가 생각하는 답변이다.

"우리의 현장에 예수님의 이름을 남기는 것, 그것이 가장 아름다운 BAM의 열매가 아닐까 생각합니다. 우리의 업적이나, 우리의 이름이나, 우리의 공로가 아닌 예수님의 가치로 경영하고 예수님이 기뻐하시는 결정들을 통해 예수님의 이름을 남기는 것입니다. 주님이 나에게 깨닫게 해 주신 우리 회사 공동체의 열매가 하나 있었습니다. 그것은 바로 나였습니다. 내가 트리니티소프트라는 BAM 기업을 통해 예수님의 이름으로 맺어진 열매였던 것입니다. 지독하게 나를 추구하고, 내 만족과 유익을 위해 살았던 내가 예수 그리스도의 복음과 하나님 나라를 추구하게 된 것은 정말 기적 중의 기적, 은혜중의 은혜였습니다. 지난 20년 동안 트리니티소프트라는 선교지를 통해서, 주님은 가장 불가능했던 나를 먼저 선교하셨습니다. 복음의 대상은 다른 누군가가 아닌 바로 나 자신이었습니다. 그리고 나를 선교하신 주님은 이제 나를 통해 비즈니스 문화권을 선교하고 계신 줄 믿습니다. BAM은 복잡하지 않습니다. 예수님을 만난 증인이 비즈니스 현장으로 부르심을 받아서 예수의 가치로 살아가면 그것이 바로 BAM이라고 할 수 있습니다. 선교에서 불변하는 트렌드이고 가장 최신의 트렌드라고 하면 예수 그리스도의 십자가 복음입니다. 그 안에 모든 것이 담겨 있기 때문입니다."

그는 국내외의 BAMer들에게 어떤 상황에서도 주님을 떠나서 비즈니스를 하지 말자고 다짐한다. 은혜로 시작된 사역들이 오직 은혜의 원리로만 가능하도록, 모든 BAMer들이 주님 은혜 안에 거하는 게임 체인저들이 되기를 바란다. 어제보다 오늘, 오늘보다 내일 주님을 더 사랑하게 되어서 주님을 만나는 그날이 주님을 가장 사랑하는 날이 되기를 기대한다.

6. 김진수 대표와 트리니티소프트의 오답 노트

7

예술을 통한 선교적 교육 혁신과 하나님 나라 경영

정연승

Ⅰ. 신앙과 교육의 만남

주은교육㈜은 "주님의 은혜로 세워진 기업"이라는 신앙적 선언 아래, 예술교육을 통해 하나님의 창조 질서와 가치를 실현해 온 교육기업이다. 2001년 대구의 작은 음악학원에서 출발한 이 회사는, 대표 홍혜숙 권사의 신앙적 소명에서 비롯되었다. 그녀는 "아이들의 예술적 잠재력을 하나님의 창조 원리 속에서 계발하고 싶다"는 열망으로 사업을 시작했으며, 단순한 사교육이 아닌 '예배와 선교의 장으로서의 교육'을 마음에 품고 사업을 시작하게 되었다. 회사는 설립 초기부터 '기도로 시작되는 하루', '예배로 이어지는 경영'을 원칙으로 삼고 사업을 운영하였다. "모든 일은 하나님께서 하신다"는 믿음 아래 경영과 교육이 하나로 엮여, 사업은 곧 사명(Business as Mission)이라는 BAM 철학을 구체적으로 실천해 왔다. 오늘날 주은교육은 단순히 어린이 예능교육 기업이 아니라, 예술을 통한 선교적 교육혁신으로 평가받는 한국형 BAM의 대표 사례로 착실히 성장해 가고 있다.

1. 기업 개요와 성장의 여정

1) 설립 및 성장 스토리

주은교육은 설립 초기 27평의 작은 공간에서 7명의 교사들이 수많은 아이들의 레슨을 감당했다고 한다. 홍혜숙 대표는 다음과 같이 회고한다. "학원 입구 문이 쉴새 없이 닫혔다 열렸다 하고 있었고, 들어오고 나가는 아이들에게 하루 종일 인사만 건네어도 목이

쉴 정도였고, 학원 안에서는 마이크를 사용해야 할 상황이었다." 학원 장소는 홍대표가 연애시절 학원 근처를 자주 지나다니면서 학원 장소로 최적이라고 눈도장을 찍어둔 곳이었다. 첫째 주은이를 출산하고 두 달 뒤 정확히 그 장소에서 학원을 시작하게 되었다고 한다. 하나님께서 미리 예비해 두신 고센땅이었다. 그 작은 공간에서 오늘의 주은교육이 있기까지 17년은 하나님의 특별한 은혜와 인도하심이 있었다고 홍대표는 고백한다. "밀려드는 많은 아이들로 학원은 늘 등록 대기를 해야 했다. 아이들에게 피아노로 재미있고 신나고 행복하게 해 주고 싶었고, 예수 그리스도의 사랑을 전해주고 싶었다." 학부모들의 오해도 많았지만 기도하며 예배하며 묵묵히 나아갔고, 교역자와 선교사님 자녀들은 더욱 최선을 다해 섬겼다.

그리고 학원에 오는 아이들에게 더 나은 교육을 하고자 늘 연구하고 고민하던 때에 음악교구 개발로 특허를 받게 되었다. 교구 샘플을 제작하기 위해 매주 금요일 오후부터 서울 충무로, 을지로 인쇄골목과 일산 장항로를 누비고 다녔다. 2006년 당시만 해도 PVC 재질에 직접인쇄 하던 기술이 흔치 않아서 업체를 찾는 것이 상당히 어려웠다. 아이들에게 무해하면서도 많이 만지고 놀아도 손상되지 않는 교구를 만들기 위해서 샘플 제작에 거의 1년 반이 걸렸다. 처음에는 샘플로 만든 교구를 직접 학원에 돌며 판매를 했다. 원장님과 교사들의 반응을 직접 보고 듣기 위해서였다.

교구 판매 목적으로 10평의 작은 원룸에서 시작해 50평의 사무실로 이전을 했다. 학원에서 시작된 판매는 교보문고, 영풍문고, 전국 이마트 100여 개 지점, 기업의 OEM 주문 등으로 이어졌다. 판매는

7. 예술을 통한 선교적 교육 혁신과 하나님 나라 경영

증가하고 있었으나 얼마 안 되는 직원들과 모든 것을 감당해 나가는 데는 어려움이 많았다. 그런 가운데 교구 판매보다 운영하고 있던 어린음악대 음악학원이 전국적으로 더 알려지면서 2011년부터 어린음악대 프랜차이즈 사업에 더욱 집중하게 되었다. 2015년 어린화가들 미술 브랜드까지 런칭하면서 지금의 대구 본사 사무실로 이전하게 되었다. 코로나가 오기 전까지 350여 개 가맹원, 누적 회원 수 약 35만 명에 이르렀다. 주은교육은 쌈짓돈 1,500만 원을 가지고 샘플교구 제작으로 시작해 프랜차이즈 사업, 음악/미술 교구, 프로그램 공급, 해외진출까지 확장해 나갔다.

2. 사업 개요 및 사업영역

주은교육㈜은 2008년 법인으로 정식 설립되었다. 본사는 대구시 달서구에 위치하고 있으며, 주요 사업영역은 교육자재 제조·판매, 음악·미술 융복합 교육 프로그램, 프랜차이즈 운영, 온라인 학습 플랫폼 개발 등으로 구성되어 있다. 10평 규모의 학원으로 시작했으나, 6개월 만에 50평, 1년 만에 120평 규모로 확장되었고, 2006년에는 교육 교구 특허를 취득하였다. 이후 '어린음악대'와 '어린화가들' 브랜드를 출범시켜 전국적인 가맹망을 구축하였으며, 현재 전국에 300여 개의 가맹학원이 운영되고 있으며, 누적 회원 수는 35만 명 이상에 이르고 있다.

주은교육의 사업모델은 크게 네 가지로 구분된다.

1) 유,아동 음악미술 학원프랜차이즈 사업 (아르떼 하이)

* 융복합 예술교육의 사업모델 구현에 성공한 국내 유일의 음악.
  미술 프랜차이즈로 유아 예능교육 시장을 선도하는 사업모델

* 어린음악대, 어린화가들

* 체계적인 스마트 프로그램

  - 교과과정과 연계된 음악. 미술프로그램,

  - 예술프로그램에 스마트. 디지털프로그램 접목

* 브랜드의 강점 홍보 마케팅

  - 브랜드이미지 강화/신학기 프로모션/지역별 홍보

* 모방할 수 없는 독점, 교재교구,

* 본사의 밀착 경영컨설팅

  가맹원 맞춤컨설팅&관리, 각종 매뉴얼 제공, 자체개발 학원관

  리시스템 보유 (교육비 결제. 등하원 출결 학부모앱, 원생 관리)

* 저출산이라는 구조적 한계 속에서도 프리미엄 교육 수요와 정

  서. 창의력 중심

  교육 트렌드에 따라 지속적인 수요의 재편 흐름이 있음

2) 스마트예술콘텐츠 공급 (아르떼 지)

* 스마트예술 프로그램 4종 콘텐츠 공급 및 라이센스 수익화 사업

* 스마트피아노, 스마트드럼, 스마트뮤직플레이, 스마트아트톡톡

* 자체 개발 콘텐츠 보유
  - 전 연령, 수준별 학습자에 맞춘 맞춤형 콘텐츠기획 및 구성 가능
  - 현장 피드백을 반영한 지속적 업그레이드 및 최적화 가능

* 온.오프라인 병행 가능한 하이브리드 수업
  - 대면 + 비대면 콘텐츠 제공으로 시장 유연성 확보
  - 지리적 한계 없이 프로그램 운영 가능
  - 에듀테크 트렌드에 부합

* 예술교육에 특화환 커리큘럼을 보유

* 국내 에듀테크 시장은 2021년 약 4,3조 원 규모에서 2027년 약 10조 원까지 성장할 것으로 전망된다. 교육과정 변화에 대한 시대적 요구 부상과 비대면 교육수요 증가, IT 기술의 발전, 스마트 기기와 인터넷 보급률의 증가로 온라인 학습플랫폼과 디지털 콘텐츠의 수요가 증가될 것이다.

3) 시니어스마트 예술교육 사업 (아르떼 씨)

* 대한민국 최초의 시니어 대상 하이브리드(온,오프믹스) 음악, 미술 프로그램 교육사업

* 시니어 스마트 드럼, 시니어 스마트아트톡톡

* 재가방문요양/노인요양시설/시니어 전문 인력 양성

* 국내 유일 시니어 맞춤형 예술교육 콘텐츠
  - 시니어의 인지 수준, 신체 특성, 흥미도를 반영한 차별화된 커리큘럼 보유자체 개발 교구 및 지속 업그레이드 가능한 콘텐츠 IP 보유

* 전인적 웰빙 실현을 통한 사회적 가치 창출
  - 단순 취미 활동을 넘어 치매 예방, 정서 안정, 사회성 회복, 삶의 질 향상 등 고령자의 삶의 질에 실질적 기여

* 구조적 확장이 가능한 비즈니스 모델
  - 재가방문 수업 - 요양시설 단체수업 - 강사양성 및 인증 - 플랫폼화로 이어지는 수직계열적 확장 가능
  - 향후 온라인 교육플랫폼, AI기반 진단/맞춤 콘텐츠, 자격인증 시스템 등으로 확장 가능성 보유

* 고학력 시니어의 문화예술 활동 참여가 증가함에 따라, 음악 미술 콘텐츠에 대한 소비 및 체험 수요가 지속적으로 확대될 전망이다.

4) 글로벌 K- 에듀테크 수출 (아르떼 케이)

* K-예술교육 콘텐츠 기반의 글로벌시장 맞춤형 음악, 미술 프로그램 사업

* 콘텐츠. 교구 수출/프랜차이즈/B2G 라이선싱

7. 예술을 통한 선교적 교육 혁신과 하나님 나라 경영

* 프랜차이즈 해외 현지 수요검증 완료

  - 본사의 운영매뉴얼, 스마트 콘텐츠 시스템 교육 플랫폼이 로컬 현장에서도 작동 가능함을 입증

* K-POP 기반 콘텐츠 제작

  - 전 세계적으로 인지도가 높은 K-POP 문화를 기반으로 한 스마트 교육콘텐츠를 기획 및 제작

  - 한국형 창의 융합 교육 컨텐츠에 대한 글로벌 관심 확대

* 인터렉티브 기반 콘텐츠

  - 국가별 언어/문학 맞춤형 콘텐츠 구성 및 플랫폼 유연성

현재 주은교육은 매출의 70%가 프랜차이즈 사업에 집중되어 있으나 2025년부터 기존 프랜차이즈 기반 수익 모델을 넘어 차세대 성장 동력 확보를 위해 에듀테크. 시니어. 글로벌의 3대 방향으로 확장 계획을 본격적으로 추진할 계획이다.

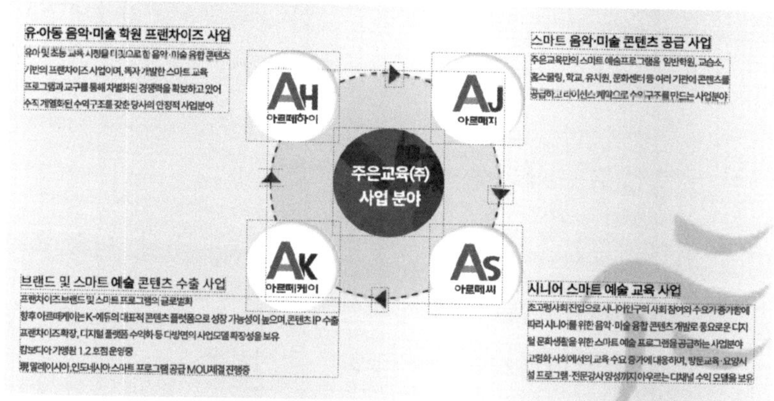

킹덤 비즈니스_ 하나님 나라 기업가정신과 BAM

3. 성과와 연구개발

주은교육은 기업부설연구소인 한국아동예술창의 연구소를 설립하여 피아노실기교재, 이론교재, 음악놀이북 등 수백여 종의 음악, 미술교재를 출판했다. 음악 미술 교구를 교과 과정, 누리과정과 연계해서 다양하게 수업에 적용할 수 있도록 개발했다. 음악교육에 활용할 수 있는 창작곡과 예술교육프로그램 교육안 등을 연구하고 공급했다. 코로나 이전까지 예술교육 프로그램은 오프라인 교육 중심으로 진행해 왔다. 교구 또한 아이들 스스로 만들어 활동할 수 있는 놀이 중심이었다면, 코로나를 만나면서 예술교육도 비대면으로 할 수 있는 프로그램이 절실히 필요하게 되었다. 음악, 미술을 자기스스로 스마트하게 플랫폼을 통해서 할 수 있어야 한다는 것이 낯설고 어려운 과제이었다. 2019년까지 순적히 진행되어 오던 사업이 코로나로 전국 학원들이 문을 닫게 되면서 상상할 수 없는 어려움을 맞게 되었다. 350여 개 가맹원들이 순차적으로 문을 닫게 되면서 어떻게 이 난관을 극복해야 할지 대안이 서질 않았다.

그때 하나님께서는 피할 길을 준비해 주셨다. 산업통상자원부에서 주관하는 디자인 역량강화 사업에 음악교육 홈스쿨링 플랫폼 과제로 12억 지원을 받게 하셨다. 코로나가 터지고 3개월 후 지원 사업이 선정되었으니 주은교육에게는 하나님의 기적이 임하신 것이다. 2023년 초까지 이 과제를 수행하기 위해서 엄청난 고통과 노력이 있었다. 디지털 피아노와 프로그램을 맞물려 유아부터 성인까지 스스로 피아노를 연습하고 학습되어질 수 있도록 하기 위해서의 개발 과정과 컨텐츠 제작은 만만치 않았다. 모든 것이 낯설었다. 코로

7. 예술을 통한 선교적 교육 혁신과 하나님 나라 경영

나 기간동안 개발자들과 웹디자이너, 서비스기획자들의 임금이 최고치로 올랐고 인재를 구하기도 힘든 상황이었다. 3일은 서울로 출근, 2일은 대구로 출근하는 기간들을 몇 년 해오면서 마음도 몸도 지치고 힘들었다. 2년여 기간에 일어난 많은 문제들과 그 문제들을 해결하기 위해 기도로 하나님의 도우심을 구했다. 하나님께선 하나님의 일을 이루어나가기 위해서 때에 따라 사람을 붙여주셨다. 특허 2개와 디자인 등록, 브랜드 론칭과 스마트 드럼에 기본 되는 개발 등을 잘 마무리할 수 있었다,

코로나 기간에 다시 업그레이드된 스마트뮤직플레이는 비대면으로 자기 주도 음악놀이를 할 수 있는 온,오프라인 통합 프로그램이다. 올해 초부터 초등학교 60여 곳의 늘봄 프로그램에 적용되고 있다. 회사는 향후 AI 기반 평가시스템과 화상교육시스템을 더해 교육 현장의 효율성과 창의성을 높여 가고 있으며, 2024년 기준 연매출 20억원, 순이익 4억 원을 기록하며 안정적 성장 궤도에 오르고 있다.

Ⅱ. 경영철학과 핵심 가치

홍혜숙 대표의 경영철학은 "신뢰(Trust), 창의(Creativity), 상생(Co-prosperity)"의 세 가지 핵심 가치로 요약할 수 있으며, 이 세 가치는 신앙에 기초한 기업윤리를 실천하기 위한 구체적 원리로 작동하고 있다.

- 신뢰: 모든 파트너십과 교육 관계의 중심에는 '진실과 투명성'이 있다.

- 창의: 하나님의 형상대로 지음받은 인간의 창조성을 교육을 통해 구현한다.

- 상생: 교사, 학부모, 학원장, 그리고 아이들이 함께 성장하는 공동체적 생태계를 지향한다.

이러한 철학은 단순한 슬로건이 아니라, "하나님께 영광 돌리는 교육"이라는 주은교육의 존재 이유를 반영하고 있으며, 기업 전반에 내재화되고 있다. 실제 주은교육의 모든 의사결정은 기도 가운데 이루어지고, 매월 전체 예배와 정기 봉사활동이 기업의 문화로 자리 잡고 있다. 이러한 주은교육의 핵심 가치는 바로 직원들과 가맹원, 그리고 아이들로부터 나온다. 아무것도 준비되어 있지 않은 시작점에서 오늘까지 성장해 올 수 있었던 것은 직원들의 힘이 컸다. 대한민국 최초의 음악학원 프랜차이즈에 대한 자부심과 열정으로 달려온 시간이었다. 주님의 은혜로 시작된 회사를 믿고 가맹해 주신 가맹원들의 믿음과 신뢰도 큰 힘이 되었다. 무엇보다 어린음악대 어린화가들을 좋아하고 사랑해 주는 학부모와 아이들이 주은을 성장시킨 힘이었다고 홍 대표는 고백한다.

Ⅲ. BAM적 경영 실천

홍 대표는 BAM 모임에 참석하기 이전에는 경영자들 모임에 거의 참석 하지 않았다고 한다. 믿지 않는 경영자들의 모임에서 이루어지는 대화와 분위기가 어색하고 편치 않아서였다. 경영자는 사람을

7. 예술을 통한 선교적 교육 혁신과 하나님 나라 경영

만나고 그 속에서 기업에 도움 되는 정보들도 받아야 하지만 어려움을 느꼈다고 한다. 그러다가 코로나 시기에 지은 게스트하우스에서 30년 만에 친정 교회 오빠를 만나게 되었고 또 핸즈커피 대표님을 소개받으면서 BAM에 대해 비로소 알게 되었다. 그러면서 선교에 대한 기존의 생각들이 달라지기 시작했다.

주은교육의 비즈니스 현장이 선교지 임을 알고 나니 이 사업을 해야 하는 이유에 대해서도 더욱 명확해지게 되었다. 6팀의 기업대표들로 시작된 BAM 모임이 힘든 코로나 시기를 인내하고 버티는 데 큰 힘이 되었다. 듣고 나누고 서로 격려해 주는 시간들을 통해 선교에 대한 꿈과 비전을 갖게 되었다. 경영자들이 가지고 있는 고민과 숙제들은 비슷했다. 해결해 나가는 과정들을 통해 소통하고 서로 조언해 주는 시간들은 참으로 소중했다. 선교의 같은 뜻을 품고 예수님의 제자도의 길을 걸어가고 있는 동역자로서의 BAM 모임은 늘 기대되고 가고 싶은 모임이 되었다.

1. 일터 예배와 영성 중심 경영

처음 주은교육 법인 설립 후 매월 1일 오전 9시에 담임 목사님, 남편과 함께 3명이 예배를 드렸다고 한다. 10평 남짓 공간에서 교구샘플을 쌓아두고 눈물로 예배를 드렸다. 두세 사람이 모여서 기도할 때 내가 함께 하겠다고 하신 말씀을 붙들고 현재의 사무실로 오기 전까지 긴 시간 동안 기도로 인내한 시간이었다. 섬기는 교회와 주은교육 모두 힘들고 어려운 상황에서도 현장에서 드렸던 예배는 참으로 귀했다. 10주년 기념 감사예배는 잊을 수가 없었다고 한다. 교역자분들과 직원 전체가 한마음으로 드렸던 예배는 참으로 은혜로웠고 주은교육을 인도해 주신 하나님께 드리는 감사의 시간이었다. 현재 가맹원장님들의 상당수가 크리스천이시며, 그래서 주은교육의 일터가 곧 선교지임을 전하고 있다.

코로나 이후 예전의 분위기로 회복되지 않는 가맹원들의 힘든 소리들도 있었다. 출산율까지 사상 최저치로 떨어지고 늘봄 무상교육과 방과 후 수업 등으로 아이들이 학교 밖을 나오는 시간까지 늦어졌다. 이렇게 힘든 상황 속에서 주은교육과 어린음악대, 어린화가들의 하루는 기도로 시작된다. 대표와 직원들이 함께 아침예배를 드리며 업무를 준비하고, 월례예배를 통해 말씀으로 기업의 방향성을 점검한다. 홍 대표는 "경영의 출발점이 하나님과의 관계임을 선포하는 예배가 기업의 심장"이라고 말한다.

신앙이 없는 직원에게 신앙을 강요하지 않지만, 일터예배를 통해 자연스럽게 평안과 소속감을 경험하도록 돕는다. 그 결과, 회사는 단순한 근로공동체가 아닌 신앙공동체로 발전할 수 있었다. 그리고 전국 가맹원들의 현장에서는 예수님의 사랑을 아이들에게 전하며 차량 운행 및 수업이 안전하게 진행되기를 기도한다. 지역 가맹원들 중에는 카톡 단체 기도방이 있고 다른 지역에서는 모임 때 기도의 시간을 가지기도 한다. 이렇듯 하나님의 기업 사명을 본사와 가맹원이 함께 가지고 있는 것이 주은교육의 가장 큰 축복이자 경영 자산이 되고 있다.

주은교육은 세 가지 기도 제목을 중심으로 선교적 기업 비전을 실천하고 있으며, 이 세 가지 비전은 "사업의 목적은 이윤이 아니라 하나님 나라의 확장"이라는 BAM 철학을 실천하는 핵심 축으로 작용하고 있다.

1) 선교사와 교역자를 위한 쉼터 건립

게스트하우스는 가장 힘들고 어려웠던 코로나 시기에 지어졌다. 모든 학원들이 문을 닫았을 때 홍대표는 이 시기에 무엇을 해야하는가 기도를 했다. 주은교육 설립 시 서원했던 첫 번째 기도제목이 생각났다. 회사가 잘 되면 게스트하우스를 짓겠다고 기도만 하면서 달려온 시간들이 10여 년이 지났음을 모든 일들이 멈추고 나니 보이게 되었다. 자금이 있어서 우리가 하나님의 일을 할 수 있는 것만은 아님을 알면서도 실천하지 않았던 것이다. 홍 대표는 주일예배의 말씀을 듣는 중에 마음에 작정을 하고 기도를 드렸다. 그렇게 작정을 하고 나니 모든 일들이 마치 준비되어 있었던 것처럼 진행되어갔다.

집을 짓는 것은 처음이었다. 단순히 집을 짓는 것이 아니라 건축 설계부터, 인테리어, 업체 선정, 자금 조달 등 책과 여러 가지 자료를 보면서 공부해 나갔다. 살고 있던 아파트를 팔고 하나님께서 예비해 주신 땅과 때에 따라 공급되는 자금으로 게스트하우스를 짓게 되었다. 하나님께서 미리 준비해 두신 자금들이 이 쪽 저 쪽에서 시기에 맞게 공급되었다. 설계와 인테리어, 건축 소장, 그 외 업자들도 순적히 준비가 되었다. 선교사 게스트하우스의 용도를 알고 재능 기부를 해 주신 분들도 있으셨다. 정원을 조감도 그려주시고 십자가 형상의 건축물도 디자인해 주셨다. 그리고 이후 게스트 하우스를 통해서 BAM기업으로 성장할 수 있는 많은 분들을 만나게 되었다. 또 세계 각국의 선교사님들을 모시면서 지금 내가 있는 곳에서 일할 수 있는 선교지가 가장 감사한 곳임을 깨닫게 되었으며, 선교사님들의 현장 사역들을 듣고 나누면서 선교에 대한 소망과 비전을 더 품게 되었다. 평상시 회사 일을 하면서 선교사님, 교역자들을 모시는 것이 힘이 들 때 하나님께서는 그 힘 또한 허락해 주심을 매번 느끼게 되었다.

일화가 있다. 게스트하우스 완성 후 첫 선교사님을 모시게 되었는데, 일본에서 선교하고 있으신 부부 선교사님이셨다. 저녁 늦게까지 찬송을 부르고 대화를 나누었는데 나중에 알고 보니 그 선교사님들이 BAM 모임을 하고 있는 대표님 가정에서 후원을 하신 분이셨다. 게스트하우스가 그리스도의 환대와 우정을 나눌 수 있는 장소가 되고 있음을 확신하고 늘 감사하는 마음을 가지게 되었다고 한다.

2) 미션스쿨 설립

음악과 미술은 세계 공통 과목이다. 홍 대표는 예술 교육을 통해서 하나님을 만날 수 있는 학교 설립에 대한 비전을 가지고 있다. 선교사님들과의 교제가 많아지면서 선교의 도구로 우리의 프로그램이 적합함을 듣고 현지에서 잘 활용될 수 있도록 적합한 국가와 방법들을 찾아가고 있다. 지금은 선교사님들을 통해서 프로그램이 전해지고 있지만 미션스쿨 설립을 위해서 기도하고 있는 중이다. 피아노, 드럼, 미술을 통해서 아이들이 예수님을 만날 수 있는 축복의 통로가 되기를 소망한다.

3) 하나님 사업 확장에 교육선교를 통한 축복의 통로

하나님 사업에도 재정이 필요하다, 성경에도 물질로 채워주신 부자 인물들이 많다. 교육 사업과 교육 선교를 통해 필요한 곳곳에 재정 축복의 통로가 되기를 기도하고 있다. 열방을 향해 교육 플랫폼이라는 좋은 도구를 가지고 선교할 수 있는 방법과 재정이 채워지도록 오늘도 기도하고 있다.

3. 신앙의 경영윤리와 위기 극복

음악학원의 경영과 교육회사의 경영은 많이 달랐다. 재무회계부터 마케팅홍보, 가맹영업, 물류 관리 등 전공과는 다른 분야에서 하나부터 열까지 배우면서 나아갔다. 사업이 이렇게 힘든 것임을 알았다면 시작도 안했을 거라고 홍대표는 고백한다. 그중에서도 자금난과 인력난을 겪을 때마다 하나님께 부르짖었다. 회사 설립 17년째인 올해도 이러한 어려움은 지속되고 있지만, 기도와 신앙으로 극복해 나가고 있다. 홍 대표는 "하나님께서 하루치의 힘을 주신다"는 믿음으로, 모든 위기를 예배와 기도로 극복했다고 말한다.

특히 홍대표는 주은의 직원들에게 가장 고마움을 가지고 있다. 힘든 시간들을 함께 견디어 내어주고 묵묵히 맡은 바 책임과 업무를 다하고 있는 가족들에게 조금이라도 더 보답하고 싶은 것이다. 지금까지도 "하루의 만나"의 신앙으로 버텨내었고 또 버티게 하심도 하나님이셨다. 지금도 그 하나님께 무릎 꿇고 부르짖고 있다. 이 과정에서 직원 간의 신뢰가 더욱 공고해졌고, 윤리적 경영체계가 회사 내에 자리 잡을 수 있었다. 홍대표의 주일 대예배 시간의 자리는 항상 제일 앞이다. 일주일 동안 있었던 일들에 대한 위로와 회복, 또 한 주간 살아갈 수 있는 힘을 얻을 수 있는 시간이다. 전심으로 드렸던 그 예배를 통해서 십수년 동안 있었던 많은 일들을 극복하고 버틸 수 있었다.

IV. 사회적 가치 창출과 선교적 확장

주은교육은 교육을 통한 사회적 선교의 모델을 구축해가고 있다.

1. 교육을 통한 공동체 복음화

'어린음악대'와 '어린화가들' 프로그램은 단순한 예능교육을 넘어, 창조성과 협동, 예배적 감성을 강조한다.

매주 열리는 교사 · 가맹원 워크숍에서는 "예술을 통한 창조 회복"이라는 주제가 공유되며, 교육 현장이 곧 예배의 장으로 확장되는 성과를 내고 있다.

7. 예술을 통한 선교적 교육 혁신과 하나님 나라 경영

2. 지역사회 나눔과 봉사

회사는 매주 반찬 봉사, 지역아동센터 재능기부, 교회 연합 음악회 등을 통해 지역사회와 함께한다. 이는 "비즈니스를 통한 복음 실천"의 구체적 표현이다.

또한 시니어 예술교육 프로그램(아르떼씨)은 노년층의 정서 회복과 사회적 참여를 돕는 예술치유 선교 모델로 발전하였다.

3. 글로벌 확장과 K-BAM 모델 구축

주은교육은 최근 캄보디아, 말레이시아, 인도네시아 등지에서 가맹점을 개설하며 'K-EDU + K-ART' 융합 모델을 수출하고 있다. 최근 동남아에서 인기를 얻고 있는 한류 흐름을 감안할 때 긍정적인 성과가 나타날 가능성이 있으며, 또한 이는 한국형 BAM의 선교적 경제 생태계를 구축한 대표 사례로 평가될 수 있을 것이다.

Ⅴ. 위기 속 영적 리더십

학원 경영을 할 때는 경영자보다는 교육자의 역할이 중요했다. 경영이라는 단어보다 운영이라는 단어가 학원에는 더 적합했던 것이다. 그러다가 학원도 운영이 아닌 경영으로 돌아서야 한다는 학원경영컨설팅업체의 조언을 듣고 어린음악대 프랜차이즈의 확산이 시작되었다. 하지만, 홍대표는 경영자로서 늘 두려움이 앞섰다고 한다. 경영 비전공자가 17년 동안 회사를 이끌어 오면서 겪었던 많은 일들 속에서 많은 것들을 배우고 느꼈다고 한다. 특히 예술교육에 대한 사명감, 음악교육에 대한 자부심과 사명감 하나로 달려온 시간이었다. 아직도 경영보다는 아이들을 가르치고 가르침에 필요한 교육자료들을 개발하고 연구하는 것이 더 편하고 좋다고 한다.

홍대표는 믿음이 없었다면 지금의 자리에 있지 못했을 것이라고 고백한다. 위기가 올 때마다 "예수님이라면 어떻게 하셨을까? 예수님이라면 이 억울함과 원통함을 어떻게 참고 견디셨을까?" 끊임없이 되물었다. 결국 주은교육을 통해서 신앙적으로 더 성장하게 하셨고, 사람을 보지 않게 하셨고, 예배, 기도, 말씀으로 참고 버티게 하셨다.

홍대표는 시간이 흐르면서 직원들에게 참된 하나님의 기업으로서의 비전을 더 확실하게 전하지 못한 것이 아쉽다고 한다. 요즘 MZ세대 직원들은 많이 다르기 때문에 그 직원들과 소통하고 이해하는 부분들은 아직도 고민이 많다. 직원들을 끝까지 사랑하고 무한 책임을 져야 하는 경영자의 책임을 다하기 위해 오늘도 홍대표의 기도 제목들은 넘쳐나고 있다.

이렇듯 주은교육의 성장에는 수많은 위기와 도전이 있었다. 하지만 홍혜숙 대표는 "기업의 주인은 하나님, 나는 청지기"라는 확신으로 모든 위기를 기도로 극복했다. 그녀는 "일어나 걸어라, 내가 새 힘을 주리라"(사 40:31)는 말씀을 붙들고 기업을 운영했다. 이러한 영적 리더십은 직원과 가맹원, 학부모, 아이들까지 하나로 묶는 '신뢰

7. 예술을 통한 선교적 교육 혁신과 하나님 나라 경영

의 사슬'을 형성할 수 있었으며, 그 결과, 주은교육은 단순한 회사
가 아닌 "은혜의 생태계"로 발전할 수 있었다.

VI. 교육을 통해 하나님 나라를 세우다

주은교육은 교육을 통한 선교화(Education as Mission)의 전형이다.
예술을 통해 인간의 창조성과 감성을 회복시키고, 일터를 예배의
장으로 확장했다. 이 기업의 리더십은 공동체 중심적이며, 영성 기
반의 지속가능 경영을 실천하였다. '기도와 순종'을 중심축으로 삼
은 결과, 주은교육은 에듀테크 시장에서 신앙성과 수익성을 동시에
확보할 수 있었다. 이는 세속적 경쟁 환경에서도 "하나님의 방식으
로 성장할 수 있다"는 가능성을 증명한 사례로 평가될 수 있을 것
이다.

주은교육의 여정은 작은 음악학원에서 시작해, 예술과 복음이 결
합된 선교적 기업으로 성장한 믿음의 기록이자 증거이다. 기도로
세워진 일터가 문화선교의 플랫폼으로 확장되었고, 예배의 기업이
세상을 변화시키는 통로가 되었다. 홍혜숙 대표는 다음의 고백을
통해 믿음을 표현한다. "나는 왜 일을 해야 하는가? 하나님께서 이
일을 통해 어떤 모양으로 이루실까 기대하며, 믿는 자로 부끄럽지
않게 오늘 하루 최선을 다할 뿐입니다."

주은교육은 예술교육을 통해 인간의 존엄과 창조성을 회복시키
며, '하나님 나라 경영'의 가능성을 현실 속에서 증명하고 있는 신실
한 기업이다. 이 기업은 한국형 BAM의 모범사례로 볼 수 있으며,

일터를 선교지로 삼아 교육과 문화 속에 복음을 심는 기업으로 오늘도 성장하고 있다. 홍혜숙 대표는 "하나님 보시기에 심히 좋았더라"라고 칭찬받는 하나님의 기업으로 경영해 나가고 싶다고 포부를 밝힌다. 주은교육이 예술교육의 선두 기업으로 하나님 나라의 가치와 관점을 가지고 계속해서 선한 영향력을 끼치는 기업으로 성장 발전해 나가기를 기대해 본다.

7. 예술을 통한 선교적 교육 혁신과 하나님 나라 경영

8

더 브릿지: 수평적 협력으로 확장되는 선교경영

최성진

Ⅰ. 회사 개요 및 사업 요약

더 브릿지는 기부-창업-재기부를 현실에서 구현하는 비영리 사단법인이다. 더 브릿지는 설립 12년 차(2025년 기준)로, '수혜자에서 기부자로' 전환되는 선순환 구조를 지향하며 현재까지 누적 약 400여 명의 창업가를 지원해 왔다. 표면적으로는 크라우드펀딩과 창업 교육을 함께 운영하지만, 운영 철학의 중심에는 선교와 경영을 통합하는 Business as Mission (BAM) 철학이 분명하게 자리 잡고 있다.

'더 브릿지'라는 이름에는 가난과 부, 개발도상국과 선진국, 영리와 비영리처럼 서로 다른 세계를 잇는 다리가 되겠다는 의지가 담겼으며, 선교적 수사보다 실제로 "작동하는 선순환 구조"를 축적해 왔다는 점이 뚜렷한 특징이다. 그리고 그 핵심 설계에는 임팩트 기부가 자리 잡고 있다. 크라우드펀딩으로 모인 기부금 100%를 수수료 없이 현장의 자립 프로젝트에 투입하고, 창업가가 자립하면 재기부해 다음 창업가의 출발선이 되게 한다.

상환이 발생하면 재기부 원금의 절반은 교육과 플랫폼 운영을 떠받치는 공익 기금으로 적립되고, 나머지 절반은 최초 기부자에게 포인트로 환급되어 재참여를 자연스럽게 유도한다. 이 구조는 기부를 단발성 시혜가 아니라 책임과 학습이 동반된 순환 자본으로 바꾸고, 현장의 성과와 조직의 지속가능성이 같은 방향을 바라보도록 만든다.

더 브릿지의 활동은 크게 세 축으로 전개된다. 첫째, 자립 프로젝트에 필요한 초기 자본을 지원한다. 둘째, 탈북민의 취업과 창업을 교육과 인큐베이팅으로 돕고 자립 이후에는 멘토나 파트너로 전환할 수 있게 연결한다. 셋째, 국내 외국인 근로자를 대상으로 한 창업 교육과 귀환 창업 연계를 통해 국제 협력형 프로그램을 확장한다. 공통점은 자금과 역량, 시장 연결을 한 묶음으로 설계해 단순한 "돈 지원"을 하거나 일회성 "교육 제공"으로 끝나지 않게 한다는 점이다.

투명성은 운영의 기본값이다. 프로젝트별 자금 흐름과 진행 경과를 상시 공개하여 기부자와 현장 파트너가 공정한 판단에 필요한 정보를 공유하도록 한다. 이러한 투명성은 선의에 기대던 기존의 모금을 '증거 기반'의 참여로 바꾸어 과도한 약속을 막는다.

기존의 많은 모금 재단들은 감동적인 스토리텔링에 의존한 일시적 후원으로 끝나거나, 자금 사용 내역이 모호해 신뢰가 약화되는 경우가 있었다. 또한 지원자와 수혜자 간의 수직적 관계가 형성되어 자립보다 의존을 강화하는 부작용도 적지 않았다. 더 브릿지는 이러한 문제를 극복하기 위해 '후원자 중심'이 아닌 '동역자 중심'의 구조를 지향하며, 재정 투명성과 현장 검증을 통해 신뢰 가능한 사회적 투자 모델을 제시한다. 성과뿐 아니라 실패와 수정의 과정을 함께 드러냄으로써 재참여와 책임의 순환을 견고하게 만든다.

모금 경험 역시 참여자 관점에서 설계해 소액 정기후원과 기념일 기부 같은 일상적 접점에서 재참여가 이어지도록 한다. 이 과정에서 기부자는 단순 후원자가 아니라 순환 자본의 관찰자이자 공동 설계자로서의 주체적 정체성을 부여 받는다.

8. 더 브릿지: 수평적 협력으로 확장되는 선교경영

활동 범위는 국내와 해외를 아우른다. 국내에서는 탈북민 창업 트랙을 연차 프로그램으로 고정하고, 외국인 근로자 대상 교육을 주말과 휴무일에 운영해 접근성을 높였다. 해외에서는 파트너 네트워크를 바탕으로 작은 설비나 기술 보강만으로도 가치사슬의 병목을 풀 수 있는 생활밀착형 비즈니스를 지원해 단가와 마진 구조를 개선하도록 돕는다. 거창한 사업을 하거나 대규모 기부금을 모금하는 기존의 기부금 모금의 한계를 치고 들어가 작지만 의미있는 연결고리를 찾아서 그 해결책을 제시한다. 이 모든 설계 뒤에는 창업자의 신앙적 배경이 있다. 군과 유학 시절의 그의 신앙적 경험은 빠른 확장보다 관계와 정직을 우선하는 것이 중요하다는 것을 배웠으며, 이 것은 조직을 우상화하지 않으려는 더 브릿지의 원칙이 되었다.

요약하면 더 브릿지는 "작은 돈이 큰 변화를 만든다"는 믿음을 절차로 구현하는 플랫폼으로, 자립에 성공한 사람이 다음 사람의 출발선을 마련하는 순환을 통해 관계를 수직에서 수평으로 전환하고, 복지와 금융 사이의 틈을 메우는 새로운 공공성의 가능성을 보여주고 있다.

II. 문제 정의와 시장 컨텍스트

한국의 기부와 투자는 여전히 양극단으로 벌어져 있어 그 사이에 넓은 공백이 있다. 한쪽에는 일회성 지원 중심의 복지와 모금이 있고, 다른 한쪽에는 담보와 수익성을 전제로 하는 투자와 대출이 있다. 한국에 체류하는 외국인 근로자와 유학생 출신의 귀국 예정자, 그리고 탈북민 중 상당수는 이 두 틀 어디에도 또렷이 맞지 않아 지원 사각지대에 떨어진다.

예컨대 기존 복지형 모금은 긴급 생계나 치료비 지원에는 효과적이지만, 장기적 자립을 이끌기에는 구조적으로 한계가 있다. 반대로 임팩트 투자나 사회적 금융은 수익성 기준을 충족하지 못하면 접근조차 어렵다. 이로 인해 '지원이 필요하지만 투자대상은 아닌' 다수의 이들이 제도 밖에 남아 있다. 더 브릿지는 바로 이 공백을 중점적으로 겨냥해 의지와 잠재력을 지닌 사람을 파트너로 발굴하고 초기 자본과 실행 역량을 함께 제공하는 메커니즘을 구축하였다.

예를 들어 국내 체류 외국인 근로자 대상 '귀환 창업' 트랙은 2023년부터 UNDP 동티모르와 5개년 협력 프로그램(TLBI)로 제도화되었고, 2024년에도 기본·심화 과정을 통해 한국-본국 연결형 창업 역량을 키우고 있다.

황진술 대표는 "가치가 낮고 부족한 사람은 없습니다. 우리는 평등하고 존중받을 자기만의 가치를 가지고 있습니다"라고 말한다. 이 관점이 선발과 심사, 교육과 커뮤니케이션의 기본 언어가 된다. 황 대표는, 신용기록의 부재, 언어와 제도 장벽, 유통과 가공 설비 접근성의 한계가 겹치면서 설령 창업에 착수해도 가치사슬의 바깥에서 낮은 부가가치에 갇힌다는 문제점을 발견하였다. 생활밀착형 업종일수록 이러한 병목 현상은 뚜렷하지만 반대로 해결의 실마리도 의외로 작은 것에서 풀릴 수 있다는 것도 발견하였다. 소액 장

8. 더 브릿지: 수평적 협력으로 확장되는 선교경영

비 도입, 기본적인 원가 계산과 현금흐름 관리, 기초 품질 확보와 판로 연결 같은 핀포인트 개입만으로도 단가와 마진 구조가 달라질 수 있다. 그래서 더 브릿지는 자금만 투여하지 않고 선발, 진단, 교육, 피칭, 멘토링, 사후연결을 하나의 패키지로 엮어 시장 진입의 문턱을 동시에 낮춘다. 실패는 소진이 아니라 학습의 사례로 다루고, 자존감과 회복탄력성, 커뮤니티 연결 같은 비재무 요소를 함께 고려한다.

한편 국경을 넘나드는 인력에 대한 지원은 그 국제적 사이클을 고려하면 문제는 좀 더 구조적일 수 있다. 다수의 외국인 근로자는 본국으로 돌아가면 적정임금 일자리를 찾기 어려워 재이주를 반복한다. 예를 들어, 한국에서 숙련을 쌓은 생산직 · 서비스직 근로자들이 귀국 후에는 동일한 기술을 활용할 산업 기반이 부족해 다시 저임금 단기 노동시장에 재편입되거나 비공식 경제로 흡수되는 경우가 많다. 또한 이주 과정에서 발생하는 송금 비용, 비자 갱신, 언어 · 문화 장벽 등은 그들의 자립을 가로막는 추가적 비용으로 작용한다. 황진솔 대표는 "이들은 누구보다 창업을 해야만 하는 사람들"이라고 말한다. 한국에서 형성한 기술과 네트워크, 저축을 귀환 후 창업 자산으로 전환하지 못하면 벌어 온 돈을 소진한 뒤 다시 타국으로 떠나는 악순환이 이어지기 때문이다. 더 브릿지는 휴무일과 주말을 활용한 교육과 피칭, 귀환 직전 최종 점검, 귀환 이후 부품과 유통, 원격 기술자문을 유기적으로 이어 붙여 사업의 '관성'을 유지하게 한다. 이러한 연결은 귀환 이후에도 '사업이 멈추지 않게 하는 추진력'을 제공하며, 초기 열정이 식기 쉬운 시기를 견디게 하는 실질적 동력이 된다. 그들의 숙련과 경험이 귀국 후 새로운 시장을 창출하거나 한국 기업의 해외 네트워크로 확장될 때, 이는 결과적으로 한국 경제의 확장된 가치사슬로 이어진다. 다시 말해, 외국인 근로자 지원은 '한국의 사회적 책임'이자 '미래형 국제 경쟁력'의 기반이 된다.

탈북민의 맥락에서는 보이지 않는 다양한 장벽이 자립을 위한 진입비용을 키우기도 한다. 동일한 역량을 갖고도 출신 배경으로 정부 입찰에서 탈락하거나 거래가 중단되는 사례가 반복된다. 이런 사회적인 낙인은 단순히 교육으로만으로 해소되지 않는다. 더 브릿지는 창업을 통해 지역 커뮤니티 안에서 주체로 서게 하고, 일정 기간 이후 재기부자와 멘토, 파트너로 역할을 전환하게 설계한다. 수혜자 이미지를 스스로 걷어내는 장면이 늘어날수록 탈북자에 대한 편견은 약해지고 커뮤니티 적극적인 롤모델이 확충된다. 특히 탈북민은 언어, 제도, 문화의 간극을 모두 경험한 '이중 감각자(double-sensed agent)'로서, 미래 통일 과정에서 남북 경제·사회 통합의 중간 매개층이 될 수 있다. 이들은 단순한 정책 수혜자가 아니라, 향후 북한 지역의 산업 재건이나 사회적 기업 생태계 조성에 참여할 잠재적 인력 풀이다. 더브릿지는 미국 정부와 구글 등 글로벌 기업과 협업하여 탈북자들의 창업 과정을 컨설팅하는 프로그램을 운영하고 있다. 자본주의 문화에 익숙하지 못한 탈북자들이 한국 사회에서 기업가로 성장하는 스토리는 사회적 통합과 경제적 자립의 가능성을 동시에 보여주는 상징적인 사례로 평가된다. 황대표는 이 탈북자 지원 프로그램을 "1석 4조"의 효과를 가진다고까지 평가

8. 더 브릿지: 수평적 협력으로 확장되는 선교경영

한다. 탈북자 개인의 자립뿐 아니라, 남북한 사회의 신뢰 회복, 글로벌 네트워크 구축, 그리고 지속 가능한 창업 생태계 조성까지 아우르는 다층적 파급효과가 있기 때문이다. 즉 더 브릿지의 사업은 미래 통일 한국을 설계하는 초석이 될 수 있다.

국내 모금 환경의 인식 장벽도 더 브릿지의 중요한 사업 동기가 된다. 한국의 기부제도는 세제 혜택이나 공익성 평가 기준이 여전히 복지성 사업에 치우쳐 있다. 반면 더 브릿지의 구조는 자립 의지와 잠재력을 지닌 창업가에게 자본을 제공하고 시간이 지나 그가 참여자로 전환되는 참여형, 책임형 모델이다. 그러나 새로운 구조일수록 주변의 의구심이 크고 그에 따른 설명 비용이 커지기 마련이다. 더 브릿지는 사용 내역의 상시 공개와 성과·실패 데이터 공유 등 투명성 장치를 전면에 세워 신뢰 축적의 시간을 줄여 왔다. 황진솔 대표가 "창업은 한 방에 되는 게 없거든요"라고 말하듯 그 과정은 비록 고통스럽지만 구성원과 이해 당사자들 사이의 신뢰와 자발적 참여 구조를 구축하는 것이 결국에는 장기 생존율과 재참여율로 보상될 수 있다. 더 브릿지가 바라는 변화는 단순한 지원이 아니라 사람과 자본, 기술이 제자리를 찾는 과정이다. 복지와 투자 사이의 틈을 메우고, 필요한 때에 필요한 자원을 제공해 작은 가능성이 스스로 설 수 있는 구조를 만드는 것이다. 그렇게 시혜가 아닌 참여의 경험으로, 도움의 이야기가 함께 성장하는 이야기로 바뀌어 간다. 이렇게 맥락을 재설계하는 일이 가능할 때 한 번의 기부는 두 번, 세 번의 출발점으로 이어지고 받은 사람은 다시 주는 사람으로 설 수 있는 비결이다.

Ⅲ. BAM 프레임워크와 통합 방식

더 브릿지의 BAM은 대외적 표어가 아니라 운영 규칙과 관계의 방식 속에서 실제로 작동하는 구조다. BAM은 단순히 선교를 위한 자금 조달 수단으로서의 비즈니스를 의미하지 않는다. 이는 비즈니스 자체를 하나님 나라의 사명(Mission)을 실현하는 장으로 보는 관점으로, 일터와 경영 활동을 통해 사회의 회복과 변화를 추구하는 통합적 선교 모델이다. 그러나 이 두 영역의 결합은 결코 쉽지 않다. 비즈니스는 수익성과 지속 가능성을 요구하는 반면, 선교는 헌신과 희생을 전제하기 때문이다. 또한 조직의 의사결정 과정에서 '영적 목적'과 '경영 효율'이 충돌할 때, 어떤 원칙을 우선할지에 대한 긴장이 항상 존재한다. 실제로 많은 BAM 프로젝트가 한쪽으로 기울며 어려움을 겪었다. 선교에만 집중해 재정적 자립을 이루지 못하거나, 반대로 영적 방향을 잃고 일반 비즈니스로 변한 사례도 있다. 이는 선교와 경영이 서로 다른 언어로 작동하기 때문이다. 한쪽은 헌신과 믿음을, 다른 한쪽은 전략과 지속성을 요구한다. 두 영역이 병렬적으로 존재할 때는 어느 쪽도 온전히 기능하기 어렵다. 결국 BAM의 핵심은 이 둘을 통합하는 리더십, 즉 경영을 신앙의 언어로 재해석하고 신앙을 경영의 동력으로 삼는 데 있다. 이러한 이유로 BAM은 단순한 이상이 아니라, 깊은 신학적 성찰과 실제적 운영 경험이 결합되어야 구현될 수 있는 구조다. 선교를 별도 프로그램으로 분리하지 않고 자금의 흐름, 거버넌스, 파트너십, 교육, 상환 커뮤니케이션, 성과 공개 전 과정에 스며들게 하는 통합 과정이 결국 BAM 철학의 핵심이다.

'더 브릿지'표 BAM 사고의 출발점은 인간관이다. 모두가 평등하고 존중받을 자기만의 가치를 가지고 있다는 보편적 인간관이 선발, 심사, 교육의 기본 기준이 되어 부족한 것들보다는 개인이 가진 강점과 의지를 먼저 보게 한다. 이러한 관점은 사람을 '지원의 대상'이 아니라 '공동의 성장 주체'로 바라보게 만든다. 따라서 더 브릿지의 모든 제도는 결핍을 채우는 구조가 아니라 가능성을 발견하고 확장하는 구조로 설계된다. 취약성을 엄밀하게 진단하되 그것 자체로는 편견을 가지지 않으며, 그것을 뛰어넘어 각자를 함께할 동역자로 규정한다. 이때 동역자의 개념은 단순한 협력자가 아니라, 하나님 나라의 사명에 함께 조력하여 주체적으로 참여한다는 의미를 내포한다. 이로써 사업의 규칙은 신학적 방향과 놀랍도록 일치되어 정렬될 수 있다. 이러한 인간관은 신앙의 원칙일 뿐 아니라, 경영학적으로도 조직의 효율성과 직결된다. 개인의 강점을 인정받고 존중받을 때 자발성이 높아지고, 스스로를 주체로 인식할 때 주인의식이 형성된다. 이로서 거래 비용과 대리인 비용이 절감되고 결과적으로 효율이 높아진다. 더 브릿지의 참여자들이 단순한 지원 대상이 아니라 동역자로 참여하는 구조는 자연스럽게 협력과 몰입을 촉진한다.

더 브릿지에게 기부금은 멈춰 있는 자금이 아니라, 현장을 살리는 생명력이다. 자립 후에는 이자 없는 원금 재기부로 순환되며, 그 과정은 빚의 관계가 아니라 성경적 신뢰와 책임의 원리에 따라 이어진다. 상환은 채권자가 채무자에게 죄책감을 불러오는 절차가 아니라 "성장의 열매를 다음 사람의 출발점으로 나누는 훈련"으로 다뤄

진다. 그 결과 자발적 인센티브가 형성되고, 성과와 지속가능성이 같은 방향을 보도록 선순환 매커니즘이 작동된다. 이러한 과정 속에서 관계의 프레임 역시 바뀐다. 탈북민과 국내 체류 외국인 근로자, 개도국 창업가가 일정 시간이 지나 재기부자로 서는 순간 차별받는 존재가 아닌 사회 발전에 동역하는 파트너십으로 전환된다. 각자가 가진 배경과 가치를 존중하는 운영은 장기 생존과 재참여로 보상된다는 실증 경영학의 주장을 확인시킨다. 신학적 지평은 이러한 과정에서 가장 중요한 매뉴얼로 작동한다. 이사야 65장은 "이리와 어린양이 함께 먹는"(65:25) 장면으로 평화를 그린다. 강자가 약해지고 약자가 강해지는 산술적 평균이 아니라, 각자의 결이 유지된 채, 서로를 해치지 않고 어울려 살아가는 질서, 즉 샬롬의 구조다. 더 브릿지의 다리(bridge)란 바로 그 다름과 차이의 사이에 놓인다. 어느 한쪽의 존재 이유를 지우지 않은 채 양쪽의 강점을 연결하고, 서로의 결을 보존한 채 흐름을 만들어 내는 기술이다. 즉, 이 다리의 역할은 단순한 연결이 아니라, 서로 다른 가치 체계가 공존할 수 있는 '제3의 공간'을 창출하는 것이다. 한국에 머물렀던 외국인 근로자와 유학생이 본국으로 돌아가 창업할 수 있도록 기초 자본과 역량을 끌어올리고, 한국의 기업과 청년을 실제 거래와 공동 프로젝트로 연결한다. 도움을 받던 사람이 어느 날 우리를 돕는 자리에 서는 순간, 관계는 수직에서 수평으로 바뀐다.

　더 브릿지의 프로그램을 통해 외국에 대한 차별과 고된 노동 환경 속에서 그저 생계를 위해 일하던 이들이 이제는 자신이 배운 것을 자국의 발전에 돌려줄 수 있다는 자부심을 품기 시작할 수 있었

8. 더 브릿지: 수평적 협력으로 확장되는 선교경영

다. 단순히 돈을 벌기 위해 머물던 나라가 아니라, 다시 기여할 수 있는 무대로 인식되면서 그들의 시선이 바뀌고 있다. 이 변화는 표어가 아니라 실제로 눈에 보이는 성과의 형태로 나타난다. 회계표의 숫자만이 아니라, 역할이 뒤바뀌는 장면 자체가 더 나은 질서로의 전환을 증언한다. 더 브릿지는 이러한 변화를 제도적으로 뒷받침하고 있다. 동티모르, 네팔 등 5개국 출신 50여 명을 선발해 2027년까지 약 250명을 훈련하여 자국에서 창업가로 성장하도록 돕는 프로그램을 운영 중이며, 이미 절반 이상의 목표를 달성했다. 성과를 보는 관점도 달라진다. '누가 더 많이 받았는가'보다 '누가 누구와 더 깊게 연결되었는가', '어떤 기술과 신뢰가 어떻게 흘러갔는가'를 묻는다. 프로젝트가 종료되면 단순한 결과 보고서가 아니라, 거래의 교차 정도와 기술 전파 경로, 재기부의 순간이 어떻게 기록되고 공유되었는지까지 점검한다. 신뢰는 자본처럼 축적되고, 협력은 생태의 규칙이 된다. 결국 이사야의 평화는 예배당 안의 수사로 머물지 않는다. 가격표와 계약서, 교육 시간표와 결산서 위에서 매일 새롭게 구현된다.

더 브릿지의 BAM은 믿음과 실무가 한 장의 회계표 안에서 동시에 작동하도록 설계된 운영 철학이다. 앞서 설명한 순환 규칙이 관계의 방식과 결합할 때, 작은 금액은 다음 사람의 출발선으로 번역되고, 선교는 예배당 밖에서 계약서와 대금 정산, 품질 기준과 교육 수료의 언어로 매일 갱신된다.

IV. 운영 거버넌스와 성과

더 브릿지가 붙잡아 온 두 질문, 한 번의 기부가 몇 번의 출발점으로 되돌아오는가와 그 과정에서 관계의 언어가 어떻게 바뀌는가는 가시적 수치로서 증명되고 있다. 재기부율은 '창업 2년 내 재기부' 목표 기준으로 약 60%를 기록하고 있으며, 지금까지 지원한 개발도상국 창업가는 400여 명, 탈북민 창업가 150명 이상이며, 이 중 약 20명은 정기후원자로 전환할 수 있었다. 그러나 가장 큰 성과는 프레임의 이동이다. 도움을 받던 당사자가 일정 기간 뒤 재기부자, 멘토, 파트너로 서는 순간 '원조-수혜'의 위계는 '동역-상호성'으로 바뀐다는데 있다. 동티모르 사례는 이 전환을 응축한다. 한국에서 10년 일한 외국인 근로자가 두 달 과정의 교육 말미 피칭 대회에서 3등을 했고, "너는 네 나라를 바꿀 수 있는 사람"이라는 인정을 생애 처음 들었다고 고백했다.

더 브릿지는 귀환 이후에도 부품, 품질, 유통을 묶어 선순환의 비즈니스 관성이 꺼지지 않도록 동행한다. 가치사슬의 병목을 해소한 우간다 땅콩 협동조합은 더 브릿지의 성공 공식을 보여준다. 약 500명의 농부로 구성된 이 협동조합은 재배 기술에는 숙련되어 있었지만, 가공 설비가 없어 그동안 생땅콩을 헐값에 팔아야 했다. 그러던 중 한 현지 창업가가 약 200만 원 규모의 탈각기 도입을 제안했고, 설치 이후 단순한 생산에 '가공' 단계가 더해지면서 판매 단가가 크게 높아졌다. 그 결과, 발생한 마진이 농부들에게 직접 돌아갈 수 있었다. 이후 품질 관리와 포장 교육, 소규모 공동브랜딩이 이어졌고, 일정 기간이 지난 뒤에는 분할 상환을 통해 재기부로 순환되는

8. 더 브릿지: 수평적 협력으로 확장되는 선교경영

구조가 완성되었다. 거대한 투자가 아니어도 소액 설비가 구조를 바꾸는 스위치가 될 수 있음을 보여 준다.

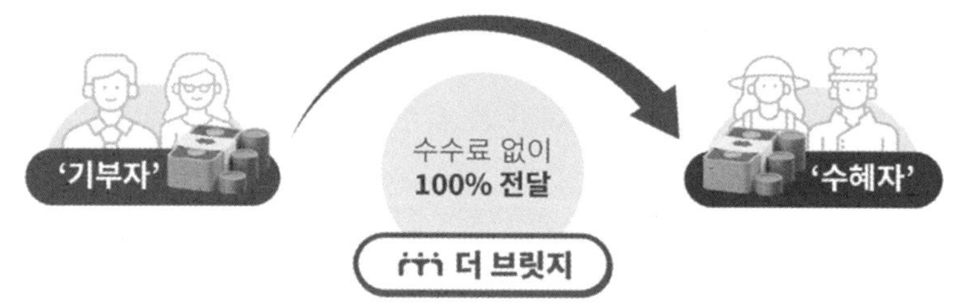

기부 투명성: 더 브릿지에 기부된 금액은 100% 전액 개발도상국과 탈북민 자립 비즈니스에 전달된다. 기관 운영비 비율은 기부자가 직접 선택할 수 있으며 누구나 확인할 수 있도록 투명성을 유지하는 것이 사업의 핵심이다.

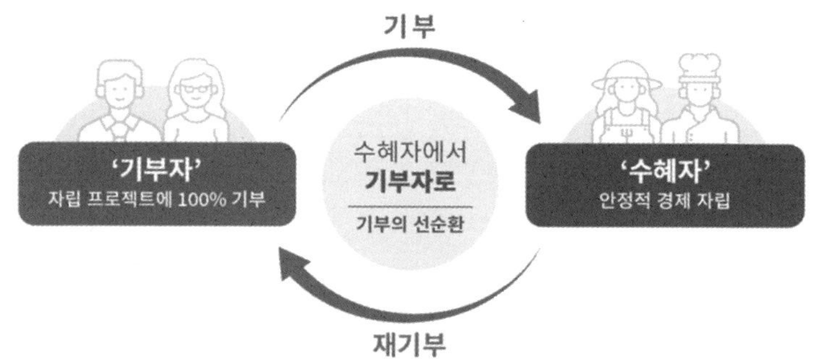

임팩트 기부: 기부 수혜자들이 자립 이후에 원금 재기부를 목표로 하며 재기부된 자금은 또 다른 자립 프로젝트에 투여된다. 이로서

취약 계층이 일방적 수혜자에서 기부자로 변화되는 것을 목표로 삼는다.

해외 귀환 창업은 '도움-거래-상호성'으로 이어지는 교차 이익을 가장 선명하게 보여준다. 네팔 히말라야 관광지의 커피머신 수리점 사례가 그렇다. 한국에서 축적한 기술과 네트워크를 자산으로 삼아 안정적 고객을 확보했고, 더 브릿지는 국내 전문가를 연결해 원격 자문과 부품 조달 라인을 붙였다. 현지에선 여행 수요가 수리 수요로 전환되고, 한국 쪽에선 부품 공급과 기술 업데이트가 작은 매출과 학습의 루프로 이어진다. 도움으로 시작한 관계가 파트너십으로 심화되는 장면이다. 이런 경험이 쌓이면서 프로그램 밖으로 번지는 2차 파급 효과도 관찰된다. 개별 사례의 성공을 넘어, 규칙과 자원이 지역 안팎으로 복제되는 단계로 넘어가는 것이다. 자존의 회복은 실행의 탄력을 낳고, 작은 설비는 병목을 풀어 가치사슬의 힘을 이동시키며, 재기부의 순간 관계의 언어는 수직에서 수평으로 바뀐다. 이 세 전환이 한 바퀴 돌면, 기부는 감정의 선의를 넘어 회계의 언어로도 증명되는 공공성이 되고, 그 공공성은 곧 다음 사람의 출발선이 된다.

더 브릿지는 "선한 의도만으로 조직이 굴러가지 않는다"는 사실을 초기에 체득했다. 모금 커뮤니케이션은 시행착오 끝에 설명보다 증거로 이동했다. '자립을 위한 자본'이라는 개념이 추상적이라는 피드백을 인정하고, 프로젝트별 모금-집행-상환-재기부의 흐름을 상시 공개하는 체계를 마련했다. 실패의 이유와 다음 설계 변경까지 기록해 외부에는 이야기와 수치로, 내부에는 체크리스트와 승인 기

8. 더 브릿지: 수평적 협력으로 확장되는 선교경영

록으로 같은 사실을 이중으로 남기는 습관을 표준화했다. 선의만으로는 신뢰가 생기지 않는다는 전제를 제도로 옮긴 결과다. 현장 리스크 관리는 단계별 집행과 상호 검증을 기본값으로 삼는다. 제안 접수 후 검증 또는 동등 절차를 거쳐 모금과 1차 집행을 진행하고, 중간 점검 후 잔금 집행과 사후보고로 이어지는 리듬을 유지한다. 일정 규모 이상은 교차 검토를 한 번 더 올려 의사결정을 다층화한다. 상환 지연 시 법적 압박보다 병목 진단과 운영 개선을 우선하고, 재기부 약속을 재설계하되 관계를 끊지 않는 원칙을 지킨다.

V. 신학적 기반과 리더십의 내적 규율

더 브릿지의 신학은 피상적 도덕이 아니라 운영을 붙드는 실용적인 규율이다. 출발점은 보편적인 인간관이며, 하나님 형상(Imago Dei)에 대한 확신이다. 이는 누구도 영원한 수혜자로 고정하지 않는다는 원칙으로 번역된다. 대상자를 동정의 언어로 부르지 않고 책임과 역량을 지닌 주체, 함께 일할 동역자로 호명하며, 심사표의 질문과 교육 도입부, 상환 안내의 표현까지 같은 관점에 일관되게 스며들게 한다. 인류의 공존 비전은 손에 잡힐 수 있는 경제의 문법으로 옮겨진다. 가난과 부, 영리와 비영리, 선진국과 개도국의 차이를 지우지 않은 채 서로의 자리를 인정하며 연결하며 선교를 별도 프로그램으로 분리하지 않고, 자금 흐름과 거버넌스, 교육과 성과 공개의 원리들이 신앙적 기준과 어긋나지 않도록 정렬하는 것이 핵심이다.

킹덤 비즈니스_ 하나님 나라 기업가정신과 BAM

창업자의 리더십의 내적 규율은 조직의 템포를 정한다. 군 복무 시절 수첩에 적어 두었던 기도가 시간이 지나 응답되었다는 체험과, 영국 유학 시절 절기마다 도착한 "오늘보다 내일을 조금 더 예수님을 닮아 살자"는 권면은 빠른 성과보다 관계의 무게를 우선하는 느린 리듬을 남겼다. 창립 직전 "네가 나를 위해 더 브릿지를 내려놓을 수 있겠니"라는 물음은 황대표가 조직을 바라보는 관점에 큰 영향을 미쳤으며 무리한 확장과 과장된 모금, 상환 지연 시의 과도한 압박을 경계하는 운영 규칙으로 구체화되었다. 존엄의 상호성을 생활 언어로 훈련하는 장면도 설계되어 있다. 현장에서 '항상 사 주는 사이'가 위계를 고정한다는 점을 배웠다. 그래서 때로는 상대가 밥을 사 주거나 작은 선물을 건네는 경험을 의도적으로 하게 한다. 도움을 받던 사람이 주는 자리로 옮겨 서는 순간을 만들어 내는 것이 수평성의 체득이며, 이 작은 경험이 누적될수록 동역의 감각이 일상으로 굳기 때문이다. 결국 더 브릿지의 신학은 선언이 아니라 결정의 습관이다. 인간에 대한 높은 기대, 비움의 약속, 공존의 비전이 자금의 규칙과 관계의 언어, 제도 설계로 변환될 때 선교와 경영은 억지로 섞이지 않고 한 흐름으로 이어진다.

VI. 향후 로드맵과 맺음말

한국에서 일하는 개발도상국 출신 노동자들의 약 95%는 일정 기간 돈을 번 뒤 자국으로 돌아간다. 이는 미국의 사례와는 전혀 다른 양상이다. 미국의 저숙련 외국인 노동자들이 불법 체류를 감수

8. 더 브릿지: 수평적 협력으로 확장되는 선교경영

하면서까지 현지에 머무르려는 것과 달리, 한국의 외국인 노동자들은 대부분 본국으로 귀환한다. 황 대표는 이 점에 주목했다. 그는 이러한 특수한 상황 속에서 더 브릿지가 수행하고 있는 임팩트 투자 프로그램이야말로 한국에서만 가능한 모델이라고 강조했다. 기존의 BAM 선교가 현지로 들어가 사업과 선교를 결합하는 out-going 모델이었다면, 더 브릿지의 BAM은 한국에서 외국인을 훈련해 다시 본국으로 돌려보내는 in-and-out 모델이다. 이는 단순한 구조적 차이를 넘어, 한국이라는 국가적 맥락에서만 구현될 수 있는 선교, 비즈니스 융합 모델이라는 점에서 의의가 있다. 탈북자 지원 프로그램 역시 이와 맥을 같이한다. 분단이라는 세계적으로 유례없는 현실은 우리 민족에게 아픔이지만, 동시에 탈북자의 독특한 경험과 역할을 통해 새로운 형태의 BAM 모델을 창출할 수 있는 가능성의 장이기도 하다. 이러한 점에서 더 브릿지의 사업 모델은 한국이라는 특별한 컨텍스트 속에서만 작동하며, 세계 최초이자 세계가 주목할 만한 BAM 사례로 평가된다.

더 브릿지는 향후 모금 경험을 단순한 참여가 아니라 '자본의 순환'으로 체감할 수 있도록 더 개선할 예정이다. 이를 위해 라이프 이벤트형 캠페인에 재참여 신호 설계를 결합해, "기부는 소비가 아니라 자본"이라는 인식을 확산시킬 것이다. 운영 측면에서는 파트너 계약의 윤리·보고 조항을 국제 기준에 맞춰 강화하고, 동일 지역 반복 프로젝트에는 제3자 점검 로테이션을 정례화해 투명성을 높일 계획이다. '핀포인트 개입' 기준은 문서화된 신속 집행 트랙으로 확대하여, 소액 설비와 같은 고효율 개입을 더 빠르게 늘려나갈

킹덤 비즈니스_ 하나님 나라 기업가정신과 BAM

수 있다. 외부 확장은 국내와 해외에서 병행된다. 국내에서는 탈북민 창업 트랙을 연차 프로그램으로 고정해, 선발-교육-후속 연결-재기부의 순환 구조를 표준화하고 선배 창업자 멘토 그룹을 체계화할 것이다. 또 남북한 경제인 협의체를 정례화해 분기별 공동 프로젝트를 추진하고, 성과와 실패를 동일한 무게로 기록한다. 자금 측면에서는 소액 설비나 초기 재고 등 병목 지점을 겨냥한 '스몰 스위치 펀드'를 별도로 조성해 구조를 뒤집는 지점에 기동적으로 투입할 예정이다. 또한 기업, 기관과는 ESG와 개발협력의 접점에서 프로젝트 단위 협업을 확대하고, 운영 과정에서 축적된 지식을 공개하여 사회적 학습의 선순환을 촉진할 것이다. 현재에는 10~20개의 중소기업과의 협업을 진행하고 있지만 장기적으로는 중견, 대기업들도 동참하기를 기대하고 있다. 한국의 기업들의 ESG 사업 규모는 적지 않다. 이를 시혜성으로만 풀지 말고 더 브릿지와 같은 선순환적 사업 모델에 참여한다면 새로운 시너지를 창출할 것이 분명하다.

더 브릿지의 여정이 던지는 중요한 메시지는 신앙과 사업의 언어가 충돌하지 않는다는 사실이다. 신학은 인간에 대한 깊은 신뢰와 비움의 규율로, 사업은 병목을 해소하고 회로를 완성하는 설계로 서로의 역할을 나눈다. 한 사람의 자존이 회복될 때 실행이 가능해지고, 한 대의 작은 설비가 병목을 풀 때 가치사슬의 힘이 이동하며, 한 번의 재기부가 관계의 언어를 수직에서 수평으로 바꾼다. 이 세 가지 전환이 한 바퀴를 완성할 때, 기부는 감정의 호소를 넘어 데이터와 성과로 증명되는 공공성이 된다. 그 공공성은 교회 안의 신앙과 시장의 문법을 함께 성장시키는 힘으로 작용한다. 더 브릿

8. 더 브릿지: 수평적 협력으로 확장되는 선교경영

지의 다음 10년은 이 회로를 더 정밀하고, 더 넓고, 더 투명하게 확장하는 여정이 될 것이다. 작지만 정확한 스위치를 자주 눌러 한 번의 기부가 두 번, 세번의 출발선이 되는 풍경을 일상으로 만드는 것, 그것이 더 브릿지가 꿈꾸는 현실 가능한 희망이다.

9

북한선교를 향한 DMZ 블루베리 농장 사례

천상만

Ⅰ. 총체적 선교로서의 북한선교

1. 총체적 선교

비즈니스선교 (BAM, Business As Mission)는 인간의 영과 혼, 육을 총체적으로 구원하고자 한다. 영·혼·육의 총체적 구원과 성화는 복음의 핵심이다. 올바른 선교는 성령의 임재와 말씀, 기도를 통한 영의 구원을 추구한다. 그리고 인간의 지정의로서 이성, 감성, 의지를 죄의 상태에서 벗어나 하나님 형상을 닮아가게 하는 혼의 변화를 이루려 한다. 나아가 인간 몸과 물질세계의 치유와 회복을 가져오는 육의 건강을 함께 추구한다.

비즈니스선교는 '복음과 함께 빵을, 빵과 함께 복음을'이라는 모토를 가지고 삼위일체적 영·혼·육 변화를 이루는 것이다. 성경적 근거로서 야고보서는 "만일 형제나 자매가 헐벗고 일용할 양식이 없는데 너희 중에 누구든지 그에게 이르되 평안히 가라, 덥게 하라, 배부르게 하라 하며 그 몸에 쓸 것을 주지 아니하면 무슨 소용이 있으리요. 이와같이 행함이 없는 믿음은 그 자체가 죽은 것이라"(약 2:15~17)고 말한다. 사도 요한도 "누가 이 세상의 재물을 가지고 형제의 궁핍함을 보고도 도와줄 마음을 닫으면 하나님의 사랑이 어찌 그속에 거하겠느냐 우리가 말과 혀로만 사랑하지 말고 행함과 진실함으로 하자"(요일 3:17~18)고 말한다.

비즈니스선교는 그간 기독교에 적대적인 공산권과 이슬람권의 주요 선교전략이었다. 현지 선교사의 비자 발급에 도움을 주었고 복음을 받아들인 사람들의 일자리와 소득 창출에도 기여하였다. 그러나 한편으로는 실패하는 비즈니스선교 사례가 많은 것도 사실이다. 선교사나 선교 공동체가 사업 추진과 교회 개척 병행이라는 두 마리 토끼를 좇는 것은 쉽지 않다. 사업 경험이나 경영 역량이 안되는 선교사들의 의욕만으로는 사업 운영이 어렵다. 지속적인 적자로 인해 유지가 안되는 사업을 외부 후원을 통해 존속시키는 경우도 많은 실정이다.

2. 북한선교의 현재

2024년부터 북한은 남북관계를 적대적 두 국가로 규정하고 통일 관련 부처들을 폐쇄하는 등 남북관계 개선을 추구하지 않겠다고 선언했다, 나아가 어떠한 교류도 거부하고 있다. 청년교양보장법, 평양문화어보호법 등으로 남한의 영화, 음악, 드라마 등 한류의 북한 침투를 철저히 차단하고 있다. 우리식 사회주의로 불리는 북한체제는 매우 견고해 보인다. 당·정·군의 치밀한 조직은 인민들에 대해 철저한 통제시스템을 유지하고 있다. 김정은 정권에 대한 북한 주민의 충성도와 지지도는 겉으로 보기에는 높은 편이다. 핵심계층의 결사옹위 정신이 적대계층과 중간계층의 동요를 차단하고 있는 것이다.

현재 북한은 핵개발을 완성하고 미사일을 계속 쏘아대는 실정이다. 그래서 비핵화와 제제 완화, 북미협상을 둘러싸고 남북관계가 개선되리라는 긍정적 전망이 어렵다. 한편 북한은 김정은 집권 이후 인민대중우선과 경제제일주의를 내세우고 있다. 원산갈마 해안

9. 북한선교를 향한 DMZ 블루베리 농장 사례

지구, 백두산 삼지연, 양덕온천을 3대 관광지구로 개발하여 관광을 통한 외화벌이를 국가경제개발 전략으로 하고 있다. 한국의 진보적 정부는 그간 한반도 평화통일 청사진으로 서해권, 동해권을 잇는 DMZ를 생태관광지역으로 제시하였다. 반면에 윤석열 정부는 북한 핵과 미사일에 대한 제재와 압박을 강화하였다. 남북관계의 기본 정신은 평화, 화해, 상생이며 북한의 개혁개방을 지지 지원해야 한다. 군사적 긴장 완화를 추구하면서 비군사적 분야에서 식량, 의료, 보건, 구호와 병원, 탁아소, 양로원, 산림 복구를 지원해야 하다. 의료, 보건, 농업, 산림, 복지 분야에서의 남북경협사업 추진과 함께 개성공단과 금강산 관광 재개도 모색해야 한다. 북한의 경제특구 참여도 조중러국경 쪽 특구(나선, 신의주)보다는 DMZ 쪽 특구(개성 등)를 추진해야 중국과 러시아의 영향력을 줄이고 남북한 주도로 가는 데 유리하다. 경협을 추진하면서도 북한에 대한 비핵화와 인권 문제는 지속적으로 제기해야 하다. 이는 국내 정치지형에 상관없이 지속적 일관성을 추구해야 할 것이다. 국내에서도 보수 진보간 갈등을 유발하기보다 공통부분을 강조해 가야 한다. 이러한 방향은 보수와 진보, 좌와 우라는 정권 성향에 관계없이 지속적으로 추진되어야 한다. 통일부도 이런 인식 하에서 접경지역 지자체 및 민간 단체들과 역할 분담하고 민간의 아이디어 개발과 참여를 촉진시켜야 할 것이다. 정부 차원의 대북관계와 더불어 민간 차원의 남북교류도 추구해야 할 것이다.

II. DMZ의 중요성

1. 북한선교의 장으로서 DMZ

DMZ(DeMilitarized Zone, 비무장지대)는 1953년 한국전쟁의 정전협정이 체결되면서 형성된 지역이다. 당시 국군과 인민군, 유엔군과 중국군이 대치하던 선을 군사분계선(MDL)으로 하여 남쪽으로 2km에 남방한계선을, 북쪽으로 2km에 북방한계선을 그어 폭 4km에 파주에서 고성까지 육지로 248km의 길이를 가진 지역이다. 한강 하구의 김포와 강화에는 임진강과 한강, 조강으로 이어지는 강을 타고 78km에 이르는 DMZ가 형성되어 있다. 서해 상으로는 바다 위에 설정되어 있는 200km의 NLL(Northern Limit Line, 서해해상북방한계선)이 DMZ라 할 수 있다. DMZ는 유엔사의 허가를 받은 수색정찰 군인만 출입이 가능하고 민간인은 전혀 들어갈 수 없는 곳이다.

한편 남방한계선으로부터 5~10km 남쪽으로 민간인 출입통제선을 만들어 민간인통제구역을 설정하여 군부대 허가를 받아 출입할 수 있다. 민통선에 접해 있는 접경지역 지자체는 경기도에 김포, 파주, 연천, 고양, 동두천, 양주, 포천, 강원도에 철원, 화천, 양구, 인제, 고성이 있고 인천광역시에 강화군과 옹진군이 있다. 이들 지자체 지역은 자유로운 출입과 경제, 문화 활동이 이루어지고 있지만, 군사시설 보호 목적으로 접경지역법에 의해 건축이나 개발 행위에 제약이 있다. 북한에도 이렇게 민간인 출입이 통제받는 지역이 있다.

이처럼 남북간에 분단과 대치로 인해 활용에 제약을 받는 땅이 한반도 전체 면적의 10%에 이른다. 파주시의 경우 민통선 지역 4개

9. 북한선교를 향한 DMZ 블루베리 농장 사례

面의 면적은 613km²로 서울시 면적의 23%에 이른다. 민통선 지역은 외부인의 경우 일몰 시간 이전에 나와야 하고, 거주민의 경우에도 자유로운 이동에 제약을 받고 있다. 그런 규제가 있는 만큼 이곳은 때가 묻지 않은 청정지역 모습을 그대로 가지고 있다. 흙과 물, 공기와 풀, 두루미와 독수리, 고라니, 멧돼지 등 야생 동물들이 곳곳에 널려있는 생태 보고와 같은 곳이다.

향후 남북관계가 좋아진다 해도 남북간의 경제 격차와 80년간의 사상적, 문화적 차이는 단기간에 해결이 어렵다고 할 것이다. 향후 DMZ는 남북이 교류협력하는 장으로 전개될 가능성이 높다. 남북한 체제와 문화 차이가 너무도 큰 만큼 DMZ는 남북간 격차를 좁혀 가는 장으로 활용될 수 있다. 남북간 경제수준 격차(북한의 GDP 규모는 한국의 2%, 소득 수준은 3%로서 36,000불 對 1,500불의 차이)를 고려할 때 통일 준비로서 양국간 경제수준 격차를 줄여야 하다.

DMZ는 남북간의 지리적 중간 지대이자 완충지대로서 교류협력 최적지이다. 분단으로 버려진 넓은 땅으로 남북민이 통제는 받지만 자유롭게 만나 교류할 수 있는 지역이 되어야 할 것이다. 향후 국제적 활용 관심 지역이자 생태 보호지로 개발될 수 있다. 유엔은 전 세계 최고 긴장 지역인 이곳에 유엔평화공원, 평화대학을 세우는 제안을 검토하기도 했다. 한반도의 경우 베를린 장벽같이 DMZ가 갑자기 붕괴되기는 어려울 것으로 보인다. 통일과 교류를 지향하고 종전협정이나 평화협정이 체결되며 남북관계가 급속히 호전되어도 어느 시기까지는 완전개방이나 자유왕래가 어려울 것이다. 남북간에 완전한 자유왕래까지는 상당 기간이 소요될 수 있다. 물론 출입경(出入境) 허가를 통해 통제 하에 남북간 왕래가 이루어질 수는 있을 것이다.

DMZ의 장점은 북한 내부로 바로 들어가지 않아도 되므로 북한정 권으로서 내부통제 부담이 덜한 곳이라는 점이다. 개성공단이나 금 강산관광 같이 북한 내부로 들어가는 경협사업은 정치적 리스크가 발생할 수 밖에 없다. 이곳은 제조업, 농업, 서비스업, 관광업 등 남 북 경협 사업이 들어설 수 있는 곳이다. 그리고 그동안 수요가 별 로 없던 땅이기에 남한의 민통선 지역 민간소유 토지는 상대적으로 땅값이 저렴하다. 다수 면적이 국유지라 토지보상비 부담도 덜하며 남한 전력 등 인프라를 끌어 쓸 수 있다.

DMZ는 북한 내부의 급변 사태 발생시 난민 캠프 형성지로도 활 용 가능하다. 북한을 이탈하는 난민 다수가 발생할 시 이들이 압록 강이나 두만강의 조중국경을 넘어 중국으로 갈 수 있을 것이다. 그 런데 난민들이 조중국경을 넘는 것을 중국은 원치 않으며 그래서 중국 정부는 이곳 국경선에 DMZ 수준의 장벽을 만들고 있다. 중국 으로 가는 것이 안된다면 DMZ를 넘어 한국으로 내려올 수 있다. 이 경우 한시적으로 DMZ와 민통선 지역에 난민 거주지를 조성한 다면 남한으로 대규모 유입에 따르는 혼란과 갈등을 줄일 수 있다. 그리고 이곳에서 자본주의 시장경제를 체험하게 할 수 있다. 이처 럼 DMZ지역은 남북관계에서 교류협력을 추구하든 대결 압박을 추 구하든 어떤 경우라도 향후 중요한 지역으로 부상할 것이다.

9. 북한선교를 향한 DMZ 블루베리 농장 사례

2. DMZ 사역의 중요성

현재 진행되고 있는 기독교계의 북한선교 실제 사역들을 살펴보면 지리적으로 대한민국 내부 사역, 북한내지 사역, 제3국 사역으로 구분할 수 있다. 국내 사역으로는 탈북민 관련 활동, 대북인권 및 인도적 지원, 쥬빌리통일구국기도회와 같은 기도, 교육 연구, 북한 교회 재건 준비를 들 수 있다. 북한내지 사역은 주로 디아스포라 사역자들과 외국인들에 의해 이루어져 왔는데 현지에서의 인도적 지원(의료, 보건, 복지)과 경제협력(농업, 산림, 봉제, 신발, 기타 제조)이다. 그러나 이 사역은 현재 유엔대북제재와 코로나, 북한의 국경 봉쇄로 인해 중단된 상태라고 할 수 있다. 중국, 러시아, 동남아 등지에서 이루어져 온 제3국 사역으로 탈북민 구출과 현지 체류 탈북민 지원이 있다. 이 사역 또한 중국의 선교사 추방과 여러 규제로 인해 상당히 위축된 실정이다. 이런 상황에서 DMZ 사역은 북한선교 사역의 장애들을 돌파해 가는 새로운 사역이라 할 수 있다.

현재 민통선 내부에서 실제로 이루어질 수 있는 산업활동은 농업과 관광이다. DMZ에서의 농업 활동으로 남북 간 농업기술 전수와 품종 개선, 종자 개발, 스마트팜(Smart Farm) 등에서 협력을 들 수 있다. 한국 농업과 북한 농업 간에는 현격한 차이가 존재하지만 협력 가능 분야도 많다. 현재 파주 민통선 내에는 농업진흥청에서 운영하는 농원도 있다. 이곳은 북한 농업위원회와 한국 농업관련 기관 간 협력 추진 장소로 역할하려 하였다. 한국 정부의 청년창업농 지원과 더불어 탈북민 청년 중 농업 희망자에게 도전이 가능한 곳이기도 하다. 북한 식량 문제를 해결하는 농업생산성 향상과 협동농장의 역량 강화 및 향후 민통선 지역에서 이루어질 수 있는 남북 농업개발 협력프로젝트에 참여할 수 있을 것이다.

3. 엔사랑선교회의 DMZ 사역

2017년에 설립된 엔사랑선교회는 선교사역, 농장사역, 탐방사역에서 활동해 왔다. 매달 월례 기도회를 지속하여 2026년 2월이면 100차 기도회를 갖는다. 협력농장인 소망의농장과 하늘농장, 이음새농장은 블루베리를 주 작물로 하면서 회원들 식탁에 올라가는 다른 작물들도 재배해 왔다. 소망의농장은 자연농법을 추구하면서 친환경 유기농으로 작물 생산을 해왔다. 화학 농약과 비료를 쓰지 않기 때문에 사람 손이 더 가는 고생을 해야 했다. 이들 농장들은 체험형 농장으로 운영되면서 국내외 많은 분들이 민통선 방문시 협력농장들을 다녀갔다. 2025년 한 해에도 천여명의 방문객들이 협력농장에 다녀갔다. 이분들에게 수확 체험뿐 아니라 농장에서 예배와 북한선교 프로그램을 운영함으로 선교적 사역의 한 모델로서 영향력을 미치고 있다.

엔사랑선교회의 3개 협력농장은 블루베리 작물을 중심으로 경제적으로 수지를 맞출 수 있는 북한선교 농장으로 개발하는 목표를 가지고 있다. 파주 민통선 지역에서 성공적인 선교농장 모델이 개발되면 먼저 북한농업에 관심이 있는 탈북민 청년들에게 농수산식품부의 청년 창업농 지원과 연계하여 블루베리 농장 사업에 직접 참여하도록 추진하려 한다. 나아가 북한으로 진출 가능한 시점이

9. 북한선교를 향한 DMZ 블루베리 농장 사례

되면 본격적으로 북한내 외화벌이 수출형 프로젝트 농장으로 진출하여 자리 잡아가는 비전을 가지고 있다. 만약 북한의 급변 사태 등으로 민통선 지역에 난민캠프가 조성될 경우 난민들이 블루베리 농장 노동력으로 활용됨으로 그들에게 경제적 일자리를 제공할 수 있다. 이외에도 최근 북한선교를 품으며 파주 민통선 지역 내에 출범한 농장들이 몇 군데 더 있다. 양계를 하는 성심농장, 사과 재배의 평화농원 등이 있다. 파주 민통선 지역의 양계농장은 조류독감과 관련 규제들로 인해 심각한 어려움을 겪었다. 앞으로 이런 제약 요건들을 잘 극복하면 그간 선교분야에서 기여해 온 보나콤의 양계 모델과 연계하여 성공적인 북한 진출을 도모할 수 있는 농업기반 경협사업이 될 수 있을 것이다.

엔사랑선교회는 탐방사역으로 강화에서 고성에 이르기까지 총 280회에 이르는 DMZ 안내 가이드와 현장 교육을 해왔다. 북한과 통일 관련 교육은 학교나 교회의 강의장에서 이루어질 수 있다. 그러나 무엇보다 현장을 방문하면서 이루어지는 현장교육은 감동을 주는 신선한 체험이 된다. 특히 조중러 국경으로의 여행이 어려우며, 독일 베를린이나 태국 탈북자 루트 여행이 비용이 많이 드는 점을 고려하면 쉽고도 저렴하게 현장 체험교육을 할 수 있다. 향후 관광이나 여행 분야에서 창업을 생각하는 탈북민 그룹이나 청년 그룹과의 연계도 추구하고 있다. 2018년에 기독경영연구원 쳄바 (CHEMBA) 창업 과정을 수료한 분들이 협력하여 만든 DMZ 전문여행사 스타트업은 코로나 때 관광업의 극심한 타격으로 현재는 활동하지 못하고 있다. 이러한 경험을 이어받아 선교 목적의 크리스찬 비즈니스선교기업이 재창업되어 북한선교의 실제적인 성공모델로 자리잡아 가기를 기도하고 있다. 전문여행사 기업은 그간 엔사랑이 쌓아온 노하우를 전수받으며 DMZ 전문여행과 더불어 조중러 국경과 북한내지 관광으로 성장해갈 수 있을 것이다. 그리고 열방으로까지 나아가는 좋은 비즈니스선교 모델로 자리잡아 가기를 기도하고 있다.

III. 북한 농업과 한국 농업의 현재

1. 북한 식량위기와 타개 가능성

북한은 90년대 이후 계속되는 식량 위기를 겪고 있다. 북한의 연간 쌀, 밀 옥수수, 감자 등의 주곡 생산은 연 450만~500만톤인데, 매년 100만톤 정도가 부족한 현실이다. 이러한 식량부족 문제는 계속 해결이 안되고 있다. 이는 지속된 자연재해와 유엔 제제로 인한 농자재 수입 제한 등이 주된 이유이기도 하지만 구조적으로는 사회주의 농업 정책의 한계 때문이기도 하다. 북한은 폐쇄자급형 농업으로서 곡물자급율이 90% 내외 수준인데, 부족분은 외부로부터의 수입이나 원조 등으로 해결하고 있다. 반면에 남한은 개방수입형 농업으로 곡물자급율은 20% 수준에 불과하다. 남한은 연간 400만톤 내외의 쌀 생산이 이루어져 자급이 이루어지고 있다. 반면에 쌀을 제외한 농작물 자급율은 10% 미만이다. 북한 농업의 재배면적은 북한이 남한 대비 1.2배이나 단위 면적당 생산성은 북한이 남한의 1/2 수준이다. 농업 종사 인구는 북한이 750만명으로 인구의

30%가 3천여 협동농장에 속하여 생산하고 있다. 그러나 농민들의 자부심은 낮다. 반면 남한은 소농과 대농, 전문농 종사자가 250만 명 수준으로 인구의 약 5%가 농업에 종사하고 있다.

북한농업 위기의 근본 원인은 폐쇄 경제로서 수입할 여력이 없는 외화 부족, 국방경제 우선으로 인한 농업 분야로의 자원투입 한계라 할 것이다. 북한의 자연농업 시도는 토지산성화와 농축산순환 단절, 비료공급 부족의 고육책이기도 하다. 북한은 분조관리제, 포전담당제를 통한 인센티브로 농가 배분 증대(국가 對 농가 7:3 수준), 뜨락또르 등 기계화와 농자재 생산 확대, 온실농장 증설, 2모작 추구(밀과 보리 생산 독려), 과채류와 가공 농식료품 공급 증대, 쌀의 장마당 유통 제한(이중가격제 구조)과 같은 농업 개혁 조치를 하였다. 그러나 식량난 해결은 자력갱생으로 안될 것으로 보인다. 결국 개혁개방으로 경제 전반이 풀려서 전력, 경유, 비료, 농자재 등 공급 애로가 타개되어야 할 것이다.

2. 한국 농가의 경영 애로 극복은 차별화 추구

남북 관계가 단절된 지금으로서는 북한에 비즈니스선교를 가지고 들어갈 수 없는 현실이다. 그런만큼 북한에 들어가기까지는 한국의 농업 환경 하에서 지속유지가 가능한 농장 경영을 해야 한다. 그리고 향후 북한에 들어갔을 때에는 북한 농업 환경에 맞는 농장 운영을 해야 한다. 이처럼 한국에서의 농업선교는 두 가지 과제를 가지고 있다. 현재 한국 농업 환경 하에서의 성공적 농장 운영이라는 첫 번째 과제와 향후 북한에 들어갈 경우 북한 농업 환경 하에서의 성공적 농장 운영이라는 두 번째 과제이다.

"아무나 농사 짓나!"라고 할 만큼 농업은 어려운 산업 분야이다. 특히 최근의 기후변화로 인해 태풍, 홍수, 가뭄 등의 피해가 빈번해지고 있다. 자연 기후재해와 시장가격 변동의 직접적 영향을 받는 만큼 제조업과는 달리 안정적인 계획 경영이 어려운 산업이다. 그러면서도 국민들의 먹거리 확보와 식량 안보를 위해 필수적으로 잘 운영되어야만 하는 산업이다.

한국 농업은 현재 기업농과 영세 자영농 간 양극화된 농업 구조를 가지고 있다. 소규모 자영농은 여러 어려움을 겪으면서 지속가능성과 수익성 확보 싸움을 벌이고 있다. 실제로 한국의 소규모 자영농은 직불금 등 정부 지원금으로 그마나 어느 정도 소득(농가평균 농업소득은 농업소득 948만원, 이전소득(정부의 공적 보조금, 직불금등) 1,524만원, 합계 2,472만원, 2023년 기준)을 얻는 실정이다.

청년 창업농 실패도 증가하고 있다. 그러면서 한국 자영농가는 시장경제 하에서 지속적 생존 방안을 모색하고 있다. 치열한 시장경쟁에서 살아남아야 하는 것이다. 그 방안이 강소농 전략으로서 부가가치를 높이는 차별화를 추구하는 선택과 집중 전략으로 가는 것이다.

생산과 기술에서의 경쟁 우위 확보를 위해 스마트 팜 도입도 하고 있다. 유통가공에서는 틈새적 생존으로서 온오프라인 플랫폼 사업자로서 농협, 쿠팡, 마켓컬리 등의 지배력에 대응해 충성도 높은 직거래 소비회원 확보, SNS 활용, 가공제품 개발을 모색하고 있다.

9. 북한선교를 향한 DMZ 블루베리 농장 사례

6차 산업으로서 관련서비스 분야 진출도 하고 있다. 농업의 공익성을 활용하는 체험 체류형 전략으로 힐링&치유 팜이 6차 산업형 농업 사례이기도 하다. 현재 힐링 팜(Healing Farm) 모델이 정부의 노인복지 프로그램으로 추진되고 있으나 아직은 초기 단계라 할 수 있다.

IV. 민통선 블루베리 농장의 현재

1. 체험농장의 경영 애로

현재 엔사랑선교회는 협력농장으로 소망의농장, 하늘농장, 이음새농장의 3개 농장을 운영하고 있다. 향후 선교회 협력농장으로 동참할 소규모 농장의 증가 가능성도 있다. 현재 협력농장 두 곳은 임차한 땅에서 농사를 짓고 있다. 2023년에 세워진 이음새농장은 중국선교사였던 목사님이 직접 500평의 농지를 구입하여 토지를 소유한 농장주로서 직접 농장 경영을 하고 있다. 농장 이름도 남북의 농업을 연결하여 세운다는 의미로 '이음새'로 명명하였다.

농장을 세울 당시 투자비는 농지 구입에 1억원, 농장 하우스와 기타 시설 건립에 3천만이 들어 총1억3천만원이 투자되었다. 반면에 소망의농장과 하늘농장은 모두 20여 필지로 구성되어 있는데 소유자가 따로 있는 임차지이다. 다만 농지 임차료는 상당히 낮은 수준이어서 300평 기준에 연 10~20만원 수준이다. 이는 민통선 출입 통제 및 낮 시간에만 농장에 머물 수 있는 등 민통선 내부 토지 활용에 제약이 많기 때문이다.

비즈니스선교로서 운영하는 농장은 사업으로의 농장 운영과 선교로서의 농장 운영 간 충돌이 발생한다. 양자간 갈등이 증가하면 고용과 소득 창출에 실패할 수 있다. 농장들의 수익 구조를 보면 한 개 농장의 연간 매출 수입이 1천만원 미만이다. 비용 구조를 보면 농장주 인건비나 작업자들 인건비가 지불되지 않는 봉사 수준으로 운영됨에도 매출 수입이 각종 인프라 조성비, 농자재 구입비, 전력 등 제반 경비를 커버하지 못하는 실정이다.

농장 운영에 들어가는 제일 큰 비용은 인건비이다. 현재 한국의 자영 농가 대부분은 인건비를 지급하는 일손을 지속적으로 쓰는 데 한계가 있다. 하루 일당이 10~15만원의 인건비를 계속 지불하면 수지 맞추기가 어렵다. 일손을 쓰면서 운영하는 대규모 농장은 인력 확보도 어렵다. 그래서 외국인들이 농장에 와서 일하는 것이다. 현재 민통선 내 농장들에서의 대부분 일손은 동남아 등지에서 온 외국인들이다.

비즈니스 선교는 이익 창출보다는 일자리 제공과 피고용자의 소득 창출을 우선적 목적으로 운영된다. 사업체가 이익 창출을 주된 목적으로 추구하지는 않지만 적자가 지속되면 존속이 어려워진다. 협력농장들의 수입 대비 비용을 볼 때 아직 적자 상태이다. 그래서 적자를 줄이는 지속가능성을 다각도로 모색하고 있다. 인건비를 시장가격으로 지급하지 않는 봉사팀 운영과 선교회 후원금 지원으로 존속해 왔다.

9. 북한선교를 향한 DMZ 블루베리 농장 사례

주요 방안으로서 ① 관광 탐방과 연결하는 농장 운영, ② 인력 활용으로서 봉사자 두레팀 운영, ③ 시설비의 외부 후원을 추진하고 있다. 특히 임차지가 대부분인 농장 땅 소유구조에서 뜻을 같이하는 분들이 매입하게 함으로 장기적으로 농장을 엔사랑 선교회원의 소유 토지로 가려고 한다. 임차지로 되어 있는 농장 구조에서는 농장 시설 개선이나 체험 농장을 위한 여러 부대 시설을 할 수 없기 때문이다. 인건비를 줄이기 위한 방안으로 무보수 봉사자 일손을 적극 활용하고 있다. 현재 엔사랑선교회 회원으로서 목사, 선교사들로 구성된 두레팀이 매주 화요일 협력농장에서 예배드리고 일손으로서 함께 노동하고 있다.

2. 체험 방문자들의 높은 만족도

엔사랑선교회 농장은 블루베리를 주 작물로 하고 있다. 블루베리가 전략적으로 높은 부가가치를 올릴 수 있는 작물이기 때문이다. 최고의 생태치유 열매로서 안토시아닌이 풍부하다. 안토시아닌은 성인병 예방과 안과 치료에 효과적이다. 현재 많은 국내 농가에서 생과 재배가 이루어지며 국내시장에는 미국·칠레산 수입 냉동 블루베리도 유통되고 있다.

코로나 이후 협력농장을 방문하는 방문객 숫자는 매년 1,000여명을 넘어서고 있다. 특별히 매년 6~7월의 블루베리 수확 시즌에는 수확 체험과 민통선 관광을 함께 하는 방문자가 500여명을 넘는다. 이들이 농장에서 블루베리 수확을 하면서 생과를 직접 따서 맛본다.

체험 현장에서는 자신이 원하는 대로 따서 무료로 맛보게 한다. 민통산 내부에서의 청정 공기와 지하수를 먹고 자라며, 화학비료를 쓰지 않기 때문에 생과 맛이 달고 좋다. 그리고 딴 생과를 500g용 팩에 담아서 가져갈 경우에만 구입하도록 하고 있다. 2024~25년에 블루베리 생과의 농장 현장 구입 가격은 1kg당 2만5천원이었다. 방문자는 생과 체험 후 대체로 일인당 1~5kg를 현장에서 직접 따서 구입해 간다.

2025년 협력농장의 블루베리 생산 규모는 1톤 정도로, 총 매출 규모는 2,500만원 수준이었다. 블루베리 농사에서 제일 많이 소요되는 일손은 수확할 때 블루베리를 직접 따는 노동력이다. 그런데 체험 수확의 장점은 소비자가 직접 와서 수확을 하기 때문에 인건비도 절감되고, 소비자 입장에서는 농장과 민통선 지역 체험을 함께 할 수 있는 장점이 있다.

민통선 지역은 관할 군부대 허가 없이는 일반인 마음대로 들어올 수 없는 곳이다. 그런데 농장 출입증을 가진 인솔자의 도움을 받아 민통선 지역의 공기와 물, 현지 체험을 직접 할 수 있게 된다. 방문자들은 파주 민통선 내부의 통일촌, 해마루촌, 남북출입사무소, JSA 입구, 도라산 평화공원, 덕진산성 등을 직접 탐방하는 관광 체험을 한다. 탐방 관광을 하면서 블루베리 수확 체험을 같이 하는 만큼 방문객들의 만족도는 매우 높은 편이다. 체험하신 분들에게 '방문이 어땠느냐?'는 질문을 하면 대부분이 '좋았다'라고 긍정적 응답을 한다.

9. 북한선교를 향한 DMZ 블루베리 농장 사례

파주 민통선 지역에는 블루베리 외에도 쌀, 양계, 사과, 복숭아, 양봉 등을 재배하는 선교 목적의 농장들이 있다. 엔사랑선교회는 이들과 협력하면서 타 농장 방문도 추진하고 있다. 나아가 DMZ 농업에서의 생태계 조성을 위해 협력농장들이 동참하는 꾸러미 상품을 판매하기도 하였다. 꾸러미에는 쌀, 사과, 고구마, 감자, 옥수수, 고추 등의 상품이 포함되었으며, 2023년에는 네이버 스마트스토어를 온라인 판매처로 활용하였다. 구매자들은 다양한 상품과 상대적으로 저렴한 가격에 만족하는 편이다.

V. 블루베리 농장의 북한 진출 비전

1. 북한 진출을 준비하는 블루베리 선교농장 모델

엔사랑선교회의 블루베리 농장은 향후 북한 진출을 목적으로 하고 있다. 농업은 북한을 실제적으로 도울 수 있는 산업이다. 농업을 통한 식량위기 극복과 더불어 체험관광을 통한 외화벌이가 가능하다. 블루베리는 다년생 과수로서 주로 산지에서 재배된다, 북한 땅 대부분이 산지로 구성된 점을 고려하면 북한에 적합한 작물이기도 하다. 현재 북한에서 생산되는 들쭉은 블루베리의 한 품종으로서 주로 백두산 지역에서 재배되고 있다. 양강도 삼지연에 있는 가공공장에서는 들쭉술, 들쭉음료를 생산하고 있다. 백두산 들쭉은 품질이 좋아 중국 쪽 장백산에서 재배되는 블루베리는 말린 블루베리, 블루베리 음료 등으로 중국 전역에서 팔리고 있다. 연길지역에서는 관광객들이 많이 사가는 상품이기도 하다.

블루베리는 농업생산성 면에서 전략적으로 유리한 작물이다. 단위 면적당 투입비용 대비 높은 매출 수입이 가능한 작물이다. 주식인 쌀, 밀, 강냉이를 생산·판매하는 것보다 투입 대비 높은 산출을 올릴 수 있기에 전략적인 것이다. 엔사랑선교회에서 준비하는 블루베리 선교농장 모델은 표준모델로서 500평 농장에 300주 입식을 하려 한다. 재배기술을 잘 활용하면 5년생 나무 한 그루에 한해 6~7kg 수확이 가능하여 300그루 나무에서 한해 2톤 생산이 가능하다. 생과 가격은 현재 한국의 시장가격을 기준할 때 kg당 2.5만원 수준이다. 이를 기준으로 생과를 국내 가격으로 판매할 경우에는 한해 500평 농장에 5천만원 매출 수입이 이루어지며 40%의 생산비용(자재비, 경비, 인건비 등)을 가정할 경우 한해 3천만원의 순수익이 가능하다.

북한의 경우 저렴한 인건비의 노동력을 쓰기 때문에 생산비용은 40% 아래로 낮추어질 수 있다. 북한에서 500평 농장 운영에 한 해 3천만원 수입은 괜찮다고 보아야 한다. 북한에서 블루베리 농장이 잘 운영된다면 일손으로 참여하는 많은 노동 인력들에게 안정된 일자리와 소득 제공이 가능해진다. 블루베리를 가공한 음료나 잼, 술을 한국이나 중국 등 해외로 수출한다면 외화벌이 목적을 이룰 수 있다. 이처럼 북한에서의 블루베리 선교농장 모델은 블루베리를 잼, 음료, 건강식품 등의 가공식품으로 만들어 내수용, 수출용으로 판매하는 것이다. 블루베리를 생과로 직접 판매하는 것보다 가공한 상품으로 판매하는 것이 부가가치를 높이는 데 유리하다. 이는 쌀이나 밀, 강냉이 등의 주곡을 생산하는 방향보다 블루베리의 생산·

가공·판매를 통해 높은 부가가치를 추구하는 것이다.

　현재 한국에서는 민통선 내부의 체험 농장으로 가고 있지만, 향후 북한에서는 외화벌이용 농장으로 자리매김할 수 있을 것이다. DMZ 블루베리 농장이 한국 내에서는 북한선교의 통로로, 북한 진출 시에는 북한 경제개발의 도구로 쓰여지길 기도한다.

10

한류와 함께 복음을: A국의 마창선 선교사

한정화

Ⅰ. 대학 시절 비즈니스 선교에 대한 꿈을 갖다

마창선 선교사는 이랜드의 마케팅 기획자였으며, MBA 출신의 성공적인 패션 브랜드 컨설턴트라는 경력을 내려놓고 지난 15년 동안 A국의 한 소도시에서 카페와 커뮤니티 센터를 운영하면서 복음을 전해왔다. 그는 대학 시절부터 비즈니스 선교에 대한 꿈을 가지고 있었다. 그때는 자신이 직접 가기보다 보내는 선교사가 되겠다는 생각을 가지고 있었는데, 어느날 하나님께서 강권적으로 역사하셔서 현장으로 가게 되었다. 세상에서 성공할 수 있는 커리어를 그만두고 선교지 대학가 카페의 주방장이 되어 하나님과 동행을 하면서 사역을 해왔다.

마 선교사는 경희대에서 경영학을 전공하고 1997년 ROTC로서 철원 최전방에서 소대장 생활을 마쳤다. 대학시절 '선교한국' 대회를 통해 '비즈니스를 통한 보내는 선교사'로 헌신했다. 1997년 7월부터는 이랜드에서 5년간 마케팅 리서치와 브랜드 전략 기획 업무를 담당했다. 2001년에는 좀 더 구체적인 비즈니스 선교를 위해 선배들과 모라비안바젤이라는 컨설팅 회사를 시작했다. 첫 프로젝트는 이엑스알이라는 패션 브랜드 론칭 컨설팅에 참여했다. 이엑스알은 공전의 히트를 기록했고, 이 브랜드의 성공으로 많은 컨설팅 의뢰가 들어오게 됐다. 여세를 몰아 주얼리 브랜드 제이에스티나, 컨버스, 패션 브랜드 엘록, 코오롱 스포츠 등을 성공적으로 론칭하며 5년여 동안 컨설턴트로 일한 후 MBA에 입학하면서 회사를 그만두었다.

킹덤 비즈니스 _ 하나님 나라 기업가정신과 BAM

마 선교사는 경영학 전공만이 아닌 찬양 선교에 대한 재능과 열정을 가지고 있었다. 그는 대학 때 CBS 복음 성가 경연대회에 곡을 출품하여, 그가 만든 노래를 부른 교회 선배가 대상을 탔고 그는 작곡상을 탔다. 그후 극동방송 창작 복음성가 대회에 출전했는데, 지금의 아내와 듀엣으로 출전한 이 대회에서 작곡, 작사 부문에서 동상을 받았다. 이를 계기로 공연, 방송 출연, 방송 진행을 하게 되었고, 대학 졸업 후 방송 선교를 꿈꾸었다. 하지만 경영학을 전공하면서 꿈꿨던 비즈니스 선교에 대한 마음이 점점 크게 다가왔고, 이랜드에 입사하면서 찬양이나 방송 선교와는 차츰 멀어지기 시작했다.

II. A국을 향한 부르심

컨설팅 회사를 그만두고 MBA를 공부하며 아내가 운영하고 있던 악세서리 회사에 합류해서 같이 회사를 운영하게 되었다. 악세사리는 부피가 작고 부가가치가 높아서 이를 가지고 선교를 해보자는 생각을 가졌다. 회사를 선교기업으로 만들어보고자 하는 꿈을 갖고 직원들을 해외로 보내 현장 조사를 하게 했다. 원래는 직원들을 보내 지사를 만들어서 하는 선교를 꿈꾸다가 갑자기 하나님이 "너희 부부와 갔으면 좋겠다"라는 마음을 주셨다.

A국에 대한 마음은 이미 6년 동안 단기 선교를 해오면서 품고 있었지만 준비는 단기간에 이루어졌다. 4개월 정도의 준비기간을 거쳐 2008년 12월에 A국으로 가게 됐다. 처음부터 선교사가 없는 지역에 거점을 구축하고자 하는 목표가 있어, 수도가 아닌 지방 도시

10. 한류와 함께 복음을: A국의 마창선 선교사

로 갔다. 정착한 거주지 주변에는 중국계 대학이 있었다. 처음에는 중국계가 주 사역 대상이 아니어서 적극적으로 생각하지는 않았다. 오히려 카페에 대한 마음이 있었던 주변 선교사님들이 있어서 컨설팅을 해 드리려는 생각으로 사업계획서를 만들었다. 결과적으로는 본인이 그 대학 앞에 카페를 시작하게 된 계기가 되었다.

자본금이 부족하기도 했지만 5천만 원이 지방 도시에서 생존가능한 카페를 열 수 있는 자본금의 적정치라고 생각했다. 한국 음식과 커피 등의 음료를 파는 카페를 오픈했다. 카페를 통해 사역자의 안정된 신분과 다중적인 접촉점이 만들어졌다. 카페에서 첫 번째 선교 대상은 고객으로서의 현지인뿐 아니라, 한국어 교실 학생들과 직원들이었다.

두 번째는 한국 청년 훈련생들과 현지인 학생과의 접촉점이 만들어졌다. 비슷한 나이 또래로 선교사에 비해 더 깊은 교제권이 형성되었다. 한국어 학생들과는 함께 여행을 가고, 직원 숙소에서 6개월을 같이 살며 관계가 맺어졌다. 10여 년간 청년 훈련생들 중에는 2명이 장기로 헌신했고, 해외 취업 등을 통해 선교적 삶을 살아가는 수료생들이 있다.

세 번째는 단기팀과 현지인들과의 접촉점이다. 현지인 사역으로 전환된 이후에도 20여 번 단기팀을 받았고, 이들은 카페를 통해 현지인들을 접촉할 수 있었다. 단번에 복음에 접근할 수는 없지만, 이들은 현지인에 대한 선입견을 버리고 선교의 중보자로 설 수 있는 귀한 경험을 갖게 되었다.

기반이 잡힌 1년 후부터는 뜻이 맞는 분들과 공동체가 형성되었고, 본격적으로 근처 중국계 대학생을 향한 사역이 시작되었다. 사역의 거점이 있고, 공동체가 있어서 사역은 단기간에 정착되고 확장되었다. 중국계에게는 자유롭게 전도지와 전도 팔찌 등을 전해줄 수 있었고, 매월 초청 잔치도 진행했다. 교내 소규모 크리스찬 모임과 연계되면서는 더욱 활발한 사역이 진행되었다. 학교 강당을 빌려 집회도 하며 점점 늘어나는 학생들을 교내 크리스천 모임과 주변 교회로 인도했다. 최초로 학생들을 대상으로 한 전도 수양회도 개최할 정도로 역동성이 생겼다.

이후 사역의 이양을 생각하며, 크리스천 리더를 키우기 위한 기숙사 호스텔 2동을 오픈했다. 20 여명의 학생들이 공동체의 사역자를 통해 신앙훈련을 받아서 크리스천 모임의 리더가 되었다. 전도 행사도 이들의 자발적인 참여와 헌신으로 진행되기 시작했다. 카페와 호스텔을 거점으로 접촉, 초청, 전도, 제자훈련의 재생산이 이루어지는 단계까지 나아가게 된 것이다. 공동체 동역자들이 모두 함께 헌신하여 6명 정도에 불과하던 교내 크리스천 모임은 60명이 넘는 부흥이 이루어졌다. 이 과정 가운데, 한국의 젊은이들도 6개월~1년씩 와서 봉사와 훈련을 받는 과정이 생겨났다. 2024년까지 총 10기수 50여 명의 한국 청년이 봉사와 훈련을 수료했다. 이들은 BAM, 선교, 영어 등을 훈련하며 로컬 청년들과 선교사의 사이에서 다리 역할을 해주었다.

10. 한류와 함께 복음을: A국의 마창선 선교사

 무슬림 사역

A국은 이슬람이 국교여서 이슬람을 상대로 한 전도 활동은 불법으로 간주된다. 하지만 다른 인종에게는 종교의 자유가 헌법으로 보장되어 있다. 무슬림은 A국 인구의 60% 이상이다. 이외에는 25%의 중국계(화교), 8%의 인도계, 그리고 원주민과 기타 외국계 주민들이 있다. A국에서 종교 문제는 인종 간 갈등과 결합되어 민감한 이슈이다. 개종을 금지한 이슬람 교리와 헌법상 규정된 종교의 자유가 충돌하기 때문이다.

중국계 대학에서 5년 동안 사역을 하면서 어느 정도 성과를 거두게 되자 무슬림 지역에서도 해보자는 생각을 갖게 되었다. 2015년에 되는 때 1호점에서 1시간 반 정도 떨어져 있는 무슬림 대학가에 2호점을 냈다. 그 지역은 약 80~90% 정도는 무슬림이고 대학은 학생이 1만 2천명 정도였는데 100% 무슬림이었다.

2호점의 지역은 대도시에 비해 소득수준이 낮은 곳이었다. 현지 대학생은 천원 정도로 식사를 해결하는 수준이어서 최소한 4, 5천원 하는 한식은 경제성이 없었다. 하지만 꼭 해보아야 하는 시도여서 망할 수 있다는 각오를 가지고 시작했다. 오픈후 6개월 정도 되었을 때 재정적으로 안정된 운영이 되었고, 고객의 80% 정도가 현지인이었다. 한국인 손님은 없었고 중국계 손님이 20% 정도 되었다. 한국의 밤 등 이벤트를 했을 때도 반응이 좋았고, 파견된 가정이 많은 현지인들과 관계를 만들 수 있었다.

하지만 뜻밖의 위기가 찾아왔다. 1호점에서 잘 훈련받은 선교사가 2호점을 개척을 했는데 한 10개월 정도 운영을 하다가 포기했다. 무슬림 지역에서 영적인 공격도 많고 후원도 없는 상태에서 자비량을 해야 되는 상황이다 보니 육체적으로나 정신적으로 피폐해졌기 때문이었다. 오픈한 매장을 없앨 수가 없어서 마 선교사 본인이 한 달 반 정도 가서 상주하면서 직원들 체제로 바꾸는 작업을 했다. 매주마다 출장을 가서 직원들을 관리하고 물품들도 공급하면서 지점을 관리할 수 있는 체계를 만들어 갔다. 1호점하고 거리가 멀다 보니 관리가 쉽지 않았다. 여러 가지 어려움에도 불구하고 9년 동안 2호점을 운영하다가 2024년에 정리를 했다.

그러던 와중에 2018년 3호점을 오픈하게 되었다. 1호점 주방을 중심으로 식자재를 공급하는 센트럴 키친(central kitchen) 체제를 도입했다. 3호점은 1호점과 2호점의 중간에 위치했다. 2019까지 잘 되다가 2020년 팬데믹으로 인하여 위기를 맞게 되었다. 대학생들이 캠퍼스를 떠나자 영업에 심각한 어려움을 겪게 되었다. 재무적인 지표로는 모든 매장을 즉시 닫아야 하는 상황이었다. 배달과 포장 등 상황에 맞는 대처를 했지만 재정적 외부수혈 금액은 엄청나게 커졌다. 후원금을 받아서 간신히 버텼는데 결국 지점을 최근 접게 되었다.

마 선교사는 자비량을 절대적인 목표로 하지는 않았지만, 카페 오픈 초기에는 부부가 함께 일하면서 어느 정도의 자비량으로 생활했다. 그러나 자비량을 목표로 할 수 없던 이유는 경제 상황이 안 좋은 지방 중소 도시로 가겠다는 생각 때문이었다. 자비량에 성공했

10. 한류와 함께 복음을: A국의 마창선 선교사

다기보다는 후원이 없어서 주어진 재정 안에서 생활의 규모를 맞춰 갔기 때문이다. 수년간의 경험을 통하여 경제력이 약한 현지 대학생을 대상으로 한 자영업 수준의 BAM을 통해서는 자비량이 쉽지 않다는 것을 알게 되었다.

"비즈니스에서 돈은 피와도 같습니다. 돈이 충분하지 않거나 잘 순환되지 않으면 빈혈과 동맥경화와 같이 위험한 순간이 올 수 있습니다. BAM 과정에서 돈이 부족하거나 순환되지 않으면 실패합니다. 카페를 운영하는 동안 늘 재정적인 어려움이 반복되었습니다. 하지만 더 어려운 것은 BAM을 하면서 자비량을 하지 못한다는 자책감이었습니다."

마 선교사는 열악한 지역에서의 BAM은 100% 자비량은 어렵다는 결론을 갖게 되었다. 수지를 맞추기 위하여 직원을 쓰지 않다가 체력의 고갈되고 영적으로도 피폐해지는 경험을 자신과 다른 선교사들의 경우를 통하여 보았기 때문이다. 그는 50:50을 기준으로 자비량과 후원이 균형을 이루는 것이 필요하다고 보았다. 물론 사업장에서 충분한 수익을 얻을 수 있는 경우는 자비량이 가능하지만 BAM은 무조건 자비량이 되어야 한다는 것도 현실성이 결여된 원칙이 될 수 있기 때문이다. 상황에 맞추어 하나님이 주신 지혜로 최선을 다하는 것이 바람직한 BAM의 방향이 될 것으로 보인다.

IV. 무슬림과 BAM

마 선교사는 선교의 전략으로서의 BAM의 필요성에 대한 인식을 일찍이 가지고 있었다. 당시는 BAM이라는 용어가 일반적으로 통용되지 않았지만 자신과 아내가 몸담았던 이랜드에서는 비즈너리(비즈니스+미셔너리)를 개념으로 비즈니스 선교를 시도해 왔다. 마 선교사는 단기 사역기간 동안 청년들을 이끌고 A국의 대학 캠퍼스를 방문했었다. 5명의 청년들을 파송해 6개월씩 머물면서 사역을 돕고, 장기적 동역에 대한 준비도 해나갔다. 이 과정 속에서 자연스럽게 현지인을 만나는 거점에 대해 생각하게 되었다.

선배 선교사를 통해서 BAM이 쉽지 않다는 교훈을 받았다. 기본적으로 해외에서 소규모 비즈니스를 지속 가능하게 하는 것이 어렵다는 사실이다. 상대적으로 소득 수준이 낮은 대학생을 대상으로 BAM을 하는 것은 쉽지 않았다. A국이 가진 문화적 특성 때문에, 직원으로 훈련해 장기근속자로 정예화시키는 것도 쉬운 일은 아니었다.

하지만 그는 경험을 통하여 무슬림 선교에는 BAM이 전략적으로 유효하다는 확신을 가지고 있다. 사업자로서 신분이 확실하기 때문에 자연스럽게 현지인과 관계를 맺을 수 있었다. 음식점 사장님이고 한국어 선생님이기 때문에 신분을 숨길 필요가 없다. 비즈니스를 하지 않는 선교사는 자신의 신분을 숨겨야 하기 때문에 본의 아닌 거짓말을 하게 된다. 본인도 힘들고 또 깊이 더 관계를 유지할 수 없는 것이 선교의 장애요인으로 작용한다.

10. 한류와 함께 복음을: A국의 마창선 선교사

마 선교사는 3호점까지 운영할 때 무슬림 직원을 한 10명 정도 고용해서 일을 했었다. 공개적으로 전도를 하기는 어렵지만 비즈니스 가운데 기독교적인 문화들을 조금씩이라도 전할 수 있었다. 좋은 기회가 왔을 때는 1대1로 또 복음도 전할 수 있는 자연스러운 관계가 충분히 맺어졌다. 그러나 열매를 거두기는 쉽지 않았다. 무슬림인 현지인들에게 복음을 나누는 것이 제한되어 있기 때문이다.

충분히 관계가 형성되기 전에 복음을 전하는 것은 사역 전체를 무너뜨릴 수도 있다. 하지만 기다림 가운데 하나님께서 적당한 시기를 주시곤 했다. 매년 크리스마스는 전, 현직 직원들을 모아 크리스마스 파티와 함께 예수님 탄생의 스토리와 의미를 나눌 수 있는 좋은 시기다. 개별적으로는 1:1의 깊은 대화를 할 수 있는 기회를 잡아 간증과 복음을 나눈다. 이를 위해 장거리(1000Km) 운전으로 동행해 주기도 하고, 현금 횡령 사고에 용서의 복음으로 대응하기도 했다. 쉽게 열매가 맺혀지지 않았지만 10년 이상 믿음을 간직하고 있는 직원이 1명 있다는 것이 큰 위안이다.

"씨는 뿌렸지만 저희가 궁극적으로 거둔 열매 최종적인 결신자는 한 명밖에 없습니다. 지금 두 살 반 정도 되는 딸의 엄마인데 A국에서 2살까지 키우다가 도저히 이제 더 이상은 키울 수 없는 상황이 된 거예요. 왜냐하면 딸이 말을 하기 시작하면서 보안이 하나도 안 지켜지는 거죠. 자기네 친척들이 방문했을 때 아이가 예수님과 관련된 노래를 한다든지 방에 있는 성경책을 뽑아온다든지 하면서 겁을 먹게 됐습니다. 지금은 망명 신청해서 U국으로 갔습니다. 이 친구가 이제 자기의 신앙적인 회심 스토리와 무슬림이 기독교를 믿게 됐을

때의 어려움들을 글로 써가지고 저한테 보내면 제가 그것들을 짧은
스크립트 에피소드로 만듭니다. 그림 그리는 선교사님이 한 분 계셔
서 그림 그리고 그걸 동영상으로 만들어서 영어하고 현지어로 올리
는 온라인 사역을 시작한 지 한 반년 정도 됐습니다."

V. 한류와 무슬림 선교

A국에서는 한류의 영향력이 매우 크다. 매일 K-POP을 듣고 한국
드라마를 보는 학생들이 많다. K-Pop 댄스를 연습해 동영상을 찍어
유튜브에 올리기도 한다. 페이스북에도 한국말과 영어, 때로는 중
국어로 포스팅도 한다. 현지 대학생들도 한국 가수와 가요에 관심
이 많아서 복음을 전하는데 큰 도움이 되고 있다. 마 선교사는 선
교에 한류를 적극적으로 활용했다. 10년 전까지는 한류가 입체적이
지 않았다. 학생들이 2차원 안에서 한류를 즐기는 정도였다. 모니
터 안에서 즐기고 K-Pop 잡지 같은 것을 구독하는 정도였다. 그는
3차원 공간 가운데 한류를 충분히 즐길 수 있도록 해주려고 했다.
맛과 향기와 음악 등 청각적인 것과 시각적인 것을 제공하려고 노
력했다.

캠퍼스 근처에 거점이 있어서 다양한 문화 행사를 할 수 있었다.
종교적인 색깔만 뺀다면 K-Pop 공연도 할 수 있었다. 그런 행사들
을 통해서 대학생들을 더 많이 만나게 되었다. 많은 선교사들이 찾
아오는 거점이 되었고 카페 2층에서 한국어를 가르치게 되었다. 두
명의 장기 선교사가 자리를 잡는 거점 역할을 하게 되었다. 마 선

10. 한류와 함께 복음을: A국의 마창선 선교사

교사는 커뮤니티 센터를 오픈한 후 한류를 주신 하나님의 뜻을 깨닫게 되었다고 한다.

"서양의 기독교는 제3세계에서는 제국주의 지배세력의 종교입니다, 하지만 한국의 기독교는 제국주의에 대항한 독립세력, 민족세력의 종교입니다. 덕분에 제3세계 사람들은 한국의 크리스천에게 관대합니다. 함께 침략을 당했고 함께 독립한 동질성을 지니기 때문이다. 한류가 제3세계에 급속도로 퍼진 것은 이런 역사적, 감정적 장벽이 없기 때문일 것입니다. 1900년대 초에 제국주의에 의해 지배를 당하고, 1950년대에 엄청난 전쟁을 겪은 나라, 1970년대까지 비슷한 수준으로 못살던 나라가 지금은 세계 15대 경제규모로 급성장했습니다. 이들에게 한국은 동질감을 가진 나라인 동시에 성장의 모델이 되는 나라입니다. 특히 문화적 영향력이 커지면서 동경의 대상이 되었습니다. 한류는 하나님이 대한민국에 주신 엄청난 선교의 기회입니다. 닫힌 문을 두드리고 얼어붙은 마음을 녹이기 위한 도구로 사용해야 합니다."

VI. 지난 사역을 돌아보며

마 선교사는 처음에는 자신감을 가지고 시작했다고 한다. 크리스천 비즈니스맨으로서 일터와 대학(원)에서 나름 혹독한 훈련을 받아왔기 때문이다. 하지만 지난 15년간 개인의 부족함과 한계를 많이 느꼈다. 지금은 자신감보다는 겸손과 신중함이 더 커졌다. 지식 노동을 하던 한국에서의 생활은 일터에서 섬김의 실천이 많지 않았다. 연구하고, 분석하고, 리서치한 결과를 발표하는 일상이었다. 물론 고객인 경영층을 섬긴다는 생각으로 일했지만, 지식적으로 우위에 있어야 했기에 약간 교만한 태도를 가지고 있었다고 한다.

"지난 15년간의 일상은 섬김의 연속이었습니다. 누군가를 위해 음식과 커피를 만들고, 서빙하고, 청소하고, 설거지를 했습니다. 최근 3년간은 직원들에게 실무를 많이 위임해 주방에 들어가는 일이 적어졌지만, 초기에는 12시간 이상의 육체노동을 하는 자영업자였습니다. 이를 통해 섬김의 훈련을 제대로 받은 것 같습니다. 상대방의 필요를 찾아 서비스하고, 미소와 가벼운 대화로 환대를 하고, 감사와 재회의 소망으로 환송합니다. 이러한 태도는 선교사가 갖추어야 할 기본 자질이라 생각합니다. 베푸는 입장에서 내려다보며 나누는 복음이 아니라, 눈높이를 맞추고 낮은 위치에서 섬기며 나누는 복음이 되기를 소망합니다."

마 선교사는 무슬림 선교를 위해서 무슬림을 마음에 품고 기도해 보는 경험이 무슬림 선교의 첫발이 될 수 있다고 말한다. 그는 2022년부터 현지에서 작곡한 찬양을 유명 찬양 사역자들과의 협업을 통해 발표하고 있다. 각 찬양마다 무슬림을 향한 기도의 마음과 제목들이 달려 있다. 2023년부터는 이 땅의 금식월 기간 전에 한국 교회들이 '무슬림을 향한 30일 기도 운동'에 동참하기 위한 집회를 진행하고 있다. 마중물이라는 이름으로 진행하고 있는데, 이는 기도의 마중물을 붓는다는 의미를 가지고 있다. 마:마지막 땅을 향한, 중:중보기도의, 물:물줄기. 2025년에도 기도 운동 집회가 진행된다. 그는 2030년까지는 이 운동에 헌신할 계획이다.

"2030년은 특별한 해입니다. 매년 당겨지는 금식월이 연초에 있고, 12월 25일에 다시 금식월이 시작됩니다. 한국 교회에 주님께서 무슬림에 대한 마음을 부어 주시기를 기도합니다. 하나님이 무슬림 선교사, 비즈니스맨 그리고 찬양 사역자 세 가지 정체성을 저한테 주셨는데 이게 어떨 때는 되게 버겁고 막 이것도 제대로 못하는 것 같은 느낌이 많이 들거든요. 분명히 하나님의 뜻이 있을 텐데 생각하면서 이런 정체성과 나름대로의 경험과 달란트를 가지고 마지막 한 6년 정도하고 60세가 되면 현장에서 나오려고 합니다. 마지막 타임에 '하나님이 좋은 선교적인 모델을 좀 이끌어가 주셨으면 좋겠다'라는 기도를 하고 있고 있습니다."

11

팜슈거에서 비즈니스 미션 펀드까지

박상규

Ⅰ. 비즈니스 사명의 여정

황량한 사막 같은 세상 속에서 비즈니스는 어떻게 복음의 통로가 될 수 있을까? 한때 일반 기업에서 성공가도를 달리던 사람들이 주님의 부르심에 응답하여 사업을 사명으로 바꾸는 여정이 있다. 이들은 단지 돈을 버는 것이 아니라, 직장과 사업체를 하나님 나라를 전하는 현장으로 사용하고 있다. 세속의 언어로는 기업가이지만, 그 심장에는 선교사의 열정이 뛰고 있는 사명자들이다. 이들은 왜 전통적인 교회나 NGO 대신 비즈니스를 선택했을까?

비즈니스 세계는 복음을 들고 직접 들어가기 어려운 문화권에서도 합법적인 신분과 접촉점을 제공한다. 회사를 세우고 카페를 열면 지역 주민들은 자연스럽게 찾아오고, 직원과 손님이 관계 전도의 대상이 된다. 또한 일터에서 섬김과 정직의 가치로 모범을 보일 때, 삶을 통해 복음이 증거되기도 한다. 비즈니스를 통해 경제적 자립을 추구함으로써 장기적인 사역 지속도 가능성이 높아진다.

물론 비즈니스 미션(BAM)의 길은 결코 쉽지 않다. 사업 현장의 치열한 경쟁과 재정 압박 속에서 복음의 목적을 놓치지 않아야 하고, 때론 실패와 고난을 맞닥뜨리기도 한다. 그러나 이런 도전과 변화의 환경에도 불구하고, 하나님께서는 비즈니스를 통해 선교의 새 길을 열어나가신다. 캄보디아의 시골 마을에서 '팜슈거'라는 설탕을 통해 피어난 혜세드의 이야기는 만천하보다 귀한 한 영혼을 섬긴 여정이었으며, "비즈니스를 통한 하나님 나라" 확장의 좋은 사례로서 귀감이 된다. 이 멋진 스토리의 첫 시작은 한 사람의 결단으로 시작되었다.

킹덤 비즈니스 _ 하나님 나라 기업가정신과 BAM

II. 자본과 믿음 사이에서

헤세드를 창업한 이봉래 대표의 전반전 인생은 철저히 세상의 자본 논리 위에 세워진 듯 보였다. 1994년 그는 증권사에 입사하여 기업 재무를 분석하는 직장 생활을 시작했고, 2000년에는 기업 구조조정 전문회사를 공동 설립할 정도로 금융권에서 승승장구하며 성공적인 커리어를 쌓았다. 그가 설립한 창업투자회사는 벤처캐피털로 성장하면서 젊은 나이에 경제적 성공과 안정을 거머쥐었다. 그러나 그 정점에서 하나님은 뜻밖의 방식으로 그를 부르셨다. 첫 자녀의 탄생과 건강상의 위험을 계기로 그는 예수 그리스도를 인격적으로 만나 영접하였고 깊은 회심을 경험하게 된다.

예수님을 만난 이 대표는 곧바로 자신의 삶의 방향을 180도 전환했다. 주변의 만류에도 불구하고 함께 운영하던 회사를 떠나 지분을 모두 정리했고, 세상적 성공을 뒤로 한 채 제자의 삶을 살기로 결단한다. 2003년에는 주식회사 조이벨스를 창업하여 수익의 40%는 선교 후원에, 30%는 복지재단을 통해 어려운 이웃을 섬기는 일에 사용했다. 세상의 자본을 하나님 나라를 위해 흘려보내는 첫 실험이었다.

그러나 하나님께서는 그를 더 직접적인 선교의 현장으로 인도하셨다. 2012년, 그는 가족과 함께 제주도로 내려가 예수전도단(YWAM)에서 DTS 제자훈련을 받으며 선교사로 나갈 준비를 하고 있었다. 훈련을 마치면 곧바로 해외에 나가 복음을 전할 줄 알았지만, 하나님의 타이밍은 달랐다. 제주도에서 3년 가까이 기다리는 동안, 그는 우연처럼 보이는 하나님의 섭리로 비즈니스에 관심 있는 동역

11. 팜슈거에서 비즈니스 미션 펀드까지

자들을 만났다. 함께 DTS 제자훈련을 받은 평신도 젊은이들이 그의 집 지하에 모여 각자 관심 있는 사업 아이템과 선교 전략을 발표하며 머리를 맞대기 시작한 것이다.

그 모임을 통해 이 대표는 과거 자신의 금융 경력을 새로운 각도로 활용하게 되었다. 선교사들의 비즈니스 사역 이야기를 들으며 투자 심사역으로 일했던 시절이 떠올랐고, "저분들의 부족한 부분을 우리가 도와주면 어떨까?"라는 발상에서 자연스럽게 함께하는 BAM의 구상이 떠올랐다. 결국 뜻을 같이하는 6~7명의 핵심 멤버가 생겨났고, "우리 스스로 BAM의 모델이 되는 회사를 하나 운영해보자"는 담대한 꿈으로 이어졌다.

이 대표와 동역자들은 '어느 나라에서, 어떤 사업을 할 것인가'를 두고 함께 기도하며 여러 나라를 직접 답사했다. 농업 기반의 비즈니스를 통해 현지 지역을 개발할 수 있는 최적지를 찾던 중, 팀은 마음을 하나로 모아 캄보디아를 선택했다. 식량 문제 해결에 관심이 컸던 팀원들은 여러 후보 국가를 둘러본 끝에, 농업 여건은 뛰어나지만 개발이 절실히 필요한 곳으로 캄보디아가 최적이라고 판단했다. 이제 남은 과제는 "누가 갈 것인가"였다. 이들은 기도 끝에 한 사람을 뽑았고, 이 대표가 제비뽑기하듯 선택되어 가장 먼저 캄보디아로 떠나게 되었다.

2013년, 그는 캄보디아에 도착하여 첫해를 코트라(KOTRA)와 협력하며 현지 청년들의 창업 아이디어를 발굴하고 멘토링하는 프로젝트의 디렉터로 섬겼다. 6개월간의 훈련 후 우승팀에게 5만 달러의 창업자금을 지원하는 이 프로그램을 통해, 이 대표와 현지 청년들이 함께 검토한 여러 사업 아이템 중 최종 선발된 한 팀의 아이디어가 바로 현재 헤세드의 '팜슈거' 사업이다.

III. 팜슈거, 사막에 핀 달콤한 복음

팜슈거(Palm Sugar)는 캄보디아 농촌에 숨겨진 달콤한 보물과 같은 존재였다. 팔미라 야자나무 꽃에서 나오는 수액을 졸여 만든 비정제 천연당으로, 폴리페놀 등 각종 미네랄이 풍부하고 혈당지수가 낮아 건강한 대체 감미료로 각광받는 제품이었다. 특히 캄보디아에서 생산되는 팜슈거는 품질 면에서 세계 최고 수준으로 평가받았다. 단 한 가지 장애물은, 전통적인 생산 방식의 위생 문제와 품질 관리 부재로 인해 국제 시장에 수출하지 못하고 있다는 점이었다.

그러나 이 대표는 바로 그 약점, 즉 장애물을 오히려 기회로 보았다. "뛰어난 원재료를 세계적인 수준의 제품으로 만들어 수출해야 지속가능한 비즈니스를 할 수 있다"는 확신으로, 팜슈거를 팀의 사역 아이템으로 선택했다. 다만 이 사업은 현지 농부들과의 협력 없이는 성공할 수 없다고 판단하여, 그는 애초부터 공동체적 접근을 계획했다. 비즈니스의 목적은 사람들을 섬기는 데 있다는 깨달음은 예전에 들었던 "포도원 주인은 고용을 위해 포도원을 하는 것이지 돈 벌려고 하는 것이 아니다"라는 한 목회자의 조언과도 맞닿아 있었다. 그만큼 이 대표에게 팜슈거 사업은 단순한 이윤 창출이 아니라 사람을 세우고 변화시키는 일임을 의미했다.

가장 먼저 팀은 캄보디아에서 가장 빈곤한 마을을 찾아 나섰다. 오지 중의 오지라 할 만한 캄퐁츠낭 지역의 한 작은 마을을 선정한 뒤, 마을 이장은 물론 모든 주민들을 초청해 큰 잔치를 베풀었다. 잔칫상에 모인 주민들 앞에서 이 대표와 팀원들은 새롭게 시작할 비즈니스의 꿈을 진솔하게 설명했다. "캄보디아의 팜슈거를 세계적인 수준으로 만들고 싶습니다. 지금 이 팜슈거는 원료는 좋지만 위생 문제 때문에 수출을 못 하고 있어요. 우리가 제안하는 방식은 여러분이 해오던 것보다 귀찮고 까다로울 수 있습니다. 하지만 이 방식을 따라주신다면 최고의 품질로 가공해 세계 시장에 수출할 수 있습니다."라고 열정 어린 호소를 하였고 이어서 "우리 방식대로만 생산해주시면 이 마을에서 우리는 모든 팜슈거를 현재 가격보다 30% 이상 높게, 그것도 전량 구매하겠습니다"라는 파격적인 약속까지 내걸었다. 기업이익을 착취하지 않고 오히려 더 나은 소득을 보장해주겠다는 제안에 주민들은 놀라워했다.

헤세드는 말뿐 아니라 실행으로 신뢰를 보여주었다. 약속을 지키기 위해 각 농가마다 위생적인 제조가 가능하도록 새 솥과 도구를 제공하고, 일일이 찾아다니며 "모자 쓰기, 장갑 끼기, 손 씻기, 솥 관리법"까지 하나하나 실습 교육을 했다. 그렇게 시작된 프로젝트에 마을 주민 50가구 중 처음에는 7가구만 참여 의사를 밝혔다. 낯선 외국인들이 제시하는 변화가 선뜻 믿어지지 않았던 것이다. 그래도 그 7가구와는 형식적으로나마 계약서를 작성하며 신뢰의 첫 단추를 끼웠다.

낯선 한국인 크리스천 사업가들과 현지 농민들의 동행은 이렇게 출발했다. 초기에는 서로를 경계하는 시선도 있었지만, 회사는 처음 약속한 대로 농가에서 생산된 팜슈거를 모두 수매했다. 그것도 이전보다 30% 높은 가격을 꾸준히 인정해주자 농민들도 점차 마음을 열기 시작했다. "정말 우리를 착취하려는 게 아니라 잘 살게 해주려는 거였나?" 하는 믿음의 씨앗이 싹트기 시작했고, 근로 의욕도 덩달아 높아졌다. 그 결과 다음 해에는 이웃들이 그 변화를 지켜본 후 참여 농가가 20가구로 늘어났고, 작게나마 공동체가 형성되어 신뢰가 쌓여가기 시작하였다.

IV. 신뢰의 공동체가 일군 선한 영향력

처음 참여한 7가구와 헤세드는 함께 부딪치고 배우며 신뢰의 구조를 잡아 나갔다. 사실 초창기에는 새로운 생산 방식으로 인해 농가별 편차가 생기고 협업 문화가 익숙하지 않아 혼란도 적지 않았다. 하지만 충분한 시간을 들여 서로를 이해하고 난 뒤, 회사는 다음 단계를 준비할 수 있었다. 각 가정이 제각기 뿔뿔이 작업하던 방식을 개선하기 위해 초창기 멤버 중 한 농가의 마당에 공동 작업장을 세워준 것이다. 이제 일찍 작업을 끝낸 사람은 이웃을 도울 수 있고 모두가 한곳에 모여 위생 기준을 지키며 분업을 할 수 있게 되었다. 처음엔 어색해하던 농부들도 차츰 협업의 즐거움을 깨닫게 되었고 서로 돕는 사이에 생산량은 눈에 띄게 늘어나 자연스레 분업 시스템도 자리잡게 되었다.

이렇게 공동 작업 체계로 전환하자 효율과 생산성에서 놀라운 변화가 일어났다. 같은 인원으로 예전에는 연간 12톤 생산에 그쳤지만 공동 작업 이후에는 25톤까지 생산량이 급증했다. 생산량 증가는 고스란히 농가들의 소득 향상으로 이어졌다. 함께 일하는 주민들의 수입이 크게 늘어나자 마을 대부분의 가정이 기꺼이 헤세드와 손을 잡게 되었다. 실제로 이 작은 마을 전체의 평균 소득이 약 60% 상승하는 열매를 거두었다. 팜슈거 사업을 통한 경제적 부흥이 마을 공동체를 변화시킨 귀한 결과를 가져온 것이다.

소득이 올라가고 생활이 나아지자 주민들 사이에 만연했던 생계형 이기심도 점차 사라졌다. 서로 협력하며 윈윈(win-win)하는 경험을 하면서, "함께 잘 살 수 있다"는 가치의 뿌리가 내리기 시작했다. 건강한 관계 속에서 건강한 팜슈거가 생산되었고 품질 향상과 생산량 증가에 힘입어 마침내 한국 수출도 성사되었다. 작은 시골 마을의 팜슈거가 국제 무대에 진출하는 역사적인 순간이 찾아온 것이다.

사업이 계단 오르듯 단계적으로 성장하자, 외부에서도 이들을 주목하기 시작했다. KOICA(한국국제협력단)가 추진하는 사회적기업 지원 프로그램(IBS 사업)에 헤세드의 팜슈거 프로젝트가 선정되어 133만 달러(약 15억 원)의 사업비를 지원받게 되었다. 이를 통해 최신 위생 설비를 갖춘 HACCP 인증 공장을 신축하며 생산 규모를 한층 더 늘릴 수 있었다. 국내에서는 한 친환경 유통기업과 협력하여 판로를 구축했고, 현지 팜슈거 농민 조합은 총 50가정 규모로 커지며 연 100톤 이상을 생산·공급하는 수준으로 성장하였다. 비록 작은 시작이었지만, 그 끝은 창대하리라는 말씀 그대로 이제는 어엿한 지역사회의 주력 사업으로 자리매김하게 되었다.

이후 국제 무대의 인정도 뒤따랐다. UN 식량농업기구(FAO)에서 선정하는 지속가능한 농업모델 최우수사례로 뽑혀 최우수상을 수상했고, 대만에서는 아시아 태평양 사회혁신상을 받는 등 캄보디아의 '팜슈거 공동체 헤세드'는 국제적인 모범 사례로 각광 받았다. 그러나 무엇보다 값진 열매는 이 과정에서 복음의 씨앗이 공동체 안에 뿌려져 싹이 나고 자라나 영혼의 열매를 맺기 시작했다는 점이다.

헤세드 팀은 현지 교회와 지역사회를 연결하는 데에도 최선을 다했다. 팜슈거 공장이 세워진 3,000평 부지의 절반에는 예배당을 함께 지었다. 성급히 교회를 세우기보다는 주민들에게 충분히 신뢰를 얻고 "저 사람들은 우리에게 진심으로 좋은 일을 해주러 온 것 같다"는 확신이 들었을 때 교회를 세운 것이다. 그리고 그 교회를 주일 예배뿐 아니라 어린이 놀이터와 돌봄센터, 마을회관처럼 평일에도 활짝 개방하여 주민들이 일상 속에 드나드는 열린 공간으로 삼았다. 지금은 마을에 크고 작은 일이 생기면 자연스럽게 교회 마당에 모일 정도로, 교회의 문턱이 낮아지고 공동체의 사랑이 흘러가고 있다.

현재 헤세드의 캄보디아 팀에는 선교사 가정 7쌍과 독신 선교사 3명이 함께 섬기고 있고, 6개의 사업 부서에 현지인 직원 30여 명이 일하고 있다. 팜슈거를 납품하는 농부 조합원의 수는 200여 명에 이르는데, 초기에는 그 중 10가정만 크리스천이었으나 공동체

11. 팜슈거에서 비즈니스 미션 펀드까지

안에서 사랑을 체험하고 삶이 나아지는 것을 보며 믿음의 길로 들어서는 가정들이 점차 늘어나고 있다. 비즈니스를 통해 얻은 열매가 단순한 경제적 번영에 그치지 않고 영혼 구원의 열매로까지 이어지고 있는 중이다.

이렇듯 헤세드의 이야기는 한 사람의 순종이 어떻게 한 마을을 바꾸고, 나아가 비즈니스를 통한 총체적 선교의 모델이 되어가는지를 보여준다. 가장 밑바닥이라 여겨졌던 가난한 농부들이 이제는 "내가 만드는 이 제품이 한국 같은 선진국에 수출된다"는 자부심을 갖게 되었다. 실제로 헤세드는 해마다 두 번씩 여는 마을 잔치에서, 한국 면세점에서 판매되는 팜슈거 완제품을 선물로 받은 농부들은 감격의 눈물을 쏟았다. "우리가 이렇게 훌륭한 제품을 만들고 있다는 것이 너무 자랑스럽다"며, 이전에는 느껴보지 못한 자존감을 스스로 발견하게 된 것이다. 소득 증대도 의미 있었지만, "나는 더 이상 보잘것없는 존재가 아니다"라는 정체성의 변화가 이 대표와 헤세드 구성원들에게는 가장 보람되고 감사한 순간으로 남았다. 이렇듯 하나님 나라 확장을 위한 비즈니스 선교는 복음을 매개로 삶의 총체적인 변화를 일으키고 있다.

V. 팬데믹으로 겪게 된 위기의 극복

2020년 전 세계를 덮친 코로나19 팬데믹은 이 작은 공동체도 피해 가지 않았다. 급격히 퍼지는 감염병을 막기 위해 캄보디아 정부가 국경을 걸어 잠그고 외부 접촉을 차단하면서, 헤세드의 팜슈거 사업도 치명타를 입었다. 당시 팜슈거 제품은 주로 캄보디아 내 면세점과 백화점에서 관광객을 상대로 판매되고 있었고 내수 판매량으로는 캄보디아 설탕 시장에서 2위를 차지할 만큼 성장세에 있었다. 그런데 관광객이 뚝 끊기자 창고에는 팔리지 못한 재고가 산더미처럼 쌓이기 시작했고 몇 년간 키워온 사업이 벼랑 끝에 몰리는 위기에 처했다.

절체절명의 위기를 극복하고 살아남기 위해 헤세드는 온·오프라인의 모든 방안을 다 시도했다. 유통 과정을 최소화한 온라인 직판을 시작했고 설탕 원료가 필요한 국내외 식품업체에 대량 납품할 수 있는 B2B 루트도 개척했다. 그럼에도 불구하고 2020년부터 2023년까지 팜슈거 매출은 전년 대비 급감하여 정상적인 경영을 이어가기 힘든 수준이 되었다. 다른 경쟁 업체들은 하나둘 농가와의 계약을 파기하고 팜슈거 수매를 중단했다. 자기들 창고의 재고도 소화하지 못하니 농민들이 가져오는 물량을 받아줄 수 없었던 것이다.

이 글로벌 위기 상황에서 가장 큰 시험대에 오른 것은 처음 맺은 약속이었다. "남는 재고가 쌓이더라도 농민들과의 약속은 반드시 지켜야 한다." 이 대표는 초창기에 농부들과 맺은 전량 수매 보장 약속을 지키기로 했다. 팔리지 않는 제품을 계속 사들이는 것은 회사 재정에 큰 부담이었지만, BAM의 정신은 숫자 이상의 가치임을 알았기 때문이다. "판매가 되지 않더라도 같은 가격에 끝까지 사주는 것, 그것이 우리가 생각하는 비즈니스 선교의 정신이다." 이러한 신념으로 헤세드는 팬데믹 기간에도 한 톨의 팜슈거도 외면하지 않고 모두 거둬들여 구매했다. 당연히 회사의 재정 상황은 날로 악화

11. 팜슈거에서 비즈니스 미션 펀드까지

되었다. 하지만 뜻밖에도 위기 속에서 더 큰 감사와 소명의 꽃은 피어나고 있었다.

약속을 지킨 덕분에 농부들은 팬데믹 중에도 계속 일할 수 있었고, 기본 소득을 이어갈 수 있었다. 농민들은 "끝까지 우리를 책임져 주어 고맙다"는 마음을 전하며 오히려 힘든 회사 측을 위로하고 격려해 주었다. 모두가 힘든 시기였지만 함께 눈물을 흘리며 서로를 지켜낸 덕분에 신뢰의 끈은 전보다 훨씬 굳건해졌다. 이 대표는 "우리가 꿈꾸던 BAM의 정신을 가장 잘 실현한 시간이었다"며 오히려 하나님께 감사의 영광을 돌렸다. 물론 현실적인 상황이 당장 나아진 것은 없었으나, 어두운 터널을 지나며 생긴 내적 성숙이 있었기에 누구도 포기하지 않고 버틸 수 있었다고 고백한다.

믿음의 경영은 끝까지 포기하지 않는 것에서 시작된다는 말을 증명하듯, 헤세드는 "구하라, 찾으라, 두드리라"(마 7:7)는 성경 말씀을 붙잡고 끊임없이 새로운 길을 모색했다. 그리고 마침내 2025년 새해 벽두, 하나님은 기적 같은 돌파구를 열어주셨다. 인도네시아의 한 식품 회사에서 대량의 팜슈거 주문이 들어온 것이다. 그것도 일회성 구매가 아니라 거래 조건만 맞으면 지속적으로 수매하겠다는 의향까지 전해왔다. 해외 시장의 새로운 활로가 열리는 신호탄이었다. 동시에 한국 국내에서도 희소식이 들려왔다. 한 대형 식품업체와 프랜차이즈 베이커리가 팜슈거를 활용한 신제품 개발을 적극 추진하겠다고 연락해 온 것이다. 심지어 학교 급식 분야까지 팜슈거 사용을 검토하기 시작하면서, 팬데믹으로 꽁꽁 얼었던 수요의 빗장이 조금씩 풀리는 조짐이 보이게 되었다.

팬데믹 기간 동안 흘린 눈물과 땀은 결코 헛되지 않았고 헤세드와 농부들이 함께 지켜낸 약속의 신뢰는 더 큰 축복의 나무가 되어 열매를 맺고 있었던 것이다. 무엇보다 서로의 헌신을 확인한 공동체는 이제 웬만한 세상의 파고에도 깨지지 않을 단단한 믿음의 공동체로 성장했다. 그리고 그 다음 단계의 비전을 꿈꾸게 되었다.

VI. 기적의 회복, 그리고 펀드로 향하는 길

팬데믹의 터널 끝에서 찾아온 인도네시아 수출 계약과 국내외 새로운 판로 개척은, 헤세드 공동체에게 단순한 매출 회복 이상의 의미였다. 그것은 하나님께서 "내가 너희의 수고와 믿음을 기억한다"고 보여주신 은혜의 징표였다. 이제 헤세드는 다시 한 번 도약을 준비하고 있다. 그러나 그 방향은 단지 자기 회사를 확장하는 데에 머물지 않는다. 이들은 처음부터 품었던 꿈, 바로 "BAM의 모범이자 모델"이 되겠다는 비전을 재확인했고, 지난 세월 시행착오를 겪으며 쌓아온 이 경험들을 더 많은 사람들과 나누고자 노력하고 있다.

한편 이 대표는 선교적 비즈니스에 뜻을 둔 젊은이들을 일깨우는 일에도 열정을 품고 있었다. 고등학교 시절 한 때, 방황하다 인생의 전환점을 맞아 뒤늦게 학업을 이어간 경험이 있던 그는 같은 상황에 놓여있는 청소년과 청년들에게 각별한 관심을 가져왔다. 그러나 그가 만난 많은 한국의 젊은이들은 현실의 벽 앞에서 도전 정신을 잃어가고 있었다. 취직도 어렵고 집 장만도 힘들어 주저앉는 경우가 많다는 것이다. 이에 이 대표는 30개국이 넘는 다양한 나라들을

11. 팜슈거에서 비즈니스 미션 펀드까지

다니며 시야를 해외로 돌리면 오히려 새로운 기회가 많다는 사실을 직접 체감했다고 말한다. 한국은 연 2% 내외의 낮은 성장에 머물러 있지만, 캄보디아와 같은 개발도상국들은 8% 이상 고성장을 이어가는 나라들도 있다. 낯선 땅에서 몇 년 각오하고 땀 흘려 도전한다면, 한국에서 얻을 평범한 성취보다 훨씬 큰 열매를 거둘 수 있고 복음도 전할 수 있다는 확신이었다.

헤세드는 이러한 비전을 품은 청년들에게 현장 실습의 기회를 제공하고 있다. 희망하는 이들은 캄보디아에 와서 1년 정도 팀과 함께 생활하며 일을 배우고 자기만의 사역 계획을 수립할 수 있다. 그 후 계획서를 제출하면 팀에서 검토하여 타당한 사업 아이디어라면 작은 씨드머니(Seed Money)라도 투자해 준다. 청년이 현지에서 열심히 정착하고 다음 단계로 도약할 준비가 되면 추가 투자도 이어갈 수 있다. 이러한 지원 프로그램은 헤세드뿐 아니라 같은 꿈을 가진 여러 단체들과 연합하여 진행되고 있다. 처음 낯선 곳에 뛰어드는 일은 막막하지만, 일단 현장에 섞여 함께 땀 흘리다 보면 차츰 눈이 열리고 열정이 불붙는다. 이 대표는 이렇게 도전에 나선 청년들이 복음과 비즈니스 두 영역에서 함께 성장해 가는 모습을 지켜보는 것이 큰 기쁨이라고 고백한다.

이렇듯 현재 헤세드 팀은 차세대 BAM 개척자들을 발굴하여 돕는 일에 힘쓰고 있다. 그러나 한 기업의 노력만으로는 역부족임도 절감하였다. 아무리 좋은 아이디어와 열정이 있어도 초기 자본과 전문 경영 역량이 뒷받침되지 않으면 사역이 지속되기 어렵다는 교훈을 얻었기 때문이다. 선교 현장에서 비즈니스를 시작하려는 이들에게 교육 프로그램을 제공하고 조언해주는 일, 나아가 재정적 지원을 연결해주는 일이 절실했다. 이러한 필요를 채우기 위해 헤세드는 구체적인 계획으로 '비즈니스 미션 펀드'를 구상하고 결성하는 단계에 있다. 추상적인 논의에 그치지 않고 이미 실질적인 준비에 돌입한 상태이다. 헤세드와 같은 꿈을 꾸는 여러 단체들과 연합하여 펀드 운영위원회를 구성하고, 전문 투자자의 시각으로 선교적 기업들에 투자하는 방안을 모색하고 있다. 예를 들어 국내외에서 BAM을 지향하며 준비하는 선교사들을 발굴해 시드 머니를 투입하고, 사업이 궤도에 오르면 본격적인 성장 투자를 이어가는 식이다. 이 과정에서 투자 심사와 경영 자문 등 전문적 지식도 나누어 주어, 새로 시작하는 이들이 시행착오를 줄이고 성공 가능성을 높이도록 돕는 것이 궁극적 목표이다.

이러한 비즈니스 미션 펀드는 헤세드의 캄보디아 팜슈거 모델을 넘어서, 전 세계 다양한 BAM 프로젝트에 적용될 수 있을 것이다. 농업이든, 도시공동체이든, 교육이든, 카페든 형태는 달라도 복음을 위한 기업이라는 본질은 같기 때문이다. 펀드는 준비된 기업들을 선별하여 자본을 공급하고 네트워크와 지식을 연결함으로써 보다 왕성한 선교 생태계를 조성할 수 있다. 혼자서는 감당하기 어려웠던 일들도 공동체 자원을 통해 가능해지고 서로 협력하고 상생하며 때로는 희생을 감수하는 거룩한 투자 공동체를 이루는 것이 헤세드가 꿈꾸는 다음 단계의 사역이다.

물론 이런 새로운 시스템이 자리 잡기까지 많은 도전이 있을 것이다. 그러나 캄보디아 땅에 홀로 첫발을 디뎠던 이봉래 대표는 이제 수많은 현지 동역자들과 한국 교회 및 기관들과 연결되어 귀한 열매를 맺기 시작했다. 그러기에 '비즈니스 미션 펀드'를 결성하고 운영하는 구조를 통해 더 많은 청년들과 하나님의 일꾼들이 함께할 때, 하나님 나라는 더욱 넓고 견고하게 세워질 것이라고 믿는다.

VII. 지속가능한 비즈니스 미션을 향하여

헤세드의 사례는 사업과 선교를 결합한 사역이 개인의 헌신과 눈물로 시작되었지만, 지속되고 확장되기 위해서는 공동체적 노력과 지원 구조가 필수적임을 보여준다. 헤세드는 비교적 재정적·인적 자원이 뒷받침된 덕분에 이 모델을 일구었고, 중간중간 KOICA 같은 외부 지원과 한국 교계의 협력도 있었기에 가능했다.

지금 왜 비즈니스 미션 펀드가 필요한가? 이유는 사역의 지속가능성과 확장성 때문이다. 수많은 선교사와 크리스천 청년들이 비즈니스 미션에 도전하고 싶어도, 초기 자본 조달과 전문 경영 노하우의 벽에 부딪혀 꿈을 포기하는 경우가 많다. 각자가 작은 범위 안에서 고군분투하다 보면 규모의 경제도 이루기 힘들고, 충분한 임팩트를 내기도 어렵다. 그러므로 이제는 구조적 접근이 요구된다. 비즈니스 미션 펀드는 단순히 돈을 모아주는 차원을 넘어, 선교적 기업가 정신을 가진 이들이 안심하고 뛰어들 수 있는 생태계를 조성하는 것이다.

이 펀드가 갖춰야 할 요소로 첫째 재원 마련과 운용 능력, 둘째 투자 대상 선별과 사후 관리 능력, 셋째 네트워킹과 멘토링 체계를 꼽는다. 감사하게도 한국 교회와 비즈니스계에는 이미 이를 위한 풍부한 잠재력이 존재한다. 앞서 언급한 헤세드의 경우 기존에 설립된 BAM 지원 단체와 연계하여 교육 프로그램을 운영해 오고 있고, 향후 펀드 조성과 운영을 위해서 기독경영연구원과 같은 여러 전문 기관과 함께 준비하고 협력할 계획이다.

비즈니스 미션 펀드가 실현된다면, 앞으로 어떤 일들이 펼쳐질까? 예를 들면, 제2, 제3의 헤세드가 여러 지역에서 탄생할 것이다. 다른 한편에서는 제2, 제3의 이봉래 대표와 헤세드 팀원들이 새로운 현장으로 담대히 달려 나갈 것이다. 그러나 이들은 더 이상 혼자가 아니다. 펀드는 이들을 발굴하고, 초기 자본을 투입할 뿐만 아니라, 전문 멘토단이 사업계획을 함께 검토하고 리스크를 분석해준다. 회계·마케팅·법률 등 각 분야의 크리스천 전문가들이 재능기부로 돕고, 펀드 네트워크 안에서 노하우 공유도 이뤄질 것이다. 이를 통해 선교 현장의 스타트업들은 시행착오를 줄이고 성공 확률을 높일 수 있을 것이다.

물론 공식적인 투자 방식인 만큼 손익 계산도 필요하다. 그러나 일반적인 시장경제 속의 펀드들과는 달리, 영혼의 열매가 수익 지표의 가장 중요한 부분이 될 것이다. 발생하는 재정적 수익은 다시 펀드로 재투자하여 더 많은 BAM 사역을 일으키는 데 쓰이고, 영적 수확은 하나님 나라의 통계로 생명책에 기록될 것이다. 투명한 운영과 영성이 조화를 이룰 때, 신뢰를 바탕으로 한 지원이 오래 지속될 수 있다. 이러한 선순환 구조가 구축된다면, 비즈니스 미션 펀드는 앞으로 지속가능한 '선교적 교회 운동'의 한 축이 될 것이라 기대된다.

비즈니스 미션은 사람을 변화시키는 도구이고 공동체를 세우는 플랫폼이며, 이제는 다양한 지역의 선교 자원을 재편하는 전략이 되고 있다. 팜슈거를 통해 그리스도의 희생적 사랑을 녹여낸 헤세드 공동체의 이야기는 지금도 그 현장에서 소중한 하나님 나라를 일구어 나가고 있다. 그리고 이제 그 경험들이 소중한 자산이 되어 더 큰 하나님 나라를 디자인하고 있다.

"하나님이 좋은 선교적인 모델을 이끌어 가 주셨으면 좋겠다"는 이봉래 대표의 기도가 응답 되어, 머지않아 '비즈니스 미션 펀드'가 운용되기 시작할 것으로 기대한다. 그것은 아마도 교회와 크리스천 기업과 단체들이 손잡고, 헌신된 이들에게 날개를 달아주는 아름다운 모습일 것이다. 팜슈거에서 시작된 달콤한 복음의 이야기가 세계 곳곳의 BAM 현장으로 번져가고, 마침내 거대한 열매의 수확으로 이어질 그 날을 소망한다.

"나는 심었고 아볼로는 물을 주었으되 오직 하나님께서 자라나게 하셨나니 그린즉 심는 이나 물 주는 이는 아무 것도 아니로되 오직 자라게 하시는 이는 하나님뿐이니라" (고린도전서 3:6~7)

12

어떤 난관에도 굴하지 않는 사랑으로 세워가는 농업 비즈니스

소영섭

Ⅰ. 선교사로 삶을 준비하다

대구에서 믿음 좋은 청년으로 신앙생활을 하던 프랭크는 청년 수련회에서 나우미션의 송동호 목사를 만나게 된 것이 그 인생이 꼬이는(?) 시작이었다. 말씀을 사모하고 주 안에서 순종하며 살기를 원했던 프랭크는 송목사의 설교에 감동이 되어 그를 따르며, 총체적 선교에 대해 눈을 뜨게 되었다. 송동호 목사가 목양을 하던 그이름 교회에 집사로 봉사하던 중 2007년 교회에서 주관하는 필리핀 세부로의 단기선교는 그 인생의 전환점이 되었다. 단기선교를 통해 현지에서 목격한 필리핀 현지 교회의 목회자들과 성도들의 경제적 어려움을 목도하며 그들을 도울 방법이 무엇일지를 고민하던 중 '현지 교회 성도들을 활용한 비즈니스를 만들면 좋겠다'는 송동호 목사의 제안을 통해 본인의 사업과 연계해서 할 수 있는 사업 아이템을 생각해 냈다.

대학을 졸업하고 인기있는 영어강사로 활동했고, 영어학원을 직접 운영하고 있던 프랭크는 인터넷 온라인을 이용하여 화상으로 영어 원어민과 회화를 익힐 수 있는 프로그램을 운영하면 영어가 능숙한 필리핀 현지인들을 강사로 활용하여 그들을 경제적으로 도울 수도 있고, 당시 만해도 원어민과 회화를 배울 기회가 많지 않은 대구지역 학생들에게도 좋은 기회가 될 것으로 생각되었다. 그래서 '펀펀토크(Fun Fun Talk)'라는 온라인 과정을 도입하였으며, 방학에는 필리핀에서 진행되는 영어캠프를 열기로 했다. 이미 운영하던 학원의 학생들을 동원할 수 있어서 수강생들 모집도 잘 되었고, 필리핀 현지에서의 일은 CGMPI라는 현지 개신교단의 관계자들에게 강사

채용과 관리를 맡겼다.

　초기 사업의 성장성을 보고 다른 지역에서 이 과정을 도입하겠다는 학원이 있어서 가맹 사업으로까지 확대했지만, 필리핀 현지에서 고용한 선생님들과 현지 교단 관계자들의 프로그램에 대한 대응은 한국의 학부모들을 만족시키는 수준이 되지 못했다. 결국 프랭크가 수시로 필리핀을 방문하여 업무를 도와주기도 했지만, 문제 해결에 한계가 있을 수밖에 없었다, 프랭크는 한국 고객들의 수준에 맞는 서비스를 하기 위해서는 현지에서 적절한 시스템을 구축하고 관리할 수 있는 관리자가 필요하다고 생각했다. 그래서 선교에 관심이 있는 사람을 발굴하여 파견하려고 했으나 지원자를 쉽게 구할 수 없었고, 시간만 흘러가는 상황이 되자, 프랭크는 자신이 가족들을 데리고 세부에 들어가서 이 일을 해야겠다는 마음이 들기 시작했다. 프랭크가 들어가면 대구에서 운영하던 학원을 접을 수밖에 없었지만, 당시 온라인 비즈니스 붐을 바라보며 온라인으로 수강생들을 모집하면 사업은 될 것으로 생각했다. 아내인 리즈도 프랭크의 계획에 동의를 해서 2009년 12월에 섬기던 교회의 파송으로 나우미션 선교사가 되어 필리핀 세부에 가게 되었다. 나우는 2007년에 '나우 성경과 선교연구소'로 대구에서 송동호 목사가 설립하였으나 본격적인 파송단체로 변환되어야 한다고 생각되어 2009년에 이름을 '나우미션'으로 바꾸었는데 그 나우미션의 1호 파송선교사가 된 것이다.

12. 어떤 난관에도 굴하지 않는 사랑으로 세워가는 농업 비즈니스

II. 세부에서의 첫 사업의 실패

  교회의 기도와 축복 속에 파송을 받고 세부에 정착하였지만 첫 사업은 실패로 끝났다. 처음에 프랭크는 화상으로 영어회화를 실습하는 시스템과 영어캠프를 위한 기본 인프라를 갖추는데 집중했다. 인프라만 잘 갖추면 비즈니스는 성공가도를 달릴 것이라고 생각했던 것이다. 하지만 문제가 생기기 시작했다. 대구에서 화상 프로그램을 시작할 때는 학원에 등록한 학생들이 일정의 매출을 보장하는 기본 고객이 되었기에 수월했는데, 온라인 상으로 새로운 고객을 모집하는 일은 쉬운 일이 아니었다. 잠재 고객들에게 이 서비스를 홍보하려면 비용이 많이 드는데 선교사가 시작하는 적은 자본의 사업으로는 감당하기 어려웠고, 이미 고객을 많이 확보한 대형 온라인 영어 회사들과 경쟁하는 상황에서 수강생 모집이 잘되지 않았다. 또한 강사를 모집하는데도 실력 있는 사람을 찾기보다 교단 네트워크를 통해 연결되는 신자들을 강사로 채용한 것도 실패를 재촉하는 원인이 되었다.

  정이 많고 현지 성도들의 어려움에 더 마음이 갔던 선교사적 마음이 양질의 서비스가 비즈니스를 살린다는 비즈니스적 마음보다 앞섰던 것이다. 엎친데 덥친 격으로 영어캠프마저 어려움에 빠지게 된다. 한국의 고객들에게 신뢰를 주기 위해 세부 국립대학 부설 학원과 파트너십을 맺고 같이 진행을 하기로 했는데, 학원의 운영진들이 캠프에 온 학생들을 자신들의 학원으로 빼내 가려는 시도를 해서 갈등이 발생했고 나중엔 이들이 마닐라로 야반도주를 해서 결국 영어캠프도 중단하게 되었다. 필리핀에서 첫 사업은 이렇게 씁

슬한 실패로 끝났지만 현지 교단인 CGMPI의 협력선교사로 일하면서 교단 관계자들과 좋은 관계를 맺은 것은 훗날 보홀섬에서 일하게 되는 계기를 만들어 주게 된다.

III. 고난 속에 열어 준 이레 엘티오

온라인 화상 영어 프로그램과 영어캠프 사업을 접게된 프랭크의 가족은 재정적인 어려움을 겪게 된다. 파송될 때부터 비즈니스를 통해 자비량 선교를 하겠다고 생각했기 때문에 교회로부터의 후원 개발을 하지 않은 상태로 파송을 받았고, 비즈니스를 그만두게 되자 수입원이 끊어지고 생활은 어려워졌다. 2011년 프랭크가 세부 한인교회의 선교간사로 섬기면서 만나게 된 장로님으로부터 차량 관련 서비스를 해 보라는 제안을 받고 이레 엘티오(Jireh LTO)를 창업하게 되었다. LTO는 Land Transportation Office의 약자로 필리핀 육상교통 업무를 담당하는 기관인데 이 기관과 관련된 업무를 하는 곳이라는 의미를 담았고, 이레(Jireh)를 붙인 것은 이 사업의 여호와 이레, 하나님의 예비하심으로 되었다는 프랭크의 신앙고백을 담은 것이다. 이 사업이 프랭크 가족들의 생계를 유지하게 만든 은혜의 통로였고, 교회 장로님을 통해 사업의 길은 찾은 것은 하나님의 예비하신 인도하심이었기 때문이다.

이레 엘티오의 주된 서비스 항목은 세부에 정착하기 위해서 오는 사람들의 운전면허증 발급에서부터 차량 구입, 1년마다 돌아오는 리뉴얼(갱신)업무 등을 대행해 주고 수수료를 받는 것이었다. 세부

12. 어떤 난관에도 굴하지 않는 사랑으로 세워가는 농업 비즈니스

한인교회의 선교간사로 섬기면서 형성된 한인 네트워크는 서비스의 고객들이 되었고, 처음 세부에 오시는 분들이 서비스를 받게 되는 경우에는 이들을 교회로 인도하는 기회가 되고, 전도의 통로가 되기도 했다. 자녀들의 영어 교육을 위해 세부에 오는 기러기 가족, 비즈니스 기회를 찾아서 이주하는 한국 사람들이 늘어가면서 이레 엘티오의 사업은 자리를 잡아가게 되었다.

이 비즈니스로 생계의 안정은 되었지만 운영하는 비즈니스가 한국인들을 대상으로 하는 것이어서, 필리핀 현지인들을 생각하는 프랭크의 마음에 갈급함이 생겨나게 되었다. 그래서 그는 현지 교단인 CGMPI와 협력하여 주말에 보홀섬에 있는 6개의 교회들을 순회하며 협력 사역을 진행하였다. 그리고 한국에서 오는 의료봉사와 비전트립 팀들의 보홀섬 사역을 돕고, 예배당이 없어 어려움을 겪는 교회의 건축 등을 통하여 현지 교회 목회자, 성도들과 깊은 관계를 맺게 되었고, 이는 훗날 농업공동체 선교의 기반이 된다. 또한 현지 교회를 도우면서 현지 농민들의 비참한 현실을 보게 되었고, 이는 새로운 사업을 구상하는 계기가 되었다. 안정되었던 이레 엘티오의 사업은 코로나 팬데믹이라는 뜻하지 않은 일로 문을 닫게 된다. 전세계를 휩쓸었던 이 비극적인 일은 필리핀 세부도 덮쳤고, 필리핀의 의료 환경을 염려한 한국인들이 썰물 빠지듯 귀국하고, 이동의 제한으로 세부를 찾는 사람도 없어서 더 이상 비즈니스를 지탱할 수 없었기 때문이다. 왜 이런 일이 일어났는지 이해할 수 없었지만 회사명에 붙인 이름 '이레', 여호와 이레의 하나님은 프랭크의 다른 사역을 예비하셨음을 나중에 알게 된다.

Ⅳ. 리즈의 카페 선데이 투피엠(Sunday 2 P.M.)

여기서 잠시 프랭크의 이야기를 멈추고 그의 아내인 리즈의 이야기를 하려고 한다. 비즈니스 선교를 하겠다는 남편을 따라 세부에 왔는데 계획했던 비즈니스를 접고 나니 생활의 곤궁함을 피부로 느끼게 된 것은 살림을 담당하는 리즈였다. 조금이라도 돈을 벌어 생활비에 보탬이 되면 좋겠다는 생각이 늘 머리 속을 떠나지 않았다. 프랭크가 다시 사업을 시작했지만 여전히 생활비가 부족하던 시점에 세부에서 작은 카페를 하시던 분이 귀국한다는 이야기를 듣게 된다. 비록 한국에서 사업의 경험이 없었고, 아직 아이들도 어린 나이였지만 선뜻 카페를 인수하기로 결정했다. 인수를 하면서 카페의 이름을 이전 사장님이 쓰던 이름을 그대로 사용했는데 상호가 고객들에게 주는 영향력이 크다는 인식이 없이 원래 있던 이름이니 그냥 사용할 정도로 리즈는 비즈니스에 대한 감각이 없었다. 그저 본인이 사람 만나는 것을 좋아하니 카페에서 손님을 맞이하는 것도 즐거울 것이라 생각했고, 카페를 하면 현지인들을 고용하니 그들을 주님의 마음으로 잘 섬겨서 즐거운 일터를 만들고 BAM을 실천할 수 있겠다고 생각했던 것이다. 그러나 이는 지극히 단순하고 낭만적인 생각이라는 것을 깨닫게 되는데 긴 시간이 필요하지 않았다.

이상과 현실의 차이는 너무 커서 6평 남짓한 작은 매장에 2명의 직원이 있는 카페의 운영은 결코 쉽지 않았다. 평소에 가까웠던 사람들도 손님으로 만나게 될 때는 어색했고, 특히 출근 시간을 정확히 지키지 못하는 직원, 고객 응대를 잘 못하는 직원을 향해서는 규정을 앞세워 질책과 지시로 일관하는 자신의 모습에 회의가 들기도

12. 어떤 난관에도 굴하지 않는 사랑으로 세워가는 농업 비즈니스

했다. 현지인들을 사랑해서 이 땅에 왔고, 다른 현지인 친구들에게는 아낌없이 베푸는 자신이, 같은 현지인인데 직원들에게는 그렇게 대하지 못하는 자신을 용납하기가 어려웠다. 리즈는 이 상황속에서 BAM에 관한 책들을 읽으면서 자신이 비즈니스와 선교를 분리해서 생각해서 비즈니스는 비즈니스, 선교는 선교라는 관점으로 일해 왔다는 것을 발견했다.

이후 리즈는 직원들을 사역의 동역자로 여기기 시작했고, 인격적으로 대하면서도 일에서는 전문가가 되도록 훈련시키기 위해 노력했다. 매주 미팅을 통해 고객 응대 시뮬레이션, 메뉴 레시피 만들고 연습하기, 장부 정리 등 훈련을 하고 직원 교육 매뉴얼도 만들어 갔다. 그렇게 직원들과의 관계도 좋아지고, 수익이 크게 나지는 않지만 안정적으로 운영이 되던 2018년 여름, 한국에서 BAM 운동을 하는 IBA라는 단체에서 선교지에서 창업하기를 원하는 선교사들을 대상으로 창업훈련을 하는 '네오 모라비안 하우스'가 세부에서 열리게 되었다. 프랭크와 리즈가 소속된 파송단체 나우미션의 대표인 송동호 목사님이 IBA의 사무총장으로 이 일에 깊이 관여하고 있어서 참여하기도 했지만, 그동안 카페를 운영하며 겪었던 시행착오들에 대한 고민을 해결하고 비즈니스 운영에 관해 체계적으로 배우고 싶어했던 리즈에게는 하나님께서 주신 선물이었다.

2주간의 짧은 시간이었지만 경영의 원리, 회계의 흐름, 시장 분석, 팀 빌딩, 리더십 등 실제적인 내용을 배우며 머릿속이 열리는 경험을 했다. 무엇보다 '좋은 마음만으로는 지속 가능한 사역을 세울 수 없다'는 것을 배웠다. 선교적 동기와 영적 열심이 아무리 커도, 경영의 원리와 데이터 기반의 판단이 뒷받침되지 않으면 결국 지속되지 않는다는 사실을 마음 깊이 깨닫게 되었다. 훈련의 마지막 날, 리즈는 그동안의 경험을 토대로 대규모 카페 사업계획서를 발표했고, 훈련생 중 1등이라는 영예를 얻었다. 하지만 그 순간 오히려 '카페 운영을 잘하려면 나는 지금보다 훨씬 더 준비되어야 한다. 그러나 지금의 나는 그럴 에너지가 없다.'라는 자각이 찾아왔다. 그때부터 리즈는 '무엇을 더 시도할까?'보다 '무엇을 남기고 배울 것인가?'를 고민하게 되었고, 비즈니스가 돈만 버는 것이 아니라 사람을 세우고 하나님 나라의 질서를 배우는 과정이라는 사실을 새롭게 배웠다.

이런 깨달음이 마음 깊이 자리 잡을 무렵, 예기치 않게 코로나 팬데믹이 찾아왔다. 6평 남짓한 카페에서 거리두기를 지키는 것은 불가능했고, 운영을 지속하기엔 현실적인 한계가 명확했다. 리즈는 하나님께서 '멈춤'을 통해 또 다른 길을 보여주신다는 확신이 들어 빠르게 폐업 절차를 밟았다. 건물주와의 좋은 관계 덕분에 계약을 조기 종료할 수 있었고, 함께 했던 직원들도 "다시 함께 일하고 싶다"라는 인사를 남겨주어 아쉬움 속에서도 감사한 마음이 들었다. 7년간의 카페 여정은 고되고 복잡했지만, 결과적으로 가장 실제적인 BAM을 배우는 학교였다. 리즈는 '폐업'이라는 단어를 실패로 보지 않고, 오히려 하나님이 자신을 다시 세우기 위한 쉼표임을 깨달았다고 고백한다. 왜냐하면 이 쉼속에서 다음을 실행할 수 있는 힘을 얻었고, 카페에서의 경험이 지금 프랭크와 함께하고 있는 지금의 유정란 사업에도 깊은 통찰을 주기 때문이다. 닭 한 마리, 달걀

12. 어떤 난관에도 굴하지 않는 사랑으로 세워가는 농업 비즈니스

한 알에도 정직한 품질이 있어야 하고, 고객 입장에서 생각하며, 지속 가능한 구조를 만들어야 한다는 것을 되새기고 있다. 여전히 손익분기점을 계산하고, 가격과 포장, 배달, 홍보까지 고민하는 일은 리즈에게 쉬운 일은 아니지만, 이것이 하나님 기뻐하시는 바른 비즈니스를 세워가는 길이고, 건강한 비즈니스 모델을 현지 친구들에게 잘 안내하는 일이라는 확신이 있기에 오늘도 리즈는 머리를 싸매고 공부하고 있다.

V. 보라 프로젝트

다시 프랭크의 이야기다. 앞에서 프랭크는 주중에 이레 엘티오 일을 하고 주말에는 현지 교단과 협력하여 보홀섬에 있는 교회들을 순회하며 돕는다고 했었는데, 이렇게 보홀에 있는 현지 교회를 방문하면서 농사를 짓는 성도들의 비참한 환경을 알게 된다. 필리핀 대부분의 지역이 그렇듯이 대부분의 농지는 부자 지주들이 가지고 있고, 농민들은 소작료를 내고 농지를 빌려 농사를 짓는 소작농이다. 그런데 소작료가 생산량의 20-30%이고, 농부들 대부분이 자금이 없기 때문에 씨앗, 비료, 살충제 등 영농에 필요한 경비를 차입해야 하는데 이자가 월 10%의 고리이기 때문에 농사를 지어서, 소작료와 원리금 상환을 하고 나면 먹고 살기도 빠듯한 상황이 되어 빈곤의 생활이 반복된다는 것이다. 현지의 농부들이 이러한 상황을 극복하고 경제적으로 자립기반을 만들 수는 없을까를 고민하던 프랭크는 하나의 작은 시도를 하게 된다.

필리핀에서 생산되는 쌀은 우리에게 안남미(우리식으론 알랑미)로 알려져 있는 차진기가 없고 바람이 불면 날아갈 것 같은 쌀이다. 그래서 필리핀에 사는 동북 아시아 사람들(한국, 일본, 중국)은 밥 맛이 없다고 불만을 늘어놓곤 한다. 그런데 필리핀에도 인브리드라는 차진기가 있는(sticky rice) 쌀이 존재한다는 사실을 알게 되었고, 이 쌀로 지은 밥을 먹어본 사람들은 이런 쌀을 공급한다면 안남미의 1.5배 가격에도 사겠다는 반응을 보였다. 이에 프랭크는 농부들에게 무이자로 농비(3만페소, 73만원정도)를 빌려주고, 인브리드 쌀을 경작하게 한 다음 추수기에 추수한 쌀을 일반 쌀보다 높은 가격에(킬로그램당 3페소 더한 가격) 구입하여, 이를 도정해서 세부에 있는 수요자들에게 판매하는 사업을 구상하고 실행했다. 인브리드가 일반 안남미에 비해 생산량은 적지만 농사 경비를 무이자로 대여받고, 수매가가 조금 높기 때문에 결과적으로는 농지 1헥타당 4천페소 더 많은 수익을 올리게 되어 수입 증가율이 21%나 되어서 농부들로부터 환영을 받았고, 수요는 없어서 못 파는 지경이었다.

그러나 2년 차가 되면서 문제점들이 발생하기 시작했다. 첫째는 대여금의 회수가 잘되지 않는다는 것이었다. 필리핀의 농부들은 우리나라처럼 벼농사에 많은 노동력을 들이지 않고, 모내기 한철, 적당한 시기에 제초제 약 뿌리기를 하고 수확기를 기다리는 방식이다. 따라서 1헥타의 농사를 지을 수 있는 농비를 확보한 농부들은 고리지만 대부업자를 통해 농비를 빌리고, 소작을 하게 되면 더 많은 수입을 올릴 수 있어서 대부를 받아 농사를 확대하게 된다. 그런데 농부들이 대부업체에서 빌린 돈은 즉각 갚아나가는데 프랭크

12. 어떤 난관에도 굴하지 않는 사랑으로 세워가는 농업 비즈니스

에게 빌린 돈은 갚지 않는 현상이 일어났다. 아마도 농부들 입장에서는 프랭크가 빌려준 돈은 이자가 없으니 갚지 않아도 이자가 불어날 염려도 없고, 또한 프랭크가 선교사이니 대부업체처럼 강압적으로 회수해 가지는 못할 것이라 생각했을 것 같다.

여기서 선한 마음으로 시작하는 비즈니스가 봉착할 수 있는 문제를 보게 된다. 선의를 베풀었을 때 상대방이 그 선의를 이용해도 강하게 대응하지 못하는 선교사들의 상황이 비즈니스를 어렵게 만든다는 것이다. 둘째는 선교사가 가진 자금력이었다. 인브리드 쌀에 대한 수요는 많았지만, 무이자 대여를 할 수 있는 자금은 한정적이었기 때문에, 수요를 맞출 수 있는 생산량을 확보하지 못하여 고객들의 불만이 쌓이게 된 것이다. 셋째는 필리핀의 기후 환경상 자연 상태에서는 수확한 벼나 도정한 쌀을 품질이 떨어지지 않게 보관하는 것이 상온에서는 어렵다는 것이었다. 이들을 저온 보관할 수 있는 저장 창고가 있어야 하는데 유통량이 많지 않은 상황에서 창고를 마련하는 것은 또 다른 부담이었다.

리즈와 같이 네오 모라비안 하우스의 훈련을 받았던 프랭크는 자신의 경험을 바탕으로 당면하고 있는 어려움을 해결할 수 있는 사업계획서를 작성해보게 된다. 경작지를 지주들로부터 PRENDA(일종의 전세제도)를 이용하여 확보하고, 농민들을 직접 고용하여 농사를 짓게 하고, 수확된 벼를 도정하여 판매하는 보라(BORA, Bohol 섬의 Rice 라는 의미를 차용하고, 우리말로는 '희망과 미래를 보라'라는 의미) 프로젝트를 구상한 것이다. 이렇게 하면 프랭크가 농비를 대여해 주고 했던 이전의 사업과 비교하여 다음과 같은 이점이 있을 것으로 예측되었다. 1) 농지를 전세 계약을 하고 소작농들을 직접 고용하면, 소작료를 내지 않아서 생산량을 더 확보하게 되고, 농비를 대여하는 일이 없어지고 대여한 농비의 미수금 리스크가 사라진다. 2) 전세 계약을 하면 경작권과 판매권을 모두 가지기 때문에 경작, 저장, 가공, 유통을 총괄할 수 있게 되어 품질 관리가 용이해 진다. 3) 전세 계약의 농지가 늘어나면 규모의 이익이 발생하고, 생산 규모가 커지면 기계화가 가능해지고 매출원가가 낮아져 시장에서의 경쟁력을 추가로 확보할 수 있게 쌀 유통회사로 성장할 가능성이 있다.

이러한 예측하에 10헥타의 농지를 전세 계약해서 운영할 경우 초기 투자비가 한화로 5,900만원 필요하며, 투자금을 회수하는데 약 10년이 걸릴 것으로 계산되었다. 프랭크는 이 사업계획서를 소속 단체인 나우미션의 전략회의에서 발표하였고, 프랭크가 직접 농업 비즈니스를 운영한 경험이 없어서 운영에 세심한 관리가 필요하다는 단서가 붙었지만 필요한 사업이고 가능성이 있어 보인다는 결론을 얻게 되어 투자를 받고 사업을 진행하게 되었다. 투자금을 1억으로 확장하고 농지를 18헥타 확보하여 시행하면 보고된 데이터에 의해 5년안에 투자금이 회수될 수 있다는 제안도 나왔지만 1억의 투자금을 모집하는데 어려움이 있을 수 있고, 작게 시작하고 사업의 성과를 보고, 후에 더 투자할 수도 있다는 의견이 다수여서 5,900만원으로 시작하기로 했다. 투자금을 모으고 드디어 2019년 6월에 본격적인 사업이 시작되었다.

보홀섬 농민들을 살리겠다는 큰 꿈을 가지고 시작한 사업, 나름 가능성도 있어 보이는 사업이었지만 현실은 녹록치 않았다. 2019년 가을의 첫 농사(1차 배치)는 큰 실패였다. 예상 계획보다 적은 크기인 4헥타의 농지에서 경작을 했지만 급하게 전세계약을 한 농지는 가뭄이 들 때 대처하기가 어려운 곳이었고, 마침 가뭄이 들어 예상 소출의 13% 밖에 나오지 않았다. 농사 경험이 없는 프랭크가 일을 맡긴 현지인들 말을 믿고 급하게 일을 시작한 것이 원인이었다. 2020년에는 위치가 좋지 않은 농지의 전세 계약을 파기하고 새로운 농지를 구해서 2번의 농사를 지었지만(필리핀은 이모작을 함), 사업계획서 예상 매출의 1/4 밖에 얻지 못하였다. 가장 큰 이유는 코로나 팬데믹으로 인해 섬 간의 이동이 금지되어 쌀의 주 소비지인 세부섬으로 가지고 오지 못하게 되었고, 세부에 거주하던 한인들도 대부분이 귀국하여 판매처도 사라지게 되었다. 결국 추수한 벼 상태로 판매하게 되어 이때도 손실을 보게 되었다. 하지만 경작에 들어간 비용도 많지 않아서 손실이 크지 않아서(손실액이 한화로 60만원 정도) 적응기간이라고 생각하고 사업을 이어가기로 했다.

코로나 팬데믹은 프랭크에게 가혹한 시련이었다. 앞서 설명했던 세부에서의 사업인 이레엘티오와 리즈의 선데이2PM을 모두 접을 수 밖에 없었고, 새로이 시작한 보라 프로젝트마저 어려움을 겪게 되었으니 말이다. 당장 생계비가 문제가 되는 상황에서 프랭크는 자비량 선교 방식을 접고 비즈니스가 정상화될 때까지 한시적으로 후원을 요청하기로 하였다. 2021년도엔 고객 확보를 위해 판매가를 계획보다 낮추어서 세부의 식당이나 중국인들을 대상으로 하여 판매 루트를 다변화했다. 또한 현지 농부들에게 경작을 의뢰했었는데 농부들이 자신의 농사와 프랭크의 농사를 동시에 수행하는데, 프랭크가 관리를 위해 보홀섬을 자주 방문하지 못하기에 농부들이 자신의 농사에 집중하고 보라 프로젝트엔 소홀히 하는 것을 발견했다. 그래서 프랭크는 농부들이 보라 프로젝트에 전념하도록 월급을 주는 직원으로 고용해서 농사를 짓게 했다. 현지 교회에 출석하는 성도들을 공동체 훈련을 통해 정신 무장을 시키고, 생활의 안정이 되도록 전속 계약을 통해 인건비를 지급하면 보라 프로젝트에 성실히 일할 것이라 예상했다. 하지만 직원으로 고용된 농부들이 눈앞의 소득에 더 빨리 움직이는 습성이 있음을 알지 못했다. 그들은 주변 건설 현장 같은 곳에서 일용직을 일자리가 있으면 거기에 가서 일하느라 여전히 농사일을 소홀히 하고 있었다. 결국 생산량은 늘지 않고 인건비 부담만 늘어난 셈이 되어 더 큰 손해를 보게 되었다.

　3년의 농업 경영의 결과 투자금의 25%를 손실로 잃게 되자, 프랭크와 투자자들은 직접 벼농사를 짓는 것은 프랭크의 상황에서는 감당할 수 없다는 결론을 내렸다. 그래서 2022년부터는 전세 계약된 농지를 농민에게 재임대를 하되 지정된 벼를 재배하도록 하고 그들이 수확한 벼를 시중가보다 약간 높은 가격으로 구매하는 계약재배 형태로 생산과정을 바꾸고, 수매한 벼를 도정 후 쌀을 판매하는 형식의 쌀 유통 사업으로 방향을 전환하였다. 전환한 첫해 10톤의 벼를 구매하였지만, 태풍으로 인해 그동안 도정을 해왔던 KOICA가 세운 도정공장의 기계가 파손되어 도정을 할 수 없었다. 기계가 수리되길 기다렸으나 장시간 수리되지 않아서 결국 구입가에 다시 팔 수밖에 없었다. 보홀섬 내의 다른 도정 공장들은 깨어진 쌀이 많이 나오고 돌도 섞여 있는 경우가 많아서 품질에 문제가 있고, 다른 섬

12. 어떤 난관에도 굴하지 않는 사랑으로 세워가는 농업 비즈니스

에서 도정을 하면 물류비가 많이 들어 수익성이 없기때문에 어쩔수가 없었다. 쌀 유통 사업을 진행할 수 없게 되자, 전세 계약으로 임대했던 농지를 농민들에게 재임대하여 임대료만을 받는 형태로 유지하다가 이 방법은 전세 계약금의 이자 수익도 되지 못한다는 판단하에 2024년 7월에 보라 프로젝트를 정리하게 되었다. 투자자들의 동의를 얻어 현금화하기 어려운 일부 비품은 손실 처리(자본 손실율 39%)를 하고, 환급 받아야 하는 전세 계약금 등 남은 금액을 투자 비율대로 돌려 드리기로 하였지만 전세 계약금은 아직 반환을 받지 못해 청산에 어려움을 겪고 있다.

보라 프로젝트를 통해 프랭크는 현지 농민들의 습성을 제대로 이해하지 못한 상황에서, 농업 경영의 경험이 없는 사람이 진행하는 농업 비즈니스의 위험성을 절실히 깨달았다. 또한 농업 비즈니스는 자연재해의 가능성에 대한 대비도 잘해야 하고, 규모의 경제를 만들기 위해서는 큰 자본이 필요해서 자본력이 없는 선교사가 접근하기에 어려운 사업이라는 것도 알았다. 그러나 도정 공장의 문제로 접을 수밖에 없었던 쌀 유통사업은 도정 문제만 해결되면 수익성이 있는 사업임을 경험한 것은 하나의 수확이라 할 것이다.

VI. 양계장과 생태 순환농업

세부에서 보홀섬을 왕래하며 비즈니스를 운영하던 프랭크는 아이들이 한국 대학에 입학을 해서 떠나갈 시기가 되자 보홀섬으로 이주해서 본격적인 비즈니스 사역을 하려는 마음을 먹게 된다. 하지만 앞에서 설명한 대로 보홀섬의 쌀농사 프로젝트는 지지부진한 가운데 있어서 고민하던 중 보나콤의 강동진 목사님으로부터 양계장을 통해 선교사의 자립기반도 세우고 농민들의 경제 형편도 개선하자는 제안을 받게 된다. 2023년 1월에 보홀섬에서 강목사님이 양계 프로젝트 세미나를 열고 본격적인 사업 준비에 들어갔다. 양계장을 세울 부지를 독지가의 헌금으로 이미 구입한 토지를 사용하기로 하였는데, 부지에 습기가 많아 양계에 적합한 환경이 아니어서 습기를 줄이기 위해 수로를 파고 흙을 성토하는 작업을 해야 했다. 계사를 건축 하는 과정에도 어려움이 있었다. 3,000마리를 입고할 수 있는 계사 4동을 계획하고 예산을 172만페소(한화4,300만원)로 잡았지만, 계사 2개 동을 건축하는데 96만페소(2,400만원)이 들어서 결국 확보된 자금 안에서 운영하기로 해서 이미 완성된 계사 2개 동으로 시작하게 되었다.

예정된 일정보다 늦어진 23년 10월에 계사는 완성이 되었지만, 이번에는 산란계를 구하는 과정에서 여러 가지 문제들이 생겼다. 하나는 필리핀을 휩쓸었던 조류독감으로 인해 많은 닭들이 살처분되어 닭과 병아리의 가격이 많이 올라서 비용이 예상보다 많이 들었고, 다른 하나는 정부의 규제에 의해(이것도 조류 독감의 여파이긴 하지만) 닭들의 섬간 이동이 금지된 것이다. 보홀섬의 닭들은 산란율이 높지 않은 닭들이어서 산란을 잘하는 닭을 구하려면 루손섬에서 가져와야 하는데 정부의 규제에 가로막힌 것이다. 계사는 완성되었는데 들어올 닭이 없으니 프랭크의 마음은 타 들어갔다. 백방으로 뛰어다니며 구한 끝에 24년 2월에야 산란율이 높지 않지만, 보홀섬에

12. 어떤 난관에도 굴하지 않는 사랑으로 세워가는 농업 비즈니스

서 구할 수 있는 2개월된 병아리를 60수 입고할 수 있었고 그해 6월에 180수를 더 구할 수 있었다. 계사 안에서 닭 울음 소리가 들리기 시작하면서 프랭크의 마음은 부자가 된 듯했지만, 병에 취약한 종류여서 조금씩 폐사되어 나가는 닭들을 볼 때마다 마음 한구석이 비어가는 것 같았다.

24년 11월에 본격적인 산란이 시작되었다. 24년도에 입고된 닭은 현재 80수가 남아서 폐사된 닭이 더 많았다. 현재 하루 생산되는 계란은 50개 정도여서 산란율이 60%인데 산란율이 90%가 넘는 한국 양계 실정에 비교하면 현저히 낮지만 보홀섬의 경우로 보면 우수한 편이라고 볼 수 있다. 25년 8월에 80수를 더 입고했는데 현재 46수가 남아 있고, 내년 초부터 산란을 시작할 것이다. 현재 유정란은 개당 20페소(사업 초기에 계획했던 가격의 2배)에 판매가 되고 있고 사료 및 부가 비용 등 원가율이 60% 정도 되지만, 닭의 수가 많아지면 규모의 경제 원칙에 따라 원가율이 낮아질 것이다. 산란계는 알을 낳기 시작한 후 18개월이면 산란율이 현저히 떨어지기 때문에 처분할 수밖에 없다. 이를 위해 올해 말에 새로운 닭들이 100수 입고될 예정인데, 다행히 섬간 이동 제한이 풀려서 다른 섬에서 더 건강하고 산란율이 최소 80% 이상 되는 병아리를 구할 수 있게 되었다. 앞으로 2개 동의 계사에 1000 수의 닭이 채워지고 산란율이 80%가 된다면 한달 매출이 50만 페소가 되고 원가율을 50%로 산정한다면 25만 페소의 매출 이익이 발생해서 현지 직원을 3명 고용에 5만 페소의 인건비가 든다 해도 월 20만 페소의 수익을 남겨 프랭크의 생활도 안정될 것으로 여겨진다.

만일 양계장이 이런 수익을 낸다면 프랭크는 당분간 이 수익을 자신의 생활비로 쓰지 않고(현재 그는 풍족하지는 않지만, 후원에 의존해 생활하고 있다) 펀드로 모을 생각이다. 1년을 모으면 프랭크가 하고있는 크기의 다른 양계장을 세울 수 있는 자금이 될 수 있기 때문이다. 이렇게 자본투자를 통해 보홀섬 농부들의 상황을 개선시켜 나가는 양계장을 늘려 나간다면 이후 병아리 공급에서부터 사료 공급, 그리고 계란 유통까지도 함께 운영하는 기업으로 커 갈 수 있을 것이다. 프랭크의 꿈은 여기서 그치지 않는다. 현지인들의 수입 증대를 위해 양돈 사업을 꿈꾸며 시범 단계로 돼지를 키우기도 하고, 양계를 하면서 나오는 부산물들을 발효시켜 비료로 활용하는 순환 농법을 시험하고 있다. 이렇게 재배하는 채소들이 잘 자라고 맛도 좋아서 내년부터는 본격적인 밭농사를 진행하려고 계획하고 있다. 아직 수익을 계산할 수 있는 단계는 아니지만 농업 비즈니스를 단순히 수익 구조로만 바라보지 않고 자연 생태를 살리는 방법을 모색해 나가는 프랭크는 진정한 농부가 되어가는 것 같다.

VII. 이야기를 마치면서

프랭크의 이야기를 읽으시면서 혹시 실패의 이야기만 들어있는 것 같은 느낌을 받을 수도 있다. 그러나 현재 성공한 비즈니스를 운영하는 사람들도 그 성공 이전에 쓰라린 실패가 있었고 그 실패를 디딤돌로 삼아 오늘의 성공에 이르게 된 경우가 대부분이다. 어쩌면 현대가의 창업주인 정주영 회장의 '시련은 있어도 실패는 없

12. 어떤 난관에도 굴하지 않는 사랑으로 세워가는 농업 비즈니스

다'는 책 제목처럼 프랭크는 시련의 과정을 많이 겪고 있는 것이라 하겠다. 물론 비즈니스 선교를 한다고 출발했으면서도 비즈니스 마인드보다는 현지인들의 궁핍함을 우선 돕고자 하는 선교사적 마인드가 앞서는 모습은 절제되어야 할 부분이지만, 이제 막 무엇인가를 배워서 좀 제대로 해 볼 수 있겠다 싶은 시점이 되면 인력으로는 어떻게 할 수 없는 사건이 일어나서 사업을 접을 수밖에 없게 된 경우들은 안타깝기만 하다.

코로나 팬데믹으로 그만두게 되었던 이레엘티오나 실패의 경험 속에서 자신의 장점을 살려 계약재배를 하고 쌀 유통 사업으로 전환했을 때 일어났던 도정 기계의 훼손 사건이 그렇다. 리즈가 했던 카페도 큰 수익이 나는 것은 아니지만 소소한 벌이가 되고 비즈니스를 정착하던 시기에 코로나 때문에 문을 닫기도 했다. 그러나 이러한 상황 속에서 프랭크나 리즈로부터 '하나님께서 왜 이렇게 하시나요?'라는 불평을 들어본 적이 없다. 그리고 '이렇게 실패만 하니 그만두고 싶습니다'라는 좌절과 낙망의 소리도 들어본 적이 없다. 그저 묵묵히 실패를 통해 내가 배운 것이 무엇인지를 검토해 보고, 새로운 기회를 엿보고 그것이 보홀섬 농부들의 삶에 도움이 될 수 있을 것 같으면 계획하고 진행해 나간다. 아마도 그것은 우리를 사랑하사 우리의 연약함에도 포기하지 않으시고 우리를 통해 당신의 나라를 세워가시는 주님의 마음처럼, 이런 실패의 난관으로는 꺾일 수 없는 사랑, 보홀섬의 농부들을 사랑하는 프랭크와 리즈의 마음이 그들을 붙들고 있기 때문이라고 생각한다.

그리고 이 이야기가 프랭크-리즈 부부의 BAM 사례연구였기에, 전혀 언급도 평가도 되지 않았지만 의미있는 사역적 열매들이 있다. 부부가 세부에 정착하여 시작한 비즈니스를 통해 현지 CGMPI라는 복음주의 교단 출신의 청년들을 취업시켜서 함께 일하며 그들의 성장을 도왔다. 또 경제적인 결핍과 어려움 속에 힘들어 하는 사역자들의 생활과 자립을 도와서 CGMPI 산하의 현지 교회들의 자립을 이끌었다. 특별히 세부 막탄섬에 나우미션과 함께 선교센터를 건축하였고, 센터를 통해 교회 개척이 이루어졌고, 센터에서 세부-보홀의 많은 작은 섬들에 교회 개척 선교사들을 훈련하고 파송했다. 국가의 의료시설과 지원이 미치지 못하는 지역들에는 1년 2차례 의료선교를 지난 10여년 꾸준히 감당하고 있다. 그 과정에서 보홀섬 내륙의 카티뿌난 지역에서 보라 프로젝트가 진행되었던 것이다.

또한 보라 프로젝트에서는 벼를 일정한 기간 저장할 저장 창고가 절실히 필요했다. 그래서 건축비를 최소화하고, 태풍과 지진에도 견고한 에코백 쌓기 공법으로 저장 창고를 만들었다. 그리고 문맹율도 높고 일반 도시지역에서 경험하는 것과는 비교할 수 없는 문화적 결핍상태에 있는 사람들을 돕기 위해 프랭크는 저장 창고를 증축해서 문화센터를 만들었다. 지하에는 쌀 저장창고를, 1층에 어린이집, 도서관, 음악학원을 2층에는 게스트 하우스까지 연건평 120여 평의 센터를 지어 운영하고 있다. 센터는 마을 사람들 특히 어린아이와 청소년들의 문화공간, 놀이공간 역할을 하고 있다. 이 선교센터는 최근 보홀 지역을 태풍이 강타하여, 정전이 되고 큰 피해가 있었을 때 그 지역 사람들의 도피처가 되기도 했다. 프랭크가

12. 어떤 난관에도 굴하지 않는 사랑으로 세워가는 농업 비즈니스

센터를 지으면서 사용했던 에코백 공법은 재난 지역 피해 복구 사업에 유용하게 사용되고 있다.

글을 마치면서 필자는 여러번의 시련 속에서도 꺾이지 않는 의지로 다시 시작하고 있는 프랭크가 이번 양계장에서는 꿈을 이룰 수 있는 좋은 결과들이 나오기를, 그리고 중지했던 쌀 유통 사업도 재개되어 수익성을 다시 검증받는 상황이 되기를 기대해 본다.

13

도시와 기업 문화를 바꾸고 사람과 사람을 세우는 비즈니스

이다니엘

배드로(익명) 대표는 사회주의국가 F국에서 20년째 카페 및 외식업, 프랜차이즈 사업을 하고 있다. 2006년에 국내 스페셜티 커피 프랜차이즈 C기업을 창업하여 첫 3년 안에 20여 개 가맹점으로 사업을 확장하고, 그즈음 선교적 목적성을 가지고 F국에 들어와 커피 매장들을 세우기 시작했다. 배 대표는 현재 F국 여러 도시에서 23개 커피 가맹점과 7개 패밀리레스토랑을 운영하고 있다. 국내에서 BAM 기업을 창업하여 지속가능성을 확보한 뒤 이를 선교지 현장 BAM 창업으로 확장한 독특한 사례다.

Ⅰ. 현지인 기반, 현지인 중심의 BAM 기업

C기업의 F국 법인은 F국 사람들에 의해 세워진 내자 법인이다. 배 대표는 비즈니스 구조에 대해 다음과 같이 설명한다. "저는 철저하게 '문은 안에서 열려야 한다'고 보는 사람입니다. 우리는 경험과 지식, 상표권을 가져가되, 그들의 원함 가운데 그들이 직접 투자해야 건강한 비즈니스선교 생태계가 만들어진다고 생각합니다. 그래서 실제로 F국에서 저희 사업이 시작될 때, 저는 돈을 안 가져갔어요. 지금도 F국 쪽에 돈을 투자하지 않습니다. F국 현지의 이해관계자들이 자기들 돈으로 비즈니스 하도록 합니다. 저는 상표권자이자 경영 전문가일 뿐, 현지인들은 마스터 프랜차이즈, 투자자, 동시에 실제 직원이 됩니다. 여기서 외자 법인이 아닌 내자 법인이라는 것, 그래서 현지인 직원들 스스로 주주가 되어 법인을 꾸려가는 것은 매우 중요합니다. 그런 면에서 볼 때, 저희는 기업 지배 구조,

의사결정 구조, 법적 소유권 등 비즈니스선교 차원에서 굉장히 이 상적인 행보를 하고 있습니다."

배 대표는 F국 법인과의 협약을 통해 F국 법인의 지분 중 일부를 받게 된다. 인테리어, 기술과 장비, 원두 등은 한국 본사와 연계되어 있지만, 실제 소유주로서의 책임 있는 운영은 현지인 스텝들의 몫이 된다. 배 대표는 이러한 구조에 상당한 자부심을 가지고 있다. 배 대표는 질문한다. "우리가 F국에 들어가 외자기업을 설립하여 활동했다면, 현지 경찰의 눈에 비즈니스 활동이 어때 보였을까? 괜찮았을까?" F국 현지 경찰들이 보는 것은 '돈의 흐름'이다. 이들이 두려워하는 것은 사상이 담긴 책으로 사람들을 교육하며 물들이는 게 아니다. 돈으로 물들이는 것, 돈으로 사람들을 사는 것을 가장 무서워한다고 한다. 그런 면에서 배 대표의 회사는 지난 18년간 F국을 왕래하며 돈을 들고 간 적도, 돈을 들고 나온 적도 없었다. 합법적인 상표권자로서의 로열티만 취하고 그나마도 세금을 다 내고 받았으니 아무 문제가 없는 것이다.

앞서 언급했듯이, 국내 커피 프랜차이즈로서의 성공은 F국 현지에서의 비즈니스 안착으로 이어지게 된다. 당시만 해도 국내 커피 회사 가운데 20개 이상 매장을 가진 회사가 몇 개 없었을 뿐 아니라, 마침 유행했던 TV드라마 '커피프린스 1호'는 F국 현지 투자자 및 교육생들의 시선을 사로잡았다. 고가의 교육비 동시에 고품질의 교육프로그램으로 짜여진 12주짜리 바리스타 교육과정은 현지인들에게 큰 인기를 끈다. 한국에서는 이 회사의 커피교육으로 연간 500명씩 교육생이 배출되던 때에, F국에서도 연간 100명이 커피훈

13. 도시와 기업 문화를 바꾸고 사람과 사람을 세우는 비즈니스

련을 받아 바리스타가 된다. 이러한 기세를 몰아 시내에 첫 번째 매장을 열고 이후 기독교 정신으로 세워진 M대학 내에도 커피매장을 오픈한다.

II. 과실 송금을 거부하다

이즈음, 배 대표는 하나님 앞에서 스스로 다음과 같이 다짐한다. "사업이 잘 자리 잡고 내 지분에 대해 돈이 생기기 시작할 때, 나는 하나님 앞에 약속했습니다. F국에서 난 이익을 가지고 한국 쪽에 과실송금 하지 않겠다고. 그리고 로열티가 한국 본사로 넘어오는 것들은 모두 비즈니스선교를 위해 쓰겠다고. 이렇게 하나님께 약속한 거예요. 한국교회 BAM 운동 초창기에 BAM 단체와 활동가들에게 후원했던 것들도 결국 이 재정으로 했던 것입니다. F국 법인에 내 지분이 있고 계속 돈이 쌓이니까."

F국 법인 내에 배 대표의 지분은 여러 사업적인 방식으로 증가하여 불과 4-5년 만에 50%를 상회하게 되었고 그는 F국 법인의 오너가 된다. 배 대표는 지금도 F국 법인을 통해 번 재정은 한국으로 가져오지 않고 현지 재투자를 위해 사용하고 있고, 특히 직원들 가운데 고질병으로 어려움을 겪는 이들, 부모가 여러 이유로 감옥에 가 있는 이들, 그리고 현장 선교사들을 재정적으로 지원하고 있다.

배 대표는 프랜차이즈 사업의 본질을 Making Business 즉 비즈니스를 만들어주는 것으로 정의하면서, 이 회사의 정체성을 "Making BAM Business"로 정한다. 실제로, 이 회사를 통해 수많은 비즈니스 선교사의 정체성을 가진 커피 전문가, 외식업 전문가들이 세워지고 있고, 이들은 국내는 물론 F국 현장에서 선교적 영성을 갖춘 현장 전문가로서의 실력을 발휘하고 있다.

III. 치열했던 선교지 창업 과정

배드로 대표는 사회주의국가에서의 창업 과정에서 겪었던 몇 가지 어려움들에 대해 나눈다. 첫 번째 장벽은 교육사업을 시작할 때 드는 인허가나 초기 창업비용이다. 외자기업이 사학재단을 만드는데 엄청 난 비용(약 32억 원 정도)의 자본금이 필요하고 그 자체를 인정받는 것이 무척 어렵다. 학원 사업의 경우, 외자기업이 교육을 시작할 때 현지 주민들의 정신을 오염시킬 수 있다고 생각하여 정부는 늘 교육사업을 매우 특별하게 바라본다. 두 번째 장벽은 관료들의 언행이다. 이들은 급한 것이 전혀 없고, 이들의 기분과 선택에 따라 세금 부여의 편차가 매우 커질 수 있다. 그래서 세무공무원이 나와서 "술 가져와 봐. 사장 오라 해봐"라고 할 때 사장이 나와 술을 따라야 한다.

배 대표는 사회주의국가는 물론 여러 나라들을 겪으며 부정부패는 나라마다 그리고 문화적 기준마다 그 차이가 있음을 느꼈다고 한다. 그러면서 한국교회가 가지고 있는 윤리도덕적 판단 근거를 가지고 선교지 BAM 기업들의 활동을 함부로 판단하는 것은 지양되어야 한다고 했다. 또 한 가지 예로, F국에서는 레스토랑의 점장들이 납품 업체들과 결탁해 뒷돈을 받고, 주방장들이 식자재를 선택하는 가운데 편법이 있기 마련인데, 한국의 기준으로 그때마다 일

13. 도시와 기업 문화를 바꾸고 사람과 사람을 세우는 비즈니스

일이 이들을 해고한다면 결국은 주인이 혼자 모든 것을 다해야 하는 상황이 된다. 현지 상황에서 가장 바람직한 것은 이들을 포용하되, 계속해서 그렇게 하지 않도록 권유하고 설득하며 점점 줄여나가게 하는 것이다.

IV. 도시 문화를 변화시키다

배드로 대표는 그의 비즈니스가 F국 안에서 여러 모양으로 선한 영향력을 끼치고 있다고 소개했다. 그중 하나가 기업이 속한 도시 문화를 건전한 문화로 만드는 것이었다. 배 대표의 카페와 레스토랑이 자리하고 있는 도시는, 원래 술과 남자들의 도시였다. 어두워지면 학생, 여성과 아이들이 길거리를 다닐 수 없는 곳이었다. 일반 식당일지라도, 여성이 아이들을 데리고 들어가면 식당 내 남성들이 상의를 탈의하고 눈치 보지 않고 술 마시며 담배를 피우던 곳이었다. 이들이 들어가기 전에, 이미 이 도시에 다방이 200개 있었는데, 그곳들은 술, 담배, 여자를 팔았다.

그런 가운데, 배 대표는 이 도시에 사업장을 세우기 전에 원칙을 세운다. "우리는 기존 이 도시 사람들이 하지 않았던 비즈니스를 해야 한다. 기존 사람들의 경쟁자가 되어서는 안 된다. 나아가, 건강한 문화를 만들며 선한 영향력을 끼치는 비즈니스여야 한다."는 것이었다. 그래서 가장 먼저 했던 것은 커피전문점을 세우고 그 안에서 담배를 못 피우게 한 것이다. 이 때문에 갈등이 많았다. 담배를 피우려면 바깥에 나가서 피우라고 할 때, 남성들이 막 소리 지르며

싸웠고 심지어 잔을 던지고 나간 사람들도 있었다. 그래도 배 대표와 직원들은 끝까지 그들의 커피향을 지키기 위해 담배를 실내에서 못 피우게 했다. 남성 고객들은 한겨울에 바깥 날씨가 영하 15도 되는 가운데 바깥에 나가서 흡연하고 들어와야 했다.

이 문화를 끝까지 지켰더니 흥미로운 일이 벌어졌다. 고객으로 방송국 아나운서 같은 단정하고 깔끔한 사람들이 매장에 들어오기 시작하는 것이다. 전부 다 노트북을 펴놓고 작업을 하거나 건전하게 팀끼리 미팅을 하고 있는 것이다. 그 도시 다른 매장들과는 완전히 차별화된 물 좋은 곳이 되었다. 매장들이 현지에서 호평을 받고 장사가 더욱 잘 되면서, 점차 도시 안에 담배 피우는 카페들이 사라졌다.

패밀리레스토랑의 경우도 마찬가지다. 원래 식당에서 술, 담배를 안 파는 곳이 없었다. 실제로 내부 투자자들은 "레스토랑을 하면서 술, 담배를 안 팔면 무조건 망한다"며 격렬하게 저항했다. "음식을 먹으면서 어떻게 콜라를 마시나?"가 현지 주민들의 정서였기 때문이다. 배 대표는 투자자들의 저항에 대해 "그러면 나는 철수하겠다"고 맞섰다. 배 대표는 "두 달만 해 보고 안 되면, 당신들 마음대로 해라"라고 했다. 한 달 만에 결론이 났다. 패밀리레스토랑에 여성들이 아이들을 데리고 오는 모습을 볼 수 있게 된 것이다. 아이들의 생일파티들을 모두 이곳 레스토랑에서 하는 것이다. 그러는 가운데, 한 도시 안에 한 개 레스토랑이 이제 대형 레스토랑 세 개로 확장되었다.

13. 도시와 기업 문화를 바꾸고 사람과 사람을 세우는 비즈니스

요컨대, 차별화가 레스토랑 사업의 길을 열면서 동시에 도시 안에서 건강한 변혁을 일으킨 것이다. 2008년만 해도 영화 '배트맨'에 나오는 고담 시와 같았던 이 도시가 이제는 밤늦게까지 누구나 안전하게 다닐 수 있는 완전히 다른 도시가 되었다. 이러한 토대 위에 스타벅스 같은 글로벌 브랜드들도 따라 들어와 자리 잡게 되었다. 이에 관해, 이 모든 과정을 지켜본 이 지역의 한 대학 교수는 "이 기업이 와서 우리 도시를 아름다운 도시로 만들었다"고 평가했다.

V. 기업 현장에서의 복음 전도와 제자 양육

배 대표의 F국 법인 안에서는 현지인들이 예수를 믿는 일들이 꾸준히 일어나고 있다. 그는 매일 아침 직원모임 때마다 직원들 앞에 자신이 크리스천임을 밝히고 있다. 자신 있게 "나는 한국에서 온 크리스천이다. 나의 가치관, 나의 비즈니스는 모두 성경에 근거한 것이다"라고 소개한다. 저녁때는 현지인 직원들과 교제하면서, 이들을 대상으로 성경공부와 제자훈련을 하고 있는데, 많은 이들이 예수님을 영접하는 일들이 일어났다. 배 대표는 "언어가 다른 현지인들조차도 복음 메시지를 좋아하는 모습을 보며 알게 된 것은 '사람은 다 영적인 존재'라는 것이다. 종교적인 것은 싫어해도 영적인 것은 좋아한다. 이에 대한 확신이 있다"고 말한다.

창업 초기만 해도 창업 멤버 정도만 크리스천이었고 현지에서 채용한 대부분의 직원들은 넌크리스천이었는데, 지금은 모든 직원들이 복음을 들으며 긍정적인 반응을 하고 있고 일시적으로는 회사

내 전체 복음화가 이루어지기도 했다. 현지인 직원들 가운데 몇 명이 예수를 믿더니, 그들의 가정 전체가 구원받게 되는 일도 일어났다. 물론, 아직 아무도 퇴사하면서 배 대표와 회사를 고발한 적이 없다.

배 대표가 자랑스럽게 말한다. "저는 현지인 직원들에게 있어 아버지 같은 사람이 되었어요. 이제는 F국에 가면 제 손주가 14명 있어요. 우리가 F국에서 창업한 뒤로 직원들이 결혼하여 애를 낳아 지금까지 14명이 태어난 거거든요. 늘 제가 가면 직원들이 자기 애들을 데리고 와서 인사시키면서, 이들을 안아서 기도해 주고… 이런 게 일상이 된 거죠. 이제 벌써 초등학교 4, 5학년 된 애들도 있습니다." 요즘도 직원들은 밤늦게 배 대표를 찾아와 자연스럽게 자신들의 이야기를 나누고 상담을 청한다.

VI. BAM 기업가로서의 강점

배 대표는 BAM 기업가로서 자신의 첫 번째 강점으로 '설득력'을 꼽는다. 그가 자주 사용하는 문장은 "내가 당신을 믿고 신뢰하고 결정하는데 당신이 나한테 설득력을 보여줄 수 있느냐?"이다. 언어로든 논리력으로든 전문성으로든, 그는 설득력을 갖춘 리더로 살아왔고 이를 추구한다.

그의 두 번째 강점은 '명료화'이다. 전체 사업의 구조를 짜고 정의를 내리는 가운데, 누군가에게 비즈니스의 전체를 보여줄 줄 알고 동시에 세부 파트들에 대한 개념 역시 설명할 줄 아는 것이다. 배

13. 도시와 기업 문화를 바꾸고 사람과 사람을 세우는 비즈니스

대표의 아버지는 20년간 도청 공무원으로 살았고 대통령 보고서를 썼던 인물로, 배 대표는 아버지 밑에서 다양한 업무들을 배우며 사업을 명료화시키는 과정을 훈련했다.

셋째로, 배 대표는 행정, 법률, 재정 전문가다. 이 세 가지에 관해서는 변호사들과 이야기해도 전혀 밀리지 않을 정도의 수준인데, 그는 특히 법률의 중요성을 강조한다. 회계는 실무담당자에게 맡겨도 괜찮은데, 법률과 계약에 관한 부분은 여전히 기안을 직접하고 있다고 한다. 그는 법률의 중요성에 관해 이렇게 강조한다. "비즈니스 하는 이들은 법률을 잘 알아야 해요. 특히, 사회주의국가에서의 BAM 사역은 체제가 전혀 다른 나라에 가서 일하는 것이잖아요. 커피만 해도 굉장히 많은 법률들이 걸려 있어요. 공정거래법, 가맹사업법, 위생법, 근로복지법, 노동법, 소방법, 임대차보호법 등 우리 비즈니스와 연관된 법률이 최소 10가지 정도예요. 비즈니스 리더로서 법률집을 읽을 수 있는 역량을 갖추는 것이 굉장히 중요합니다. 우리에게 해당 되는 법률들을 다 출력해서 보관하고 그때 그때 읽어보면서 이해하며 일해야 해요. 전 세계 법률시스템은 거의 비슷해요. 한국 것을 충분히 알면 다른 나라에 가서는 '여기도 그런 법률이 있을 거야. 한 번 찾아보자' 하면 거의 나옵니다. 요즘은 인터넷 시대니까 더욱 간편해졌습니다."

VII. 사회주의국가 그리고 BAM 기업

배드로 대표에게 사회주의국가에서의 BAM 사역에 대한 소회를 물었다. 그는 이에 관해 이렇게 대답했다. "이 도시는 가족 간의 칼부림과 폭력이 비일비재하고 특히 여자로서 사는 것이 너무 어렵습니다. 오빠가 여동생을 사정없이 때리고, 그래서 여직원들이 아침에 출근할 때 얼굴이 다 터져서 와요. 가족이 교도소에서 출소한 뒤 칼을 들고 와서 돈 달라고 난동을 부리는 모습을 많이 봅니다. 직원들 아버지들을 보면 절반 이상이 알코올 중독으로 입원해 있고 교도소에 있고, 그래요. 그러다 보니 직원들 다수는 돈 벌어 가지고 교도소에 돈 보내주고 병원비 내야 되고, 그래서 그 집 애들은 옷도 못 사 입고 누추하게 돌아다니는 것입니다. 그렇게 이 도시는 병들어 있어요. 안타깝지요. 직원들의 입장에서는 이 도시를 떠나고 싶을 거예요. 그런 가운데, 우리 크리스천들이 이 땅 위에 일터 환경을 만들어서 이 일터 속에서 하나님 나라 가치를 만들어내고 그래서 우리 직원들부터 보호받는 삶을 살게 하는 것은 무척 소중합니다."

배 대표는 그동안의 비즈니스 과정을 돌아보며 한 마디 더 나눴다. "사실은, 정말 치열하게 여기까지 왔어요. 실수도 많이 하고, 실패도 많이 하고… 근데, 하나님이 그 때마다 중심은 흔들리지 않도록 또 비즈니스가 아예 망하지 않도록 도와주셨습니다. 그런 가운데 결단하고 극복하고, 그런 과정들이 계속 반복되었습니다. 진짜 매 순간 엄청난 지혜가 필요했어요. 그걸 매일 기도하는 가운데 지혜를 얻어 답변하고, 직원들은 또 그걸 수용해 왔습니다."

마지막으로 그는 'BAM 기업의 독특성'에 대해 물었을 때 다음과 같이 대답했다. "커피를 맛있게 내리고 공간도 아름답게 만들고 시스템도 잘 갖추고… 이건 보이는 것입니다. 비즈니스의 기본일 뿐

13. 도시와 기업 문화를 바꾸고 사람과 사람을 세우는 비즈니스

이에요. 정말 중요한 것은 우리의 배경이 누구인지, 우리의 주인이 누구인지를 인식하는 것입니다. 직원들에게도 그걸 계속 가르치고 있습니다. 이것이 BAM 사역의 차별화입니다. 우리 주인이 누군지에 따라서 우리의 생각하는 방식도 달라지고 의사결정 하는 방식도 달라지는 것이지요."

14

현지의 관점을 확장시키는 비즈니스: 치앙마이 gave커피 사례

박 철

Ⅰ. 컴퓨터에서 커피 선교사로

도한성 선교사는 GP선교회 파송 전에 치앙마이에서 비즈니스 선교를 하기 위해 정착했고, 컴퓨터 분야를 포함한 여러 업종에 대한 시장조사를 했으나, 상황이 여의치 않았다. 그런데, 커피 비즈니스로의 인도하심에 순종하여 커피 재배와 커피 로스터기 제작을 시작하면서 동시기에 GP선교회 파송선교사가 되었다. 커피 비즈니스를 하면서 커피 로스터기 제작, 커피 재배, 카페 운영 등을 시도했지만, 실적이 좋지 않았다. 재정적인 압박에 한국으로 철수를 고민하는 중에 자금 지원을 받아 로스터기를 구입해서 새로운 전환을 시도해 볼 수 있었다. 처음에는 하나님께서 나의 컴퓨터 전문역량 대신 아무런 경험이 없는 커피 사업을 갑자기 하게 하셨는가 어리둥절했다. 그러나 커피 생산과 카페 운영 등을 하는 중에 커피 비즈니스에서 어떤 일을 하시고자 하는 하나님의 마음을 알게 되었다.

태국은 아시아에서 3번째로 큰 커피 생산국이다. 태국 커피의 대부분은 치앙마이에서 생산된다. 비옥하고 서늘한 치앙마이는 고도나 기후상 최고의 커피 생산지(특히 아라비카 원두)이다. 치앙마이는 태국의 커피 수도로 불릴 만큼 커피의 도시가 되어가고 있다. 치앙마이는 세계적으로 유명한 관광지답게 카페의 천국(최대 소비지)이다. 소위 카페 투어족들이 치앙마이의 카페를 순례한다. 한국에서도 치앙마이 한 달 살기 등이 유행하면서, 블로그나 소셜미디어에서 유명한 카페들을 쉽게 볼 수 있다. 유명 체인점 카페(예: 스타벅스)가 아니라, 지역적 특색을 살린 AKA YAMA, Roast8ry Lab, Brewginnig coffee 등은 이미 소셜미디어에서 꽤 알려진 치앙마이 카페들이다.

치앙마이를 비롯한 태국 북쪽 지역에서 아라비카종의 여러 품종(카티모, 티피카 등)이 혼합해서 재배되고 있었다. 재배, 수확, 생산에서 품질 관리가 제대로 이뤄지지 않아서 좋은 품질의 커피가 생산되지 못했고, 가격만 비싼 상황이었다. 당장의 수입이 중요하다 생각한 대부분의 농장주들은 품질 관리에 대한 개선과 노력, 투자는 소홀히 했다. 커피 농장주 중에 많은 사람들이 교회 사역자 또는 성도들이었다. 품질 관리가 되고 좋은 품질의 커피를 생산할 수 있다면, 경쟁력을 가진 커피로 좋은 수익 구조를 만들 수 있다고 생각했다. 이에 도 선교사는 가능한 방법을 찾고자 했다.

태국 정부와 NGO의 지원으로 커피 생산 관련 산업이 많이 발전하게 되었다. 양질의 커피를 생산하기 시작했으나, 반대급부로 가격 상승도 뒤따랐다. 이에 따라 베이스로는 태국 커피를 사용하지만, 비슷한 가격대의 중남미, 아프리카 등의 수입커피의 사용량도 증가하고 있었다. 태국 카페 주인들조차도 가격이 비싸고, 가성비가 떨어지는 태국 커피에 대한 관심보다는 가성비 좋은 외국커피를 선호하였다. 이러한 분위기로 치앙마이 커피 시장은 변질되어 가고 있었다. 또한 실력 있는 커피 로스터와 바리스타의 수가 적어, 카페들마다 로스팅과 추출에 대한 편차가 있었다. 카페들은 바리스타의 스킬 면에서 편차가 있고, 점포 인지도에 의존하는 경향이 컸다. 커피 가격이 저가에서 고가까지의 소, 중, 대규모의 카페들이 계속 증가하고 있었다. 따라서 도 선교사는 '치앙마이산' 정확하게는 태국산 커피의 생산 프로세싱을 차별화한 특색있는 커피를 생산하기로 했다. 그리고 적절한 로스팅과 추출로 다른 경험을 제공하는 것을

14. 현지의 관점을 확장시키는 비즈니스: 치앙마이 gave커피 사례

중요한 차별 포인트로 삼았다. 이를 바탕으로 원두 납품을 위한 개인 카페와 프렌차이즈 영업을 진행했다.

치앙마이가 커피 산지로 최고의 조건을 갖추고 있지만, 커피 재배 품종은 특색있는 한가지로(예: 아라비카) 집중되어 있지 않고 혼합(mix)되어 있다. 그래서 고품질의 커피가 양산되지 않았다. 치앙마이 현지 고산족 커피 농부들은 힘들게 노력하지만, 고품질의 커피가 나오지 않아 수입은 변변치 않았다. 현지에서 오랫동안 사역했던 도 선교사는 이점이 마음이 아팠다. 가난하지만 순박하고 성실한 그들에 대한 동정의 마음이 들었다.

최근 태국 정부와 국제기구들의 도움으로 치앙마이도 지속가능한 커피경제가 발전하고 있다. 하지만 치앙마이의 주요 카페들도 치앙마이산 커피원두를 많이 사용하지 않았다. 앞에서도 언급했지만, 고품질이 아니었기 때문이다. 그런데 같은 원두라도 로스팅과 추출 기술에 따라 천차만별의 품질이 나온다는 점에 주목하였다. 치앙마이산 원두로 고급커피를 추출할 수 있다면 희망이 있어 보였다. 카페들이 너무 많아서 더 이상 차별화할 방안이 없었는데, '치앙마이산 커피 로스팅과 추출'을 주요 차별화 포인트로 삼기로 했다. 즉, 타겟고객은 전 세계에서 온 관광객으로 하고, '치앙마이 왔으니 치앙마이산 커피는 한번 마셔야지?'를 마케팅 포인트로 잡았다. 그래서 도 선교사는 '치앙마이산 최고급 커피'라는 컨셉으로 비즈니스를 전개하기로 했다. 그러기 위해서는 최고급 커피 바리스타 기술을 익혀야 했다.

도 선교사는 전문적으로 커피 기술을 익히기 위해 커피 선교로 유명한 핸즈커피(대표 진경도) 마스터클래스 105기를 수료하였다. 이 과정을 밟으며 똑같은 원두라도 바리스타 기술에 따라 천차만별의 커피가 나온다는 것을 알게 되었다. 도 선교사는 엔지니어 출신답게 바리스타 기술을 익혀 정교한 로스팅과 추출을 할 수 있게 되었다. 작게 시작한 가게는 Gave Coffee Rostery로 알려지면서 작은 커피숍도 운영하였다. 커피 로스팅과 기술이 알려지면서 이를 배우러 오는 사람도 많았고, 직원들도 늘기 시작하였다. 그래서 본격적인 '커피 포인트'라는 카페를 차렸다.

Ⅱ. 커피 전문가에서 매장 운영 관리자로 변신하다

도 선교사는 커피를 처음 시작하면서 한국에서 몇몇 분들의 도움으로 커피를 배울 수 있었고, 치앙마이에서는 SCA의 바리스타와 로스팅 자격증을 취득하였다. 그는 커피 비즈니스의 전문성과 경쟁력을 높이는 노력을 계속하면서 커피 포인트라는 작은 카페 운영과 원두 납품 영업을 동시에 진행하였다. 그러던 중에 건물주의 일방적 계약 파기로 카페 운영을 중단하게 되었다. 이 시점에 하나님의 인도하심으로 태국 내 대형 카페 프렌차이즈 업체(2-3위권) 중에서 매출이 저조한 치앙마이 지점 한곳을 위탁 운영하는 기회가 생겼다. 그래서 커피 선교로 유명한 핸즈커피(진경도 대표) 마스터클래스105기 과정을 밟으며 대형 매장 운영, 관리 시스템에 대해 배우게 되었다. 교육 내용을 토대로 직접 로스팅한 원두를 매장에서 사

14. 현지의 관점을 확장시키는 비즈니스: 치앙마이 gave커피 사례

용하면서 위탁 운영을 했다. 위탁 관리를 시작한 매장은 1~2개월 사이에 매출이 1.5배 이상 상승하면서, 전체 매장 관리를 제안 받을 정도로 좋은 결과를 만들어 냈다. 이후에도 핸즈커피에서의 교육과 위탁 운영 경험을 토대로 카페 세팅과 운영에 대한 교육과 컨설팅을 개인 사업자를 대상으로 계속 하고 있다. 현재는 gave(gave coffee roastery) 브랜드로 원두 판매를 위주로 운영 중이다.

III. 사람을 키우는 비즈니스

도 선교사는 일정 수준의 이상의 커피 전문성과 운영에 대한 경험을 계속 쌓으면서 이런 생각이 들기 시작했다. 아무런 커피 경험이 없던 자신을 하나님이 사용하셨던 것처럼 자신도 다른 사람들을 커피 전문가로 훈련시키고 싶다는 마음이 들었다. 그래서 그들에게 복음을 전하고 그리스도의 제자로 삼는 선교사와 커피 비즈니스 사업가로서의 균형을 잡아보려고 했다.

그래서 먼저 일자리가 필요하고, 일을 해야만 하는 현지인들을 카페에 고용하기 시작했다. 커피를 배우고 싶은 사람은 경력과 무관하게 채용하여 가르치기 시작했다. 하나님의 형상을 가진 사람들의 달란트를 개발하고 성장시키는 비즈니스 미션을 추구하기로 했다. 누군가를 도울 수 있는 사람으로 직원을 성장시키려는 강력한 비전을 이루고자 했다. 그래서 각자의 삶 속에서 하나님께 헌신하고 건강한 크리스천 공동체를 구현하고 싶었다. 사업 잘되어 부자가 되고, 유명 커피 바리스타가 되어 명예를 얻는 것 보다, 지속적으로 커피에 대해 공부하고 노력하면서 누군가를 도와 커피 전문가로 양성하고 또 이를 통해 그 사람과 카페가 성장하는 것을 꿈꾸었다.

IV. 아, 너무나 험하고 힘든 사람 키우기

이렇게 해서 채용한 사람은 대학을 졸업한 현지인 23세 여성(U)과 면접 보러 온 언니 따라온 22살 여성(S), 두 아이를 양육하고 있는 30초 초반 엄마(M), 그리고 직장을 퇴사하고 커피 일을 배우고 싶었던 45세 남성(R)이었다. 정말 하나님의 마음으로 이들에게 일자리를 제공하고 잘 양육시켜 커피 전문가로 만들고 싶었다. 그들은 이러한 나의 비전과 목표를 잘 이해하고 고마워하였다.

그런데 이들을 성장시키는 일은 쉬운 일이 아니었다. 대학까지 졸업한 여성 U는 모든일에 '못해요(I can not)'이었다. 회사에 필요한 물품을 사라고 하는 간단한 지시에도 '그런 거 사본 적이 없어요. 못해요'라고 대답하였다. 대부분의 업무지시에 '안돼요'라고 하면서 소극적이고 자신감이 없었다. 불평은 많았다. 워킹맘 M은 두 아이를 등교시켜 놓고 늦게 출근하고, 아이들 하교 시에는 일찍 퇴근하였다. 기본적으로 함께 일하기가 어려웠다. 남성 R은 성격은 좋았으나 소극적이고 수동적이라, 시키는 일만 하였다. 언니를 따라온 여성 S는 어리지만 책임감 있게 일은 잘했다. 그러나 일을 잘하는 만큼 일을 제대로 못하는 다른 직원들과 사장인 도 선교사에게도 종종 자신의 생각을 말하며 간섭을 하였다. 고객들은 직원들에게 불만족하였다. 그러나 욕과 불평은 사장에게 하였다. 카페의 평판이 계속 나빠져 갔다.

14. 현지의 관점을 확장시키는 비즈니스: 치앙마이 gave커피 사례

결과적으로 6개월간 집중에서 커피 교육을 받은 3명의 직원은 업무 능력에 편차가 보이기도 하고, 적성과 개인 상황 때문에 순차적으로 퇴사하면서 상황은 원점으로 돌아갔다. 일을 잘못하는 것은 물론, 근무의 기본이 안 되어 있었다. 그들을 손수 커피 전문가로 양성하고 싶었지만, 업무 경쟁력이 너무 떨어졌다. 도 선교사는 좋은 뜻으로 시작했는데, 왜 끝이 이렇게 되었을까. 게으르고, 불평 많고, 무능한 현지인 직원들과 어떻게 카페를 잘 운영할 수 있을까 생각하며 회의가 들었다.

그런데 대학을 졸업한 여성 U는 카페에서 일하면서 임용고시를 준비했고, 카페를 그만둔 뒤에 합격하여 지금 교사로 근무하고 있다. 아이들 키우던 워킹맘 M은 퇴사후 자동차 판매원으로 열심히 일하고 있다. 성격 좋은 큰형님 남성 R은 자기 카페를 오픈하여 운영하고 있다. 언니 따라왔던 여성 S만 지금까지 11년간 같이 일하고 있다.

V. 직장 복음화의 저주(?)

마음을 가다듬은 도 선교사는 직원을 다시 채용하였다. 이번에도 가능하면 기독교인을 고용하였고, 면접을 철저히 해서, 기본적인 근무태도를 집중적으로 보았다. 방콕에서 치앙마이로 귀향한 형제가 일자리가 필요하다는 현지 교회 사역자의 소개로 채용해서 커피 교육을 하고 카페에서 일을 했다. 그 다음엔 50세 된 여성이 찾아와 자녀가 둘이 있는데, 남편이 투병 중이라 일자리가 필요하다고 했다. 태국인인데도 몹시 신실한 크리스천이고 절박해 보여서 직원으로 채용하였다. 하나님의 형상으로 지음받은 자녀가 직업이 필요하다고 하니 어떡하겠나. 채용해서 잘 훈련하고 성장시키면 된다고 생각했다. 이를 통해 나의 비전과 목표는 선명하게 유지되는 듯 했다.

그런데 50세 여성은 처음에는 열심히 근무하는 척하더니, 나중에는 아이를 카페에 데려왔다. 사정이 딱해서 그냥 있었는데, 아이들은 카페에 와서 게임만 하고 엄마는 아이들을 방치하였다. 그뿐만 아니라, 근무 시간에 양해를 구하지 않고, 자신의 교회 소그룹 멤버들을 카페에 불러 성경공부를 하기 시작했다. 손님들이 없는 시간대로 양해를 구했지만 갈수록 어이가 없었다.

직원이 6명 있었는데, 그 중에 한 명만 비기독교인이었다. 그런데 카페에서 가장 열심히 일하고 커피 일을 배우려는 의지가 강한 직원은 바로 그 비기독교인이었다. 기독교인 직원들은 사장이 선교사라는 것을 알기 때문에 본인들의 사정을 이해해 줄것이라고 생각한 것 같다. 심지어 잘못을 꾸짖거나 질타하면 잘못을 잘 인정하지 않고, 일을 그만두어 버리기도 했다. 치앙마이로 귀향한 남성은 나이가 적은 선임 직원의 업무 지시나 교육에 기분 나빠하는 경우가 자주 발생했다. 결국 자신은 여기서 일하는 동안 행복하지 않았다고 말하곤 퇴사했다. 퇴사 후 더 큰 카페에 취업이 되었고, 그곳 매니저에게 일 잘한다고 칭찬을 받고 있다.

그런데 일 잘하는 비기독교인은 앞에서 말한 바로 언니 따라온 여성 S이다. 그녀는 11년간 도 선교사와 같이 일하고 있다. 더 놀라운 것은, 사장인 도 선교사와의 함께 일하는 시간을 보내면서 본인

14. 현지의 관점을 확장시키는 비즈니스: 치앙마이 gave커피 사례

의 삶이 조금씩 변하는 것을 서로 경험하면서 2년 전부터 교회를 나가고 세례를 받고 기독교인이 되었다. 그녀는 지속적으로 성장하며 회사의 매니저로 일하고 있으며, 사업의 중요한 일을 도 선교사와 같이 결정한다.

VI. 사람을 키우고 제자를 양육하는 무엇일까. 비즈니스의 장에서 가능한가

최근에 퇴사한 미얀마 출신 카렌족 형제의 사례는 비즈니스 선교의 고충을 단적으로 보여준다. 카렌족은 미얀마의 소수민족인데, 태국과 미얀마 접경에 살면서 태국으로도 많이 넘어와 살고 있다. 그들은 출생신고도 잘 안되어 있고, 태국 국적도 없는 경우가 많다. 그래도 결혼해서 아이를 낳고 산다. 그런데 이 형제는 커피를 매우 좋아하고, 일을 배우고 싶어 한다고 해서 선교사의 소개로 같이 일을 하게 되었다. 커피를 좋아하고 일을 열심히 했지만, 자신이 가진 한계를 극복하기 힘들어했다. 자라온 환경이 척박했고, 자유를 맘껏 누리며 살지 못해서인지 자신의 틀을 깨지를 못했다. 예를 들어 커피 만드는 연습을 많이 하라고 해도, '커피를 많이 사용하면 사장님에게 손해가 될까봐 연습을 하지 않았다'고 말하며 쑥스러워했다. 외국 사람에게 커피 주문을 받을 때면, 사장님을 찾거나 피하는 상황이 계속됐다.

또한 가게를 청소 등 여러 업무를 계획하고 실행하는 데 있어 우선순위를 설정하지 못했다. 그런 연습이 안 되어 있어 어려워했다.

커피를 마시고 바리스타 연습도 열심히 하라고 교육도 하고, 책도 주고, 연습환경도 만들어 주었지만, 개인적인 성장은 없었다. 시키는 일만 하였다. 그래서 성장이 없었다. 그러나 자신이 다니는 교회에서는 너무 좋은 평판을 얻고 있는 형제였다. 하지만 직장(카페)에서는 1년 넘게 있어도 전혀 성장이 없었다. 일을 시키는 사장을 이해하지 못했고, 본인의 생각 내에서만 항상 머물었다. 그래서 실력과 지식은 전혀 축적되지 않았다. 조금만 채촉하면 힘들어하고 그만두려고 했다. 성장을 안 하는 것이 안타까워, '당신 지금처럼 성장하지 않고 그대로면 원하는 바리스타 업무를 못한다!'라고 했더니, 그 형제는 얼마 지나지 않아 직장을 그만두었다. 그리고는 자신의 카페를 오픈하여 운영하다가 운영이 어려워 그만두고 선교사의 소개로 카페에 취직했다가 비슷한 상황을 접하면서 그만두게 됐고, 현재는 다른 카페에서 일을 하고 있지만, 별로 변하지 않은 모습이다.

이렇게 비즈니스 현장에서 사람을 키우는 사역은 힘들다. 과연 비즈니스 현장에서 가능한 것인지, 도 선교사도 너무 힘들어 그만두고 싶다. 외국인으로 그 한계를 절감한다. 그러나 함께 일하는 사람들과 비즈니스 현장에서 하나님의 영광을 실제 체험하고자 하는 미션을 포기할 수는 없다고 한다.

VII. 비즈니스의 변신

현재 gave의 월 매출액은 한화로 150만원 정도이다. 일반 소비자를 대상으로 부족하지만 지속적인 매출이 있고, 선교세미나 등 행

14. 현지의 관점을 확장시키는 비즈니스: 치앙마이 gave커피 사례

사에 캐이터링을 통해 매출을 만들어내고 있다. 실제로 월 매출액이 한화로 약 250만원 정도 나와야 비즈니스 유지가 가능하다. 법적으로 외국인이 회사를 운영하면서 인건비, 세금 등의 비용이 태국 사람이 운영하는 것보다 몇 배 많이 든다. 그리고 치앙마이도 카페들이 많이 생기고 경쟁이 치열해지면서 투자비용이 커졌다. 그래서 레드오션이지만 카페(서비스업)를 베이스로 고부가가치 생두 생산과 다양한 치앙마이 생두 확보를 통해 카페들에게 공급하는 B2B 비즈니스를 같이 하고 있다. B2B 비즈니스는 거래처 개척이 쉽지 않고 마진이 낮아서, B2C 카페도 병행해야만 한다. 카페들에게 싱글, 블랜딩 원두공급을 통해 승부하는 B2B와, 카페 운영의 B2C 비즈니스를 하면서 계속 시장의 변화에 대응하고, 안정적인 매출을 만들어 내려고 노력하고 있다.

치앙마이에 있는 카페들 매출의 60-70%가 치앙마이를 방문하는 내외국인 관광객에서 나오고, 10%는 특별히 중국인 관광객 또는 치앙마이 거주하는 중국인에서 나오며, 20-30% 만이 치앙마이 현지인들에게서 나온다(비수기, 성수기 매출 비율의 차이가 큼). 전 세계에서 온 관광객들은 커피 맛에 예민하고, 로스팅이 훌륭한 커피에 대한 수요가 확실히 있다. 최근 급증하고 있는 중국인 관광객들은 커피 맛뿐만 아니라 카페 인테리어, 콘셉트 등을 중요시하기 시작했다. 특히 한 달 살기를 하는 카페 투어족들은 특이한 인테리어의 대형카페나 연예인 콘셉트의 카페에 몰린다. 그래서 카페들도 공간 마케팅이나 다양한 콜라보(협업) 마케팅이 필요하다. 치앙마이 카페들도 대형화되면서 공간 비즈니스로 카페들이 변신하고 있다. 실제로 연예인 콘셉트로 각종 콜라보 행사를 진행하면서 다양한 굿즈(goods)들도 판매하고 있다. 실제로 K-culture와 K-food의 열풍이 여기 태국에도 불고 있기 때문에 이를 활용한 카페도 가능성이 있다.

최근 카페의 큰 추세는 대형 베이커리 카페이다. 이는 커피와 함께 케익, 디저트, 쿠키 등을 취급하는 카페이다. 마침 30대 초반 젊은 남성 선교사(제과제빵 자격자)가 최근 gave에 합류하였다. 한국에서 대형카페에 베이커리와 디저트류를 납품하는 회사의 팀장으로 근무한 경험은 단기간에 다양한 디저트를 대량으로 혼자 생산 능력이 큰 장점이 된다. gave도 이제 뭔가 변신이 필요하고 타이밍도 좋은 것 같았다. 그러다가 커피 포인트도 신축 카페 부지를 확보하는데 청신호가 켜졌다.

2025년 1월, 땅을 빌리는 것을 전제로 계약 조건을 협의하기 시작했고 내부적으로 법적인 내용들을 검토하였다. 예전 카페가 일방적인 계약파기로 쫓겨난 경험이 있어서 현지 부동산 중개회사를 통해 세부사항을 점검하고 땅 주인과 계약과 관련한 세부사항 조율이 거의 정리되면서 구체적인 준비를 하였다. 건축에 필요한 정보와 예산을 세우고 건축업자를 알아보던 중, 땅 주인과 연락이 잘 안되다가 5월 초, 주인으로부터 일방적으로 땅을 빌려주지 않겠다는 통보를 받았다. 현지에서 진행되는 비즈니스는 이렇게 앞날을 예측할 수 없다. 비즈니스가 제때 이루어지지 못하고 취소, 연기되면서 사역의 재정 상황이 어려워진다. 또 선교사 자신이 낙심하여 다음 일정과 대책을 세우는 것이 힘들어진다.

14. 현지의 관점을 확장시키는 비즈니스: 치앙마이 gave커피 사례

VIII. gave의 고민

이렇게 계속해서 새 부지를 다시 물색해서 대형카페를 론칭하는 것이 맞는 방향인지, 그렇다면 커피품질, 디저트 품질, 고객서비스 등을 더 높여야 하는데 과연 가능한지? 게다가 태국 역시 외국인, 외국자본, 외국인 사장(경영자)에 대해 안 좋은 시선이 존재한다.

또한 앞에서 보았듯이 현지 직원의 양육 문제는 언제나 힘들다. 외국인으로서 현지인을 훈련/양육하는 것은 부딪히는 문제가 한두 가지가 아닌데, 비즈니스 효율성으로 판단해야 하는가, 선교 마인드로 손해 봐야 하는가, 하나님의 심정으로 무한 사랑으로 해야 하는가?

비즈니스 사역에서 기대 수익이 나오지 않아서 비즈니스의 지속 여부를 결정해야 할때, 어떤 기준과 과정을 통해 결정해야 좋은가? 비즈니스 관점과 하나님의 인도하심의 두 영역을 어떻게 균형을 잡을 수 있을까. 도 선교사는 오늘도 커피원두를 만지며 고민하고 있다.

Gave Coffee Roas
gave
r Passion for Perfection
gav

▎저자 소개 ▎

• **한정화**

한국청년기업가정신재단 이사장, 한양대학교 경영대학 명예교수, (전) 중소기업청장, 기독경영연구원 원장, 중소기업학회 회장, 인사조직학회 회장, 전략경영학회 회장

• **송동호**

나우미션 대표, 다하나국제교회 목사, (전) IBA 공동대표 겸 초대 사무총장, 로잔BAM글로벌씽크탱크 한국대표, 〈일터 하나님의 디자인〉 저자

• **이다니엘**

킹덤임팩트내러티브 대표, IJM Korea 카탈리스트, 열매나눔재단 전문위원, 선교타임즈 편집위원, (전) IBA 사무총장, 〈복음, 시장 한복판에 서다〉 저자

• **박상규**

감리교통일선교신학연구소 사무총장, (사)한국디지털웰니스협회 이사, ㈜메타네이션 필란트로피 디렉터(CPhO), 서울벤쳐대학원대학교 경영학 박사과정 수료

• **권수라**

기독경영연구원 부원장, 한양대학교 경영전문대학원 겸임교수, (전) 글로벌경영학회 부회장, 연세대 경영대학 박사

- **김세중**

  기업사회가치연구소 대표, 한림대학교 글로벌 협력대학원 겸임교수, PAUA 교수선교회 부단장, (전) 오하우스 코리아 대표, 기독경영연구원 부원장

- **정연승**

  기독경영연구원 원장, 단국대학교 교수 겸 경영대학원장, 한국마케팅학회 회장, 차기 한국경영학회 회장, (전) 한국유통학회 회장

- **최성진**

  한양대학교 경영대학 교수, 한중경영연구원 원장, 서울대학교 경제학사, 베이징대학교 경영대학 박사

- **천상만**

  엔사랑선교회 대표, 중앙성결교회 협동목사, 기독경영연구원 운영위원, 북한사역목회자협의회 감사

- **소영섭**

  나우미션 부대표, 아신 선교대학원 초빙교수, 네오모라비안하우스 공동원장, (전) 연변과기대 교수, 바울선교회 선교연구소장

- **박철**

  고려대학교 융합경영학부 교수, (전) 기독경영연구원 원장, 한국마케팅학회 회장, 세종경영연구소장, 서울대학교 경영학 박사

MEMO

check list